Adolf Bastian

Die Seele indischer und hellenischer Philosophie

in den gespenstern moderner Geisterseherei

Adolf Bastian

Die Seele indischer und hellenischer Philosophie
in den gespenstern moderner Geisterseherei

ISBN/EAN: 9783743440265

Hergestellt in Europa, USA, Kanada, Australien, Japan

Cover: Foto ©ninafisch / pixelio.de

Weitere Bücher finden Sie auf **www.hansebooks.com**

Die Seele

indischer und hellenischer Philosophie

in den Gespenstern

moderner Geisterseherei.

Von

Adolf Bastian.

Berlin.

Vorwort.

Die Weltanschauung jedes ethnischen Kreises setzt sich zusammen aus zwei Factoren, im Product aus dem Multiplicant (als constanter Effect der geographischen Provinz) und dem Multiplicator, dem wechselnden Einfluss historischer Umgebung. Dem letzteren entsprechend, treten periodische Wandlungen in den Geschichtsepochen ein, und haben in der heutigen zu dem geführt, was man materialistische Weltanschauung zu bezeichnen sich gewöhnt hat, seit dem vorwiegenden Durchschlagen naturwissenschaftlicher Anschauungsweise, in der Welt als Vorstellung. Und sie, mit ihrer Wurzel in der Psychologie, hat deren inductiver Behandlungsweise jetzt gewärtig zu sein.

Der Gang der Kettengliederung ergiebt sich aus der "Geschichte des Materialismus", wo es in den Worten des Verfassers heisst: "Bei ungestört theoretischer Fortentwicklung führt der Empirismus (Baco's) zunächst zum Materialismus (Hobbe's), dieser zum Sensualismus (Locke's) und aus diesem entwickeln sich Idealismus (Berkeley's) und Skepsis (Home's) oder Kriticismus (Kant's)".

Als dann Alles zersetzt und, im dialectischen Grau einer Identität vom Nichtsein und Sein, glatte Tabula rasa

tualismus zu spuken und jetzt klopft der Spiritismus an die Lehrsäle akademischer Disciplinen, seinen Zutritt verlangend.

„Nachdem Prof. Zoellner, der anerkannt ausgezeichnete Astrophysiker, in Gemeinschaft einiger ebenso ausgezeichneten Collegen der Leipziger und Göttinger Universität die Sache in die Hand genommen", — (Namen, wie Fechner, W. Weber, Scheibner u. a. m. damit verknüpft sind), — „kann es keine Frage mehr sein, dass der Spiritismus die Dignität einer wissenschaftlichen Frage angenommen hat", druckt (1879) Dr. H. Ulrici, o. ö. Professor der Philosophie in Halle (in der „Zeitschrift für Philosophie und philosophische Kritik"), und allerdings wird eine von drei oder, (in Zuziehung Tübingens durch H. J. von Fichte und Münchens durch Huber), von fünf Universitäten gestellte Frage, an der sich aus England die Royal Society durch Crookes, die mathematischen Lehrstühle durch Morgan betheiligt haben, eine Antwort wohl erwarten dürfen. „Das Publicum hat nachgerade ein Recht darauf, zu wissen, woran es mit diesen Dingen ist" (bemerkt E. von Hartmann), zumal da es sich um Thatsachen handeln soll und Experimente zum Prüfen derselben. Es hiesse „alle Erfahrungswissenschaft preisgeben, wollte man der Masse und dem Gewicht der Zeugnisse, die für die Thatsächlichkeit spiritistischen Phänomene vorliegen, nicht weichen" (erklärt Fechner). „Die Tausende oder Millionen von Spiritualisten repräsentiren in ansehnlichem Umfang Männer, welche die Beweise für dieselbe immer wieder von Neuem selbst bezeugt, erforscht und erprobt haben, bis dass sie das, was sie für unmöglich hielten, schliesslich als dennoch wahr anzuerkennen sich gezwungen sahen", bezeugt Wallace aus Selbsterfahrung, in Uebereinstimmung mit den bekehrten Mitgliedern in dem von der „Dialectical Society" (1869) niedergesetzten Ausschuss. Auch an dem Glanz äusserer Anerkennung hat es nicht gefehlt, innerhalb buntstrahlig aristokratischer Kreise, die sich in Petersburg für Home geöffnet, und wie diesen mediumistischen Apostel empfing Kaiser Napoleon III „auch die Brüder Davenport" (s. Vogel) und horchte die Kaiserin auf die Orakel, wie sie aus der Geisterwelt redeten oder schrieben (mit der Geisterhand Napoleon's I, der ein kaiserlicher Kuss gespendet wurde). In derartig authentischer Evidenz „l'avenir est donc au spiritualisme scientifique, et déjà une nouvelle aurore éclaire le monde" (s. Giustiniani).

So ist es allerdings, der Schein neuer Zukunftsleuchte steigt am Horizont empor, mit der Hoffnung auf eine naturwissenschaftliche Psychologie zum Verständniss jenes Geisterreiches, das in der Carricatur der „Spirits" seine gläubigen Anbeter am Narrenseil umherführt, in Pater Hieronymus Gladich's Klopfereien bereits angemeldet (XVII. Jahrh.) und in Smertniza's Pochen längst herausgehört (bei den Wenden). In jeder die Zeit mächtig ergreifenden Bewegung läuft ein Aeffchen nebenher; neben der protestantischen Reform die pietistische Muckerei, neben dem politisch constitutionellen Liberalismus ein Icarismus (Cabet's) oder „Système sociétaire" (Fourier's) [1]) bis zur socialistischen Anarchie, neben den Kreuzzügen gottgeweihter Ritter die Kinderzüge (im Ultreialied), und heiligen Prozessionen folgt der Esel hinterher, zum Esels- oder Narrenfest.

Und so sind wir wieder bei der Narrethei der „Seances", bei dem in Lüsternheit nach sensationellem Haut-gout gefühlten

---

1) „Les idées de Fourier doivent triompher" (s. Gatti de Gamond) in den „1620 existences, dont 810 intramondaires et 810 extramondaires", und als Vorläufer predigte sich (zur „Réorganisation de la société Européenne") die „Religion saintsimonienne" (auf Benjamin Constant's Rath) unter dem „loi-vivant" des Enfantinismus in Erwartung der „Femme-Messie" (zum „Couple-Révélateur"). Auf Leroux' Zutritt (November 1831) begann die Agitation und „sind der Gesellschaft 800 000 Frcs. übergeben worden" (s. Veit), aber im gleichen Jahre setzten schon die Schismen ein (mit der „Science nouvelle"), und „es scheint, als ob der Saint-Simonismus in wenigen Monaten alle die Phasen habe durchlaufen sollen, die sonst wohl in dem Entwicklungsgang einer religiösen Secte eintreten" (im beschleunigten Tempo eines mit Dampf und Electricität vorwärts getriebenen Zeitalters).

Bedürfniss für Hülfe in der Noth. „Der Spiritualismus ist eine naturgemässe und nothwendige Reaction gegen den zum Gemeingut der Gegenwart und zur Grundlage alles ihres Strebens gewordenen Materialismus" (s. Bloede). „Was der heutige Spiritualismus behauptet, ist als Glaube, wie als Ergebniss, uralt und ewig neu, weil thatsächlich unaustilgbar im Menschengeschlecht" (J. H. von Fichte). Ganz richtig und zutreffend, denn „der Spiritismus ist das Kind unserer Zeit" (s. F. Schultze), „als primitivster Geisterglaube, wie er sich sonst nur noch bei Naturvölkern und diesen nahestehenden Menschen findet" (1883). Es liegen hier primär nothwendige Elementargedanken zu Grunde, die sich im Traumgedämmer der Naturstämme auf ihrem normalen Niveau hinziehen, die dagegen in fratzenhaften Verzerrungen zurückschrecken müssen, wenn in die Helle historisch geklärter Civilisation hineingezogen. Daraus ergiebt sich dann von selbst, welche Stellung die Forschung hier zu nehmen hat, denn „was soll aus der Wissenschaft werden?" frägt Wundt in ethno-anthropologischen Sympathien des Psychophysiker, wenn die spiritistischen Erscheinungen (nach Ulrici's Lehre) ein Zeugniss ablegen „für die (heutzutage soviel bestrittene) Wahrheit und Gültigkeit der Ethik und ihrer Forderungen" (1879), wenn also, um die idealen Güter der Cultur zu retten, wir zu dem zurückflüchten müssten, was Schamanen und Fetizero in ihren Bettelsäcken mit sich tragen, als Obat oder (bei den Alfuren) Dofahei (u. dgl. m., wie in ethnologischen Museen zu sehen). Auch dazu mag es kommen, sobald die geheimen Dynamitwerkstätten, unter Leitung des terroristischen Executiv-Comité, — von denen Kapczanko (1884) „in Russland mehr als dreissig grössere oder kleinere" zählt, unter Oberleitung des „terroristischen Executiv-Comité", — zum genügenden Raffinement potenzirt sind, um kraft „Propaganda der That" (bei Karakasow) Alles wieder in nihilistisches Chaos zurückzusprengen. Vorläufig braucht es jedoch noch nicht so weit zu sein, und sehen wir zunächst, was für etwaige Reform und Abhülfe bestehender Mängel die Ethnologie vermögen sollte, bei Einführung der Psychologie in die Reihe der Naturwissenschaften und Ermöglichung ihrer inductiven Behandlungsweise. Mit dieser wird sich Alles gar bald an seinen richtigen Ort einstellen, die Naturstämme als werthvolle Beobachtungsobjecte objectiver Umschau, (um unter Verwendung comparativ-genetischer Methode ihren psychologischen Ziffernwerth herauszurechnen), und die Spiritisten als mehr weniger bedauernswürdige Neuropatiker, die Anspruch auf psychiatrische Behandlung besitzen, — oder auf das Tollhaus, wenn der Irrsinn schon voll zum Durchbruch gekommen ist. Jedenfalls wird Niemand, der bei gesundem Verstande ist, selbst seinen Kopf verrücken, um ihre Thorheiten mitzumachen und, (bei den drohenden Vorzeichen einer psychischen Epidemie ohnehin schon), sich den Gefahren der Ansteckung auszusetzen, so dass der vernünftige Arzt hier ebenfalls ein allopatisches Regime vorziehen dürfte. Denn (nach dem Urtheile Immanuel Kant's) „kann die anschauende Kenntniss der andern Welt allhier nur erlangt werden, indem man etwas von demjenigen Verstande einbüsst, welchen man für die gegenwärtige nöthig hat" (1766). Für das Kind ist bei zarter Empfänglichkeit das Weinerliche normal, oder die Zerstörungssucht bei anschwellendem Thätigkeitsdrang, wogegen für den in späteren Jahren noch mit Weinkrämpfen Geplagten sich Klystiere eines Baldrian-Aufgusses mit Asand empfehlen können, und wer in Tagen gesunder Ueberlegung noch fortfährt, sich dem Hang zur Zerstörungssucht hinzugeben, ohne viel Federlesens unschädlich gemacht werden wird, durch Einsperrung, in kurzem Process. Dabei verbleibt vergleichende Betrachtung der Kinderseele eine lehrreiche für das Verständniss des aufgewachsenen Organismus, obwohl in diesem die Vorstadien der Kinderjahre in höhere Stufenbildungen übergeführt sind. Und so nach geschichtlichem Entwicklungsgesetz würden die primitiv rohen Unterlagen der Wildheit in idealere Gestaltungen, wie vom Lichte der Cultur gezeichnet, unkenntlich zu verschwinden haben, bis etwa auf archäistische Ueberlebsel hie und da, die dann nachträglich ebenfalls besser ausgemerzt werden, (und damit auch der Spiritismus vom Menu heutiger Tafelrunde, wie für den „appetitus intellectivus" gedeckt).

Wenn die Schutzgeister, ohne gerade der „boshaft irreführenden Mehrzahl" (s. Chr. Reimers) oder den Läster- und Lustgeistern der „Diakka" (bei Davis) zuzurechnen, „durch all' ihr Reden und Treiben verrathen, dass sie einem durchaus verkommenen Geistergesindel angehören" (s. W. Schneider) und in läppischer Schalheit ihrer Offenbarungen von besserem Geschmack verschmäht werden, könnten sie sich, sofern in Pauline Seignier's († 1824) oder Walter's Schule bis zum Griechischen fortgeschritten, mit dem von den Höhlenbewohnern Verlachten trösten, der mit verdorbenen Augen von Oben zurückkam (ὡς ἀναβὰς ἄνω διεφθαρμένος ἥκει τὰ ὄμματα). „Die neue Richtung des Intensi oder der vierten Dimension macht alle, auch die gemeinsten Dinge neu und von ganz anderer Art" (s. Oetinger), und wenn „die sinnlich wahrnehmbare Welt nur eine Projectionssphäre einer andern Welt von Objecten in einem Raum von vier Dimensionen" (s. Zöllner), so wären damit neuer Forschungswege so viele geöffnet, dass es genug[1]) zu thun gäbe auf allen Zweigen der Naturwissenschaft (bis zu den psychologischen hinauf).

Solcherweis mag auch der Spiritismus manch' nützliche Beobachtungen bieten, vorwiegend pathologischer Art, die ihre

---

[1]) „Die directe Anschauung, jene reale concrete durch die Sinne, wie die begrifflich abstrahirende der Geometrie, ist gegenüber der Zahl aller möglichen, ja höchst wahrscheinlicher Weise auch existirenden Mannigfaltigkeiten auf einen ganz unsagbar kleinen, engst umschriebenen und begrenzten Kreis eingeschränkt" (s. Rudel), und übersichtslos unermesslich beginnt sich jetzt das Gedankenreich vor uns auszuweiten, seit auf das Anklopfen der Induction für ihre Methode das Thor sich eröffnet (mit den Hülfsmitteln ethnologischer Forschung). Praeter trinas illas Dimensiones quae omnibus rebus extensis competunt, quarta etiam admittenda est, quae proprie competit Spiritibus (s. Henry More) in aufsteigender Leiter (unbegrenzter Forschungsrichtung).

volle Verwerthung freilich dann erst werden erhalten können, wenn die Physiologie des normal gesunden Organismus genauer festgestellt ist für psychische Wachsthumsprocesse (im ethnischen Leben der Menschheit).

Neuerdings hat der Spiritismus ein wunderlich verschrobenes Schwanzanhängsel erhalten, das seltsamst hervorlugt, gleich dem „alten Drachen", wie bei den Chinesen ὁ Σκοτος unter der Dunkelsecte dortiger Philosophen genannt wird. Dieses curiöse Monstrum ist einer Wiederbelebung weiland begrabener Theosophie durch die „theosophical society" zu danken, unter Verweisung darüber auf den Anhang (Deutsche Revue, Oct. 1885).

Bei dem Unappetitlichen der Sudeleien in diesem Hexengebräu würde sein Ignoriren in anständiger Gesellschaft nicht verdacht werden, und wäre, einfach darüber zur Tagesordnung überzugehen, am bequemsten. Doch möchte auch hier, wie beim Spiritismus, das formelle Recht entbrechen zu solch apodiktischem Decret. Bücher[1]), die unter der Firma angesehener Verlagshandlungen erschienen, die Jahr auf Jahr in neuer Auflage verlangt werden, die der Uebersetzung in fremde Sprachen würdig befunden und von verbreiteten Organen der Kritik mit Höflichkeitsbücklingen empfangen sind, solchen Büchern, und deren Autoren, lässt sich ihr Recht nicht bemängeln, wenn das Verlangen stellend, dass angehört werde, was

---

[1]) „Der Wunsch, das Wahrheitsstreben zu wecken und zu mehren, hat das vorliegende Buch in das Dasein gerufen, möge auch seine Verbreitung in deutscher Sprache zur Förderung dieses Strebens beitragen" heisst es in „Die Esoterische Lehre des Geheim-Buddhismus", Leipzig, Hinrichs'sche Buchhandlung (1884), als Uebersetzung von Sinnett's „Esoteric Buddhism" (London, Chapman & Hall, limited), 1885, fifth edition (first published in the beginning 1883). Dann: „The Occult World" (Trübner & Co., London), third edition 1883 (seit 1880), „fourth and enlarged edition" (1885). „Isis Unveiled" fifth edition, und „The secret doctrine", a new version of „Isis Unveiled" (1885). „Subscriptions payable invariably in advance and no name entered on the list nor Part forwarded until the money is in hand" (to the Manager).

sie zu sagen hätten, dass auf gestellte Fragen Antwort ertheilt werde, — schon des Leserpublicum der Corona wegen, die sonst rathlos, extra fanum, dastehen würde, wenn die Priester des Heiligthums sich schweigend in den Philosophenmantel esoterischer Geheimnisse hüllen wollten, als ob bereits vom theosophischen Esoterismus angesteckt. Die Weisheit mit Löffeln oder monopolistisch in sich hineingefressen, hat Keiner jemals noch, doch wird sie bei gesunder Verdauung nur dorten Nutzen stiften, wo auf strenggeschulten Fachdisciplinen begründet, wogegen das Geknatter hohler Phantastereien rasch verpufft sein muss. Und so möge der sanscritische Vajra, von befähigteren Händen geschwungen, dazwischen hineinfahren, um die Atmosphäre von diesem langathmigen Schwindel der, die armelendiglichen Phantome bisheriger Seelenkunde weiter noch verwirrenden, „Gross-Seelen" (oder Mahatmas) baldigst wieder zu klären (für den Nachwuchs in „Young-India"). [1]

October, 1885.

---

[1] „The glorious masters of Himavarta have elected you from the land of freedom and free thought, and brought you here with an extraordinary personage of uncommon ability, power and learning, Madame H. P. Blavatsky, to act as leader of and to co-operate with, the sons of Bharata, in the resuscitation of the most precious and transcendental truths, which lie hidden in the religion, science and philosophy of the ancient Aryans", heisst es in der Adresse Baba Dina Nath Ganguly's (President of the Berhampur Branch Theosophical Society) an den „President-Founder" (Col. H. S. Olcott), „Pioneer worker in the great sacred cause of India" (July 8, 1885).

Einleitung.

Als in der Mitte des laufenden Jahrhunderts der fortschreitende Siegeszug der Induction den Naturwissenschaften an akademischen Lehr-Instituten eine gebührende Stellung einzuräumen begann, als zunächst der Chemie ihr in reichen Entdeckungen rasch bezahltes Laboratorium in Giessen ausgestattet wurde, als in Joh. Müller's Schule der Physiologie die künftigen Führer auf dem Forschungsfelde der Biologie Waffen und Gewehr in Ausrüstungen erprobten, als der Wiederhall der Arbeiten in Paris, aus Flouren's Untersuchungen und Cuvier's Bericht darüber an die Akademie (1822), mit Magendie's Bestätigung von Bell's Entdeckungen, und folgenden Experimenten, die Aufmerksamkeit lebhafter auf die Nerven gelenkt hatte, (zum vermittelnden Band in der Doppelhälfte menschlichen Organismus), als Lotze sodann unter Anregung tiefgreifender Reform, den für die Fachgenossen bestimmten Theil seiner medicinischen Psychologie geschrieben, und durch die Metaphysik eines „speculativen Struwelpeters" (für den Köhler-Unglauben) eingeleitet hatte, als zündende Blitze neuer Entdeckungen im ununterbrochenen Explosionen sich entluden, da gar bald erkannte sich mehr und mehr, dass die Induction von der Physiologie zur Grenze der Psychologie fortgeschritten sei, wo sie ihre Vorposten auf dem Gebiete der Psychophysik errichtet, und nun erhob sich die seit empirischer, neben rationeller Psychologie (in Wolff's System),

von Bilfinger bis Friess und Beneke, periodisch wiederholte
Anfrage über Einführung auch der Psychologie unter die
Naturwissenschaften. Bald wüthete der „Kampf um die
Seele" in heisserer Polemik noch, als sie im vorigen Jahrhundert der „Briefwechsel über die Seele" hervorgerufen
hatte. „Was hat das gute Mensch nicht schon für Fata gehabt", heisst es in jener „nicht Aeternitati" gewidmeten
Correspondenz (1713), und gar sonderbare Dinge kamen
jetzt auch zu Tage, beim Tischdecken im XIX. Jahrhundert, von „immaterieller Seelensubstanz", (theil- und
übertragbar in der Erblichkeit), — wie aus göttingischer
Fabrik vorgesorgt mit abgetrenntem Antheil aus dem Vermögen („in articulo mortis"), — bis zum Niederkämpfen übersinnlicher Kräfte, kraft der Kraft des Stoffs. So mochte es
besser zusagen, auf altgewohnt hausbackenen Zehrpfennig
für die Lebensreise zurückzuweisen, auf Assecurirung „kleiner
und grosser Ueberfahrt" (in den Yana) durch jenseitige Pässe
(wie sie, gleich slavischen Popen oder Priestern, auch aztekische
auszustellen verstanden), und auf solch' irdischem Pfad, „ein
stetes Jagen zum Tode hin" (in den Wirbeln eines „Danse
Macabre"), aus vergänglichen Herbergen (der Aegypter) zu
den οἰκεῖα im „Vaterhaus", wo alle sich zusammenfinden
werden (s. Basilius) „im grossen Heer", klagte es Lamennais:
„Mon âme est née avec une plaie", im Leid des Lebens
(nach der Schmerzenslehre der „Aryani satyani"), und klagten
schon die Trauser (bei Herodot) über den durch Neugeburt
in die Leiden des Jammerthals hinieden Eingeführten, jubelnd
beim Tode, über das dann glückliche Loos der Seele. Gern
öffnet man ihr, um rasch zu entfliegen, ein Fenster (in der
Wetterau), oder durchlöchert das Dach (in China), obwohl
dabei zugleich selbstsüchtiger Eigennutz mitspricht, das unheimliche Gefühl loszuwerden, bei der Nähe der Bhut, die
umherspuken und gefährlich werden kann, wenn nicht im
Bhutu-Khana gestillt (im Deccan).

Doch in Indien auch, trotz aller dämonischen Schrecken,
die den gemeinen Mann dort umfangen halten, reden die

aristokratischen Geister der „Upper Ten Thousand" in selbstgenügsamer Kunstsprache der Secten, und so z. B. im Vivekachintamani giebt tamulische Gelehrsamkeit folgende Uebersicht (s. Foulkes):

„Von den Charvakisten behaupten Einige, der menschliche Körper sei die Seele, während Andere die Sinneswerkzeuge für die Seele halten. Die Jainisten glauben, dass die Seele vom Körper verschieden und von anderer Beschaffenheit ist, und, wenn auch von gleicher Grösse, wie der Körper, doch elastisch und fähig, sich auszudehnen und zusammenzuziehen. Die Buddhisten halten die Intelligenz für die Seele. Die Kavulisten, die Yamalisten und die Sactikaristen glauben, die Seele bestände in der Fähigkeit des Menschen zum Glück. Die Pancharatristen halten die Seele für ein blosses Atom der Gestalt nach, welches sich beständig zwischen den beiden in die Nasenlöcher mündenden Luftkanälen hin- und herbewegt. Die Loukikisten glauben, dass der Körper eines Mannes zusammen mit seinen Kindern, seiner Familie und sonstigen Beziehungen seine Seele ausmache. Die Purvamimansisten und, mit einigen Abweichungen, auch die Pattisten und Prabhakisten halten die Seele für das lautlich ausgedrückte Wissen. Die Nyayisten und die Vaisishikisten glauben, die Seele entspräche dem Aether und sei, wenngleich an sich so vernunftlos wie ein Stein, durch die Verbindung mit dem Geist vernunftbegabt geworden. Die Sankhyisten und die Patanjalikisten halten die Seele für einen selbständigen Gedanken. Die Vedantisten halten sie für reines, unverfälschtes Wissen. Die Pasupatisten, die Kapalikisten und die Makavrudhisten halten sie für ein ewiges, allgegenwärtiges und vernünftiges Wesen. Die Mantra-Sidhantisten halten die Seele für ein ewiges, alles begreifendes, weises und thätiges Wesen."

Im Pramiti der Tark-Shastra (bei Mohsan Fani) werden in Zusammenfassung aufgezählt: Atma (das Geistige), Sarira (der Leib), Indriya (Sinnesauffassungen), Artha (Sinnesempfindungen), Buddhi (Verständniss), Manas (Begriff),

Pravritti oder Unterscheidungskraft (von Recht und Unrecht), Dosha (Irrthum), Raga (Lust), Dvesha (Hass), Muha (Bethörung), Pretyabhava (keimende Entwicklung), Phala oder Früchte (des Guten oder Bösen), Dukha (Schmerzeselend), Apavarga (Freudeseeligkeit), zur Erlangung von Mukt (unter Befreiung von Sarira mit Shadindriya, Shad-darsa, Buddhaya, Sukha, sowie Dukha). Im (buddhistischen) Paramattha unterscheidet sich in Citta (neben Cetasika, Rupa, Nibban) die Vertheilung von Kamavaċara-ċittam, Rupavaċara-ċittam, Aruparvaċacra-ċittam und Lokuttara-ċittam (s. Religionsphilosophische Probleme, Berlin 1884, S. 115), und in Nagasena's Gleichniss (bei der Discussion mit König Milinda oder Menander) fällt die Seele aus, bis zu ihrem pantheistischen Reflex in Alaya (des Mahayana). Die Birmanen übernehmen, aus palistischer Terminologie, Rupanam-hnitpa mit Zeikwinyein, wie die Siamesen Vinjan (Vinyana), und die Chinesen halten an ihrem Wunderbaren fest, in Ling (neben Hun, Sim, Tao, Li und Khi).

Für die griechischen Philosophen-Meinungen findet sich eine Aufzählung bei Plutarch: „Nach Thales ist die Seele ein unaufhörlich bewegtes Wesen, nach Pythagoras eine selbstbewegte Zahl, nach Plato denkendes Wesen (in harmonischer Zahl bewegt), nach Aristoteles Entelechie des physischen und organischen Körpers, nach Dikäarchus Harmonie der vier Elemente, nach Asklepiades gemeinschaftlich harmonische Uebung der Sinne, nach den Stoikern warmer Hauch, nach Anaxagoras luftartig, nach Demokrit feurig, nach Epikur Mischung der elementaren Qualitäten, nach Heraklit theilnehmend (gleich der Seele der Thiere) an der Seele der Welt, als Ausdünstung ihrer Feuchtigkeit." L'âme qui connaît si bien le monde extérieur et tout ce qui est hors d'elle une fois rentrée dans sa propre maison ne sait plus où elle demeure (nach Stenon); le grand philosophe Descartes plaçait l'âme dans la glande pinéale, le savant anatomiste anglais Willis la plaçait dans les corps striés, le non moins savant anatomiste français Vieussens la plaçait dans ce grand espace de substance blanche qu'il appelait le centre avalé etc. Lapeyronie la plaça dans le corps calleux (s. Flourens).

Neben der ψυχή war πνεῦμα ein Ausfluss des göttlichen Logos (in alexandrinischer Philosophie) und die Römer (s. Georges) unterschieden anima, das rein thierische, und animus, das geistig vernünftige und begehrende Lebensprincip in der Seele (als Lebenshauch oder Lebenskraft). s. Btrg. z. vrgl. Pschlg. (S. 16). Der Sitz der Seele liegt im Kopf (nach Demokrit), zwischen den Augenbrauen (bei Strato), in der Gehirnhaut (nach Erasistratus), in der Brust (nach Parmenides), in der Höhlung der Herzarterie (nach Diogenes), im Blut (nach Empedocles), im Herzen (nach den Stoikern), und Pythagoras verlegt die Lebenskraft ins Herz, den vernünftig denkenden Theil der Seele in den Kopf (s. Plut.). Cartesius setzt die Seele in die Zirbel-Drüse, Ficinus in das Herz, Sömmering in die Gehirn-Ventrikel, und mit der Phrenologie beginnt die Vervielfachung, bis zur gänzlichen Negirung. Doch darum keine Angst, tröstet der Geschichtsschreiber des Materialismus: „Nur ruhig eine Psychologie ohne Seele angenommen" (wie im Abhidharma).

Neben solchen Aussagen aus den höheren Schichtungen historischer Cultur-Völker, liessen sich nun die der westlichen Hemisphäre stellen, die der Nahuas über ihre Ehecatl, die Seele, als Hauch, im Anschluss an die Todtengebeine in Goatzacoalco (s. Herrera) zur fleischlichen Auferstehung, sowie die „fleischlose" Seele oder Aychannac (Nanu) der Quechua, deren archäologisch oder paläontologisch fossile Metaphysik eine amerikanische Herausforderung[1]) an die

---

[1]) I doubt if the dialect of German metaphysics itself, after all its elaboration, could produce in equal compass a term for this conception (s. Brinton). Für die philosophischen Kunstausdrücke der Maori ist es schwer, entsprechend deckende Aequivalente im Englischen zu finden, nach dem Sprachgefühl des gewiegtesten Fachkenners, (wie aus den mit ihm im Jahre 1880 in Wellington geführten Gesprächen wiederholentlich sich ergab).

des Philosophenlandes richtet, für Holguin's Erklärung von Runap-cascan-caynin (el ser existente de hombre, que es el modo de estar el primer ser que es la essentia que en dios y los Angeles, y el hombre es modo personal).

Indem es zunächst der Vergleichungen bedarf, für die Induction zur Verwendung ihrer comparativen Methode, (und der genetischen daneben), stellt sich die Frage der Materialbeschaffung, in Ansammlung thatsächlicher Beweisstücke, der Bausteine als unumgänglich erste Vorbedingung allen anderen voran. Il est ridicule de prétendre poser a priori dans leur ordre logique les sousquestions de la philosophie, quand cette science est aussi peu avancée qu'elle l'est de nos jours (s. Jouffray), und wenn diese älteste der Wissenschaften auf der Erde noch heute nicht zur Mündigkeit gelangt ist, muss ein Erbfehler drinnenstecken, im einseitigen Festhalten der Deduction, (und sei deshalb von jetzt ab die inductive Richtung eingeschlagen, comparativ und genetisch).

„Die Aufgabe der Geschichte ist es, das Vergangene aus dem zu verstehen, was es für sich selber war", bemerkt Paulsen für den historischen Gang, und dies gilt zum geschichtlich-geographischen Ueberblick bei jedem ethnischen Kreis (in der Menschheitsgeschichte), wenn freilich auch die cursorischen Reiseberichte, bei den Fahrten unter den Naturstämmen, meistens nur das aus populären Unterhaltungen des Tageslebens Herausgehörte heim zu bringen pflegen, ohne den ἱερὸς λόγος zu treffen, der sich hier (wie bei pythagoräischen Sectenschulen) gleichfalls in esoterische Geheimnisse zu hüllen pflegt (s. Heilige Sage der Polynesier, S. 9).

Arm und schwach erscheinend, waren die Naturstämme bisher verachteter Wildheit überlassen, von welcher jungfräulichem Boden indess manch' frischer Schössling sich gewinnen lassen wird, um die erschlaffende Wissenschaft des Tages mit neuem Blute zu durchtränken und zu beleben. Während die Phanerogamen, in ihrem Namen schon, die

Anlagen auch dort, wie im Traumleben der Naturstämme die Culturschöpfungen, welche deutlich-klar hervorstehen in den Völkern der Geschichte, und von diesen für eigene Vergangenheit zum Verständniss gebracht werden mögen, wenn aus objectiver Betrachtung, von der Peripherie zum Centrum heimkehrend, die Forschung auf sich selber trifft.

„Halten Sie den Zustand unserer Wissenschaft wirklich für hinreichend reif, aus deren Mittelpunkt die Frage über die Natur der Seele überhaupt zu entscheiden?" legte Rudolf Wagner dem Areopag der Naturforscherversammlung zur Beurtheilung vor (1854), und da seit diesem Termin die ethnischen Beweisstücke in steter Vermehrung begriffen sind, wird bis zur Vervollständigung derselben mit einer naturwissenschaftlichen Durchbildung der Psychologie zu warten sein.

Hier deshalb auf vorangegangene Materialansammlungen und deren Fortgang verweisend, mögen beiläufig nur aus Aufzählung der Benennungen einige Proben folgen, bei dafür gebotener Gelegenheit.

Sofern die Seele als Schatten begleitet, kann dieser, gleich dem Schlemihl's, verloren gehen, wenn beim Einfallen in Wasser von einem Krokodil gefressen (unter den Basuto). Als solcher Schatten (Umbra) im Leben schon den Körper umschwebend, als Natub (der Quiché), Otahchuck (der Irokesen), Ueja (der Arowaken), Ukpon (der Calabaresen), Tunzi (der Zulu), Seriti (der Bechuaner) u. s. w., dämmert es gespenstisch davon nach, am Grabesorte flatternd, wenn von der Seele (des Kaffer) beim Tode Ihloze oder Isitute übrigbleibt (s. Schooter), wenn Sisa (bei Umwandlung von Kla) nach den Inseln des Volta zieht und die Uhane ihren Sprung zu wagen haben (vom Springstein westlicher Inseln im Ocean). Im Skigihi oder

im ganzen Körper wohnende Uhane (Seele) nimmt ihren
Lieblingsplatz in der Augenhöhle (auf Hawaii). Das
Seelenleben ruht (bei Aeschylus) im Herzen, weil auch im
Schlaf ebenso lebendig, wie beim Wachen (ununterbrochen
fortschlagend). The Soul (Purusha) is a shadow or emanation
from God (Paramatma, Ishwar), the eternal (s. Wise) oder
beim Tode entschwindend im Schatten (der Skiai).

Leicht trennt sich die Traumseele ab, als Leipya oder
Schmetterling umherflatternd (in Birma), bis ganz entfliegend,
bei geöffnetem Fenster in Bugey (s. Monnier) oder in der
Wetterau, sowie durch das für den Todesfall im Dach ge-
lassene Loch (der Li-Min), aushauchend im Hauch, als
Duch (der Slaven), Puit (der Californier), Waug (in Austra-
lien), Silla (der Eskimo), mit dem Winde ($\mathring{\alpha}\nu\varepsilon\mu o\varsigma$ und
animus), im Ruach, wodurch eingegangen zum Neschama
oder Odem der Nephesch (oder Seelen-Person). The soul
of a dying person makes its escape through the nostrils
(bei den Battas), vom Winde fortgetragen (s. Marsden).
Wie bei der Inspiration des Propheten oder Mawu-nunola
(am Munde Gottes sitzend), die Begeisterung ein-, vermag sie
auch auszufahren, und Odhin lag, wie todt, beim Ausfahren
seiner (gleich der des Aristeas) wandernden Seele (nach Art
der Schamanen oder Angekok), und als Hermotimos' Körper,
bei Abwesenheit der Seele, (die bei den Tagalen durch
plötzliches Erwecken geschreckt werden würde), verbrannt
wurde, fand er sich an die Luft gesetzt (wie hauslose
Dämone, die einzufahren suchen, gleich dem in Todi).
Erbliche Anlagen zur Besessenheit in Sunchuru (durch den
Waren) wird auf den Kula-Devata zurückgeführt, und so
nach göttlicher oder dämonischer [1]) Aitiologie indicirt sich

---

[1]) Die Karmaja genannte Krankheit (produced by sin) wird
diagnosticirt, „when a disease is not cured by the means pointed
out by the shasters" (s. Wise), und Daibabal prabritta (of the most
loathsome appearance and incurable nature), „when improper
actions are performed" (such can only be cured by a course of
severe and long continued penance, by mysterious performances,

auch die Verschiedenheit therapeutischer Behandlung (für die Cur). Bei der unmittelbaren Geisterwirkung (im Spiritismus) wird der Geist des Mediums selbst, „soweit als nöthig, von seiner Herrschaft über den Leib zeitweilig depossedirt, und seine Stelle durch den „kontrolirenden Geist eingenommen" (s. E. von Hartmann). The occultist can project his soul from his body (s. Sinnett), wie Aristeas, als Uhane ola (auf Hawaii). Die Seelen der Gallier (bei Diod. Sic.) durchwandern andere Leiber (bei der Metempsychose); *ἐκ περιτροπῆς αἰώνων* (s. Joseph.) zur Mumie zurückkehrend in Aegypten (bei Herodot). Von solch seelischen Wesenheiten rings umflattert, sucht der (in Deisidämonie) Geängstigte Schutz bei den Apotropaioi (gegen Dämone), und neben dem Bosheitszauber, (auf dem Bund mit dem Teufel beruhend), findet sich (im Voigtland) der Schutz- und Glückszauber (zur Abwehr von Hexen). Zur Fortführung der Seelen fungirt Hermes als Psychopompos für Demeter, wie Anubis für Isis (und der Hund bei den Eskimo).

In den Façettenaugen der Naturvölker zersplittert sich die Seele in Theilungen, vierfach bei den Dacotah, sowie in den Chatura-Bhut (der Thai), und mehrfältiger noch (bei den

---

and liberality to the sacred Brahmans). s. Der Fetisch (S. 65): Buthavidya in dem (medicinischen) Shastra (des Ayur-Veda) lehrt: „the means of restoring the deranged faculties of the mind, supposed to be produced by demoniacal possessions, as by the anger of the Gods (Devtas), devils (asurs) or another kind of devils (gandarba), demigods or devils (jaksha), giants resembling devils (rakshas), spirits of dead men (petrigriha) and other kinds of devils (pihochas). In sympathischen Kuren wird eine Krankheit auf andere Gegenstände übertragen (im Voigtland) durch das Pröpeln (s. Köhler) oder Besprechen (der Pröpelfrauen). En qualifiant le génie de neurose nous ne faisons qu'exprimer un fait de pure physiologie (s. Moreau), indem die höchste Bethätigung geistiger Activität und Productivität beständig zwischen pathologischen Abirrungen schwanken, sich von ihnen bedroht sehen muss, bis der Zustand abgleichender Ruhe gewonnen wäre (in jener letzten Vollendung eben, die auf Erden, bei einer darüber hinausliegenden Tendenz, zu erreichen sich als unmöglich erweist).

Karen). Every human being has four souls in one (bei den Hidatsa). Democrit theilt die Seele zweifach, Plato dreifach, die Stoiker achtfach (s. Plut.) und für $δύναμις\ ψυχική$, $σφυγμική$, $φυσική$ findet sich die Unterscheidung (bei Galen). Von den drei Seelen (der Chinesen) wird die in den „hölzernen Geister-Herren" (Muk-schan-tschü) eingegangene mit nach Hause genommen (für Verehrung der Pitri, gemäss den Vedas).

Wenn das Eidolon (Homer's) in die Schattendunkel der Unterwelt hinabgesunken, in die Reinga (der Maori), und der „Leib dem gewaltigen Tode gefolgt", bleibt noch ein Etwas übrig im Abbild der Seele (s. Pindar), als $Αὐτός$ in der Oberwelt reflectirt (wie bei den Pharaonen), und dort einkehrend zur Heimath, zum Ahnenland Itsinlewi-tan, wohin beim Tode (Edhie-ewié) die Seele (der Denedindjies) entfliegt (s. Petitot) als Edayme, Eyunné, Enuine, Ettsine, Ninkkion (Hauch, Athem, Wind, Geist, Schatten). Die Seele (Tschipey) wurde (nach dem Tode) zum Tschitschank (Gespenst), ausser dem nach Tschi-pey-ach-gink (Geisterland) gehenden Theil (bei den Delawaren). Wenn die Seele den Körper verlässt, wird der schwächere Theil (als der der Thoren) umhergetrieben, der stärkere (als der der Weisen) dauert bis zum Weltbrand (bei den Stoikern). Die $σκιαί$ des Hades konnten erst durch Bluttrinken (bei Odysseus Besuch) die für Communication mit den Lebenden erforderliche Substantialität gewinnen, und die Priesterin der Erde (in Aegina) hatte vor dem Hinabsteigen in die Grube (zum Weissagen) einen Trunk Ochsenblut einzunehmen, als Präservativ gleichsam gegen schattenhafte Ansteckung (im Schattenreich). Nach den Crih ging der Geist des Sterbenden (Po yau fic chau) der Sonne folgend, westlich (Timberlake), wie auf den oceanischen Inseln (und im alten Aegypten). Mit dem Verbrennen der Leiche kehrt die Seele als Ausfluss des Aethers in diese zurück (s. Plato). Die Aetherleiber der Seele vermitteln die Verbindung der Seelenwerkzeuge mit der Seele (s. G. Schneider). Bei den Brahmanen entsteht die Seele aus dem Ei, während

Plutarch die Henne voransetzt, und mit dieser Frage nach Ei und Henne wird die ganze Zeugung in Bewegung gesetzt (meint Sylla).

Von der Seele der Madagesen verschwindet beim Tode Saina in Levona (unsichtbar), Aina in Rivotra (Wind), während Fanahy fortdauert als Geist, und Matatoa umherspukt im Gespenst (s. Ellis). Das (in einem $\varkappa \acute{o} \sigma \mu o \varsigma \ \nu o \eta \tau \acute{o} \varsigma$) präexistirende Kla (der Odschi) wirft bei der Geburt seinen Schattenreflex in die Seele oder Sasuma (Schatten), und gleichzeitig die andere Hälfte desselben in das (unter den Naturgegenständen) zum Schutzgeist (oder Okra) prädestinirte Complement[1]), aus dem dann (mit des Daimonion Stimme, $\tau \grave{o} \ \tau o \tilde{v} \ \vartheta \varepsilon o \tilde{v} \ \sigma \eta \mu \varepsilon \tilde{i} o \nu$) Gbesi (das Gewissen) redet, bis der Tod den Bla zu neuen Einkörperungen (der Stammesseele) ruft, und Sisa gespenstich dann fortflattert zu der Grabestätte am Aisa-Fluss. Aus der gleich Vairua (der Kanaka) oder Kelah (der Karen) sämmtliche Dinge durchdringenden Schu im Odem aller Götter wurde auch in ägyptischer Seele die Thätigkeit der Ba angeregt, und „le double" (s. Maspero), in Zwillingsdoppelung des Schutzgeistes (als Genius natalis) zur Seele, während als (lebendiger) Doppelgänger die Uhane-ola schreckhaft wandert, wie später die Uhane-make oder Todtenseele (auf Hawaii)[2]) s. Z. Kenntniss Hawaii's (S. 21). „Das Etwas von

---

1) Auch lässt sich direct sympathische Verknüpfung herstellen, wie zwischen der Seele des Dualla mit dem Geburtsbaum, und der Czeche stirbt, wenn sein Baum umgehauen wird (s. Grohmann), wie Meleagers Leben endet (mit Verbrennung des Scheits). Ein Waldweibchen (oder ihr Männchen) muss sterben, „so oft ein Mensch ein Bäumchen auf den Stamm driebt" (im Voigtland), wie die Dryade (bei Schädigung des Baums). L'homme (nach Fourier) subit la loi attractive, qui le pousse irrésistiblement à s'unir d'interêts, de travaux, d'affections avec ses semblables (s. Gatti de Gamond), im Zusammenordnen des Gleichartigen (gesellschaftlich auch). Während jedoch das Gleichartige nur im gleichmässigen Fliessen sich einigt, springt aus der Einigung der Gegensätze, nach Wahlverwandtschaft, die neue Zeugung hervor (polarer Spannung).

2) Hawaiians supposed that men had two souls each, that one

dem Todten nachbliebe, glauben die Lappen, weshalb sie sich sehr vor den Todten fürchten" (s. Samuel Rheen). Die Seelen der Grönländer sind bleich dnu weich, für die Angekok's fühlbar (und so auch flickbar, wie in Oregon). Bei den Passumah verblasst die Person beim Tode zum Orang alus oder Feinmensch (der unter der Maske gesteckt hat). Die Seele ist ein einfaches, beharrliches und immaterielles Wesen (s. Mich), als „immaterielle untheilbare Substanz" (bei Lerch). L'homme n'est pas une âme, n'est pas un corps, il ne faut pas en faire deux (Montaigne). Das reale Wesen, dessen Existenz auf Grund gegebener Thatsachen gefolgert wird, nennen wir, insofern es die Gesammtheit aller psychischen Thatsachen in sich selbst erlebt und in ihnen sich bis zum Selbstbewusstsein ausgebildet hat, die Seele (s. Strümpell). L'homme est un tout organique (s. Bossuet). Sicut omne animatum est organicum, ita omne organicum est animatum (s. Cremonini). Die Frage über das Wieder-Erkennen in der Ewigkeit „wäre gar nicht möglich, wenn nicht der wahrhaft verfluchte Unglauben oder Vernunftglauben die jammervolle Lehre aufgebracht hätte von der Unsterblichkeit der Seele, wobei man nicht weiss, ob die unsterbliche Seele etwa eine runde Kugel ist, die sich mit andern Kugeln in der Luft herumwirbelt, oder am Ende gar eine Seifenblase" (L. Harms).

Wie in jedem Naturgegenstande, als Innuae oder Besitzer (bei den Eskimo), ein Kelah (bei Karen) oder Saman-

---

died with the body, the other lived on, either visible or invisible (s. Andrews), the ghosts would talk, cry, complain, whisper etc. (hane-hane), also im $\eta\chi\acute{\eta}$ oder $\varkappa\lambda\alpha\gamma\gamma\acute{\eta}$, mehr sprachlich communicirend (obwohl die Uhane schon bei Lebzeiten sichtbar erscheinen mochte). Dazu kommt dann Ea (das Luftige), vital breath (spirit). Die Budna gat (bei den Dayak), als Vairua[1]) (bei Kanaka) oder Vui (meln.) einwohnt, so sind (bei den Hidatsa) alle Dinge (s. Matthews) durchdrungen[2]) von einem Schatten (Idahi), im Glanzreflex (Dahilii) der Glorie (oder Wananga bei Maori), mit Dok-Idalii (Menschenschatten), als Seele des Menschen, und das Ganze umhüllt von Mahopa (Mahopa-Ictias), als das Grosse Mysterium (des Grossen Geistes), im geheimnissvoll Heiligen und Heilenden (Hopa), zum Anschluss an Itsikamahidis (the First Made) oder Itakatetas (Old Man Immortal), der in der Existenz (und so auf dem Todespfad nach Dok-i-da-lia-ti) zuerst Vorangangene, von dem den Uebrigen die Kenntniss gekommen (in der Ueberlieferung des Hieros Logos).

Wenn aus dem Seelenlande Nodsie die Seele (der Eweer) herniederfährt, am Dsogbe oder Geburtstag, um unter Abscheidung des Aklama (als Schutzgeist) das Dsi (Herz) zu begeistigen und vom Kopf-Innern (Tame) als Verstand (Sussi) ordnend zu herrschen, dann verbleibt ein sehnender Zug, nach der Heimath zurückzukehren, wo die geschlechtliche Hälfte noch weilt, und beim Tode enteilt deshalb die Seele dorthin, unter Abwerfung des Noali, eines Nachbildes in dem am Grabe fortspukenden Gespenst. L'idéal de notre espèce est dans le couple androgyne (nach Reynaud), unter

---

[1]) Seele oder Leben, das die Tahitier „accordaient non seulement à l'homme, mais même encore aux animaux, aux plantes, à tout ce qui végète, croît ou se meut sur la terre" (Moerenhout). Sunt quaedam, quae animam habent, nec sunt animal, placet enim satis et arbustis animam inesse, itaque et vivere illa et mori dicimus (Seneca).

[2]) Every thing not made by human hands, which has an independent being or can be individualized, possesses a spirit (shade) or Idahi (bei den Hidatsa). Dok-Idalii, human shade (ghost). Dahilii, the reflection of an object as seen on a polished surface (spirit),

Geschlechtswandlungen (des Mondgesichts in lunus und luna). Iphis' Geschlecht wurde durch Isis geändert (s. Ovid) für die Eheschliessung (mit der Braut). Im Parsismus theilt sich die Welt dualistisch unter Schachzügen zwischen Ormuzd und Ahriman, und der Maus (ein Geschöpf des Teufels) entgegen, schuf Gott die Katzen (in Böhmen). Die Schöpfung der gegenbildenden Arome (aromes contremoulés) beginnt mit „einem aromal-sphärischen Bad, das die Meere von ihrem Bittersalz befreit" (s. Fourier).

Bei den Siamesen thront der seelische Schutzgeist auf dem Scheitel des deshalb heiligen Hauptes und mag im „Riek Khuan" gerufen werden (s. Vlk. des östl. As. III. 236), und in dem durch Kelah in Lebenskraft beseelten Körper (der Karen) herrscht Tso im Haupt, als Thlah (oder moralisches Prinzip), und so herrscht ($\varkappa\varrho\alpha\tau\varepsilon\widetilde{\iota}$) der Nous (zu Aristotelischer Zeit), unter heutigen Compromissen mit Kraft und Stoff in bequemer Vereinfachung. Und auch die umständlich complicirten Theorien, mit denen braune oder schwarze Wilde sich ihre Zeit zu vertreiben pflegten, sind für die „arme Seele", die man von all ihren (aus „rationeller Psychologie" geschenkten) Vermögen bereits erleichtert hat, monistisch abgeflacht worden mit den Spirits, die sich vertraut genug zeigen für friedliches Schulterklopfen und Kniezwicken (in den „Seances"),[1]) sonst aber als ziemlich nichtsnutzig faules

---

[1]) Der Geist des amerikanischen Senators Hare bewohnt, nach den seinem Sohne (dem Chemiker R. Hare) gemachten Mittheilungen eine mit Gemälden und Statuen ausgeschmückte Zimmerreihe in der concentrischen Sphären-Region des Jenseits, wo man erntet, isst, spielt, trinkt, weshalb Dr. Friese auf Autorität des von einem Verstorbenen dictirten Buchs: „Life beyond the grave" auch von rauschsüchtigen Geistern sprechen kann, von Verliebten, und ähnlichem Gelichter (1879). „Oft gerathen die Spirits in Streit mit einander und stiften auch Streit unter den Anwesenden, sie verführen die Menschen zur Schwelgerei und schwelgen mit" (s. W. Schneider), wogegen andere Unterricht ertheilen, wie Pauline Seigner († 1824). In der Materialisation zeigen die Geister (des Spiritismus) „nicht nur einzelne Theile ihres Geisteskörpers, z. B. eine leuchtende Hand oder

Gesindel, bei weitem nicht so nützlich, wie die, wenn auch schabernackschen, doch fleissigen Hauskobolde oder (in Siam) Phi Rüa, und sonst dienstthuende Familien-Geister (wie sie Peter von Apono, sieben an Zahl, in einer Flasche mit sich führte).

Hier nun wird es eines objectiv unparteiischen Umblicks bedürfen, seitdem die Anthropologie (mit Einschluss der Physiologie) von Feuerbach als „Universalwissenschaft" proclamirt ist (1849), um also universell das Ganze zu umfassen, im Grossen ebensowohl, wie im Kleinen. „Under its subjective aspect Psychologic is a totally unique science" (s. Spencer), aber objectiv erst recht, wenn bei der Gesellschaftswesenheit des Menschen auf den Völkergedanken begründet (für inductive Behandlung).[1]) C'est à l'âme, que la science va se

---

ihr strahlendes Antlitz, sondern erscheinen sogar, wenn das Medium besonders stark ist, in voller und greifbarer Gestalt, dann lassen sie sich betasten, sie unterhalten sich in menschlicher Sprache, ja sie haben in diesem Zustande sich photographiren und sogar Wachsabdrücke von ihren Gesichtern nehmen lassen" (s. F. Schultze). „Ist deshalb ein nöthig Stück, dass wir wissen und glauben, es sei wahr, dass der Teufel sich zuweilen lässt sehen, jetzt so, jetzt anders" (Luther). Im Hause des Kriwe-kriweite sah man die Todten leibhaftig zum Himmel fahren und in nebligen Polarländern können sie auch ergriffen werden (unter Eskimo).

1) Neben der Psychologia empirica (als psychische Anthropologie) ergiebt sich die psychologia rationalis oder transcendentalis als metaphysische Psychologie (für deren logische Berechnung sich auf der elementaren Unterlage naturwissenschaftlicher Psychologie ein höherer Calculus vorzubereiten hätte). Von der Seele als „innerstes Prinzip der Thätigkeit in einem organischen Körper" heisst dieser ein beseelter ($\sigma\tilde{\omega}\mu\alpha$ $\ell\mu\psi\nu\chi o\nu$, corpus animatum). Die Seele ist die Kraft des Lebenden, als Ausführung, Freiheit und Fürsichsein (Westhoff). Weder wirken die Vermögen unmittelbar auf einander, noch auch durch ihre Thätigkeit, sondern ihre Einigung in der einen Seelensubstanz vermittelt die gegenseitige Einwirkung derselben (s. Gutberlet). Der Menschengeist ist ein Product des Stoffwechsels (s. Ule). Der menschliche Körper ist eine modificirte Thiergestalt, seine Seele eine potenzirte Thierseele (s. Burmeister). Alle organische Thätigkeit im Thierreich beruht auf Nerventhätigkeit (s. Spiess). La

prendre (s. Taine), im Studium des Völkergedanken (religiös und sozial). Indem „die ethnologische Entwicklung allüberall dieselben allgemein menschlichen Rechtsideen zeugt", (in verschieden individueller Ausprägung), folgt, „dass diese Rechtsideen auf geistige Potenzen gegründet sind, welche in der allen Völkern gemeinschaftlichen Menschennatur wurzeln" (s. Kohler). Wie sich aus gleichmässiger Wiederkehr scheinbar zufälligster Erscheinungen (Geburt oder Sterbefälle, Verbrechen u. s. w.) für kleinere Kreise (der Stadt oder des Landes) ein Gesetz abstrahiren lässt, so im Leben der Menschheit für die Gesetzlichkeit psychischen Wachsthums (in der Gesellschaftswesenheit des Menschen).

Die Fehler des Materialismus zu vermeiden, müssen sich „die ethischen und ästhetischen[1]) Ideen selbst als nothwendig

---

Psiche e funzione dell' organismo (s. Sergi). Die Seelenfunction ist eine besondere Aeusserung der Lebenskraft, bedingt durch die eigenthümliche Construction der Gehirn-Materialität (s. Friedreich). Die Gedanken stehen in demselben Verhältniss zu dem Gehirn, wie die Galle zur Leber oder der Urin zu den Nieren (s. Vogt); in „la sécrétion de la pensée" im Gehirn (bei Cabanis) unter Rückführung der geistigen Functionen auf Nerventhätigkeit mit einer Rückenmarksseele der Experimente (s. Pflüger). Bei Leben und Geist in kleinsten Körperchen ergeben sich auch die Urbestandtheile der unorganischen Natur als lebendige Keime mit dem Princip der Empfindung (bei Robinet), in empfindenden Atomen (s. Maupertuis), toute sorte de semence étant animée (s. Gassendi) im „Mechanismus der menschlichen Vorstellungen" (s. Bonnet) bei „l'homme machine" mit den Seelenthätigkeiten als umgebildeten Sinneswahrnehmungen (s. Condillac), in Wechselwirkung der Ayatana mit Aromana innerhalb harmonischen Kosmos (eines Dharma). Le corps des défunts est aromal-éthéré (s. Fourier) für die Riechseele (mit Anthropin).

1) Ein unheimliches Gefühl beschleicht, beim Verfolg der neueren Gerichtsverhandlungen, wie in breit ausführlichen Tagesrationen aufgetischt, ein Erschrecken über die Leichtfertigkeit des durch die Modestimmung gebilligten Urtheils und die Verkehrung aller sittlichen Begriffe. Nicht etwa aus Unsittlichkeit, oder bösem Hang zu solcher, da achtungswerthe Persönlichkeiten unter den Betheiligten sich bei Selbstbetrachtung rein und unbefleckt spiegeln werden (ohne auf ernstliche Vorwürfe bei Prüfung des eigenen Gewissens zu

nach ewigen Gesetzen entstandene Gebilde der allgemeinen Naturkraft auf dem besonderen Gebiete des Menschengeistes erfassen" (s. A. Lange) im Völkergedanken (naturwissen-

treffen), aber weil die haltlos umherschweifenden Gedanken sich an die erstbest zusagende Vorstellung klammern, wie von den Tageswellen angespült, um im temporären System sittengesetzliche Geltung daraus zu zimmern. Obwohl indess in dem engen Kreis sogenannter Gebildeten, wir uns manche Abschweifung erlauben mögen und jeder individuellen Ansicht ihre Berechtigung zusteht, hat sich hierüber nun Jeder mit sich selbst abzufinden, für den Privatgebrauch, — wogegen bei öffentlicher Discussion rationelle Verhältnisswerthe zu allgemein annehmbaren Prinzipien hergestellt bleiben müssen, für die Diät des grossen Gesellschaftskörper im Ganzen. Sein normal gesunder Zustand bleibt die Vorbedingung für social gedeibliches Leben, und wenn in den tief dunkelnden Schichten, von denen die Upper-ten-thousand sich abgehoben haben, ein gährender Fäulnissprocess einsetzen sollte, würden die selbstgefällig sich als die Welt bespiegelnden Spitzen der Gesellschaft bald abgefallen und als Spreu verweht sein. Obwohl deshalb ihrem verwöhnten Geschmack gelegentliche Luxusartikelchen sensationeller Nervenreizung von der Presse, wenn sie will, geliefert werden mögen, liegt die Hauptaufgabe derselben doch eben darin, erziehend rückzuwirken auf die grosse Masse des Volkes, worin sich bis dahin, gefährliche Verführungen noch überdauernd, ein kerngesunder Sinn glücklicherweise soweit erhalten hat. Doch spiele man nicht zu lange, nicht zu häufig mit dem Feuer. Wenn für die Kunst, und ihre in Prachtgebäuden ausgestellten Productionen, grosse Summen zur Verwendung kommen, so werden die der Arbeit des betriebsamen Bürgers zu dankenden Ersparnisse nicht von den Feinschmeckern für sich allein in Anspruch genommen werden dürfen, nicht für Ergötzung der in Kastensprache redenden Kunstkenner nur, für die Sublititäten ihrer piquanten Saucen und fauligen Käsesorten, deren sie für bessere Digestion der mit Leckerbissen überladenen Mahlzeiten gelegentlich bedürfen. Zunächst gilt es diejenigen zu kräftigen, welche die Ingredenzien für die Mahlzeiten überhaupt erst beschaffen, sie zu kräftigen durch normal gesunde Speise, und wenn die Kunst und der Künstler hier sein Schärflein beitragen will, so wird streng ernstliche Sittlichkeit der Kunst für emphatisch erste Pflicht zu gelten haben (zum Besten des Ganzen), wie für jeden Staatsgenossen, so für den Künstler erst recht, als Diener der Aesthetik (im Kalonkagathon).

schaftlicher Psychologie). „Mit der Frage nach den Gesetzen des Seelenlebens hat Herbart ihr ein unerschütterliches Fundament bereitet" (s. Lazarus), das indess inductiv zu festigen wäre (mit dem Ausgang vom Völkergedanken, bei der Gesellschaftswesenheit des Menschen), um nicht zu bleiben, was Lange den „abenteuerlichen Gedanken" Herbart's nennt, das Princip für eine Statik und Mechanik der Vorstellungen durch Speculation zu finden, und in „mathematischer Psychologie" mit Ziffern zu operiren, (ehe die Elementar-Species eines logischen Rechnens festgestellt sind). Là où règne la verité, il n'est plus de disputes ni de discussions possibles (Chevreul). Was freilich ist Wahrheit? Wohl indess handelt es sich um die Richtigkeit logischer Rechnungen, unter der Controlle der Induction, um apodiktisch reden zu können (wie in den übrigen Naturwissenschaften, so künftig einstens in der psychologischen auch vielleicht einmal).

La Psychologie, basée sur la simple réflexion, n'a plus progressé de nos jours, qu'à Athènes ou à Alexandrie. De Platon à Descartes il n'y a que la distance d'un système à un autre (s. Pouchet), bis die naturwissenschaftliche Psychologie ihre Fundamente gelegt haben wird (für organische Fortentwicklung), jetzt bei den ersten Schritten des Beginnens, denn „the natural history of man is indeed yet in its infancy" (s. Lawrence). L'Anthropologie est une science si vaste, que le vertige vient presque à la seule idée d'en embrasser l'ensemble d'un regard. Elle ne s'arrête pas en effet à l'histoire physique de l'homme, elle étudie son développement intellectuel, et les modifications qui en dérivent, moeurs, coutumes, beaux arts, croyances, religions (s. Pouchet), auf inductivem Wege naturwissenschaftlicher Psychologie (im Völkergedanken).

Die „Grenzen des Naturerkennens" (bei Dubois-Reymond) betreffen die Grenzen der Methode (menschlicher Forschung), wogegen, sobald dieselbe auf neu eröffnetem Gebiet, in naturwissenschaftlicher Behandlung der Psychologie, — (seit der mit Beschaffung ethnischen Materials ermöglichten Ausführung der Inductions-Arbeit), — zur Verwendung gebracht werden kann, sich damit ein unermessener Horizont, in grossartigsten Prospecten und hoffnungsvollen Verheissungen, den Studien zu eröffnen beginnt. Dieser Angelstern allein noch leuchtet in der Nacht sinnverwirrender Bethörung, wie sie auf unsere von Modethorheiten gehetzte und genarrte Zeitepoche niederzusinken beginnt.

Im tollen Taumel sind sie verloren gegangen, jene alten Stützen[1]) der Cultur, die als Leiter auf dem Lebenspfade strahlten in Hütern idealistischer Schätze. Unbedacht hat man sie hingegeben, mit vollen Händen zerstreut und verworfen, weil vertrauend auf das Wort der Naturwissenschaft, die im Glanze des bisherigen Siegeszuges neue Triumphe in Aussicht zu stellen schien, um die höchsten Fragen jetzt zu lösen. Aber vom Höchsten, vom Erhabenen zum Lächerlichen ist der Schritt nur kurz, und bejammernswerth lächerlicher, so lange die Weltgeschichte verlaufen, ist kein Fiasco noch ausgefallen, als das naturhistorischer Forschung, die im Torso des Materialismus, mit materialistisch plumpem Eingriff diejenigen Räthselfragen anzutasten unter-

---

1) La foi religieuse a disparu d'un grand nombre d'âmes et elle est ébranlée dans les autres. Nulle croyance philosophique ne l'a remplacée. Nulle autorité civile ou laïque n'obtient un respect universel et sans reserve. L'état est devenu démocratique ou tend à le devenir, placé sous la dépendance de tous, il ne fait pas l'opinion, il la subit. Ce qu'on appelle encore „le monde", n'est qu'une petite societé ou une juxtaposition de petites sociétés dans un corps social sans croyances communes, sans préjugés communes. Tout est mis en question, non seulement les premiers principes que l'on renvoie aux systèmes des philosophes et que l'on enveloppe avec eux dans le même dédain, mais ces maximes générales et jusqu'à ces inspirations individuelles de la conscience du coeur auxquelles on voudrait réduire toute la morale (s. Beaussire). The time is out of joint (s. Shakespeare). Toute croyance est affaiblie, toute autorité est ébranlée, les liens sociaux se brisent, l'anarchie des idées passe dans les faits (s. Gamond).

nahm, die das denkende Haupt sich selber gestellt, in Staunen über eigene Existenz.

Zunächst sei also dem hülflosen Leib sein Kopfaufsatz beschaffen, die Reihe der Naturwissenschaften vollendet mit Zufügung einer naturwissenschaftlichen Psychologie, und dann, wenn mit den Hülfsmitteln des ethnisch gelieferten Materiales, für den Organismus des Gesellschaftswesen, für seine Zerlegung und Reconstruction, die Inductionsmethode sollte zur Verwendung gebracht werden können, wenn für die Aussagen also gleiche Sicherheit oder Bestimmtheit, wie in den andern Zweigen der Naturwissenschaft gewährt, gewonnen wäre, — dann wird ein im festgeschlossenen Wachsthumsprocess dem Wechsel willkürlicher Systeme enthobener Forschungsbaum dem naturgesetzlichen Fundamente eingepflanzt sein, und in kommenden Tagen jene Früchte zur Reife bringen, welche die in unserer Mitte kaum erst geborene „Wissenschaft vom Menschen" künftigen Generationen zu versprechen scheint.

In verborgenen Tiefen quillt, ununterbrochen anfanglos fortrauschend, der Strom schöpferischer Natur, wodurch die Möglichkeit, dass aus Alles Alles werde, aprioristisch gesetzt werden mag und so ein Traumgebild tröstenden Wahns (nach Liebe und nach Lust). Auf dem Wege deutlicher Anschauung a posteriori bleibt es indessen verschlossen, aus diesem Born der Kenntniss zu schöpfen, weil jenseits der Grenzen irdischen Gesichtskreises sprudelnd, und nur, so oft aus dunkel überlagerndem Schleier, in Knotenpunkten der Schicksalswendung die Typen hervortreten, — aus unsichtbarem Hades (bei Aristotl.) herauf ans Tageslicht, — ist uns mit der Aufhellung vergönnt, die symbolischen Hieroglyphen zu lesen, mit welchen die Natur zur menschlichen Auffassung redet, in der Species[1]) oder (nach der Terminologie) im

---

1) The species is compounded of many influences brought together through many individuals, and distilled by Nature in one species (s. Murray). Every species has certain determinate limits of variation, which it only exceeds under exceptional circumstances and the exceptionally abnormal forms thus produced are few individuals and

— XXXI —

Genus, unter Ausverfolgung der Aenderungsweite in mannigfaltigen Variationen, soweit in secundären Ursächlichkeiten nachweisbar. So oft dagegen in primären Ursprung zurücksinkend, ist für den Anhalt causal verkettender Forschung der Faden abgerissen, so dass bei Hingabe an allgemeines Fliessen der Uebergänge, unter Verwerfung rationell geschlossener Typen (in Species oder Genus), wir eigenwillig selbst die Schrift auslöschen und vertilgen, welche die Natur

---

are not reproduced (s. Bentham). Die Art ist das Beständige in der Natur, das Gesetz in der Verschiedenheit und der Zweck der Naturforschung ist das Beständige, das Gesetz zu suchen, wodurch die Mannigfaltigkeit in der Natur bestimmt wird (s. Link). The limitation of peculiar generic types to certain geographical area's as now observed in so many parts of the globe points to some other and higher law governing the creation of species itself (s. Lyell), in Ursprungsfragen unzugänglich (soweit nicht eben inductiv annäherbar). „Andere Geschöpfe fühlen sogleich ihre Kraft, die Einen laufen, die Andern fliegen und Andere schwimmen, der Mensch kann aber von Natur nichts als weinen" (s. Plinius). Wie indess die Marsupialien bei der Geburt noch gänzlich auf die Mutter hingewiesen sind, so diejenigen Thiere, die durch Zusammenliegen mit der Mutter ihre Körperwärme ergänzen müssen und die Neugeborenen der Fleischfresser werden durch die Pupillenhaut am Sehen gehindert. Der Mensch, nackt und hülflos physisch, erwirbt sich dann seine psychische Kraft (zur Beherrschung der Natur). La nature n'a pas marché avec l'ordre d'un flot continu, mais avec des retours, des reculs, sur elle-même, qui lui permettaient de s'harmoniser (s. Michelet) in auf steigender Spirale (zur Vollendung). Gesetze sind Schöpfungen unseres Geistes, um Phänomene zusammenzufassen und daher bis zum Positiven erweisbar, Ursachen dagegen eine Erklärung der Phänomene, hergenommen von dem Dasein irgend einer Macht, die sich ausser uns befindet und von uns unabhängig ist (nach Saint-Simon). Ursachen und Gesetz sind zwei verschiedene Operationen des menschlichen Geistes, im ersten Fall will man wissen, warum?, im zweiten Fall, wie? sie existiren (s. Veit). Von Ursprungsfragen abgesehen, klären sich die Ursachen in ihren Relationen wechselweis (zum Gesetz). Nach den Verhältnissen des Urbildes stellt sich in Länge, Breite und Tiefe ($\dot{\epsilon}\nu$ $\mu\acute{\eta}\varkappa\epsilon\iota$ $\varkappa\alpha\grave{\iota}$ $\beta\acute{\alpha}\vartheta\epsilon\iota$ $\varkappa\alpha\grave{\iota}$ $\pi\lambda\acute{\alpha}\tau\epsilon\iota$) das Urbild dar (nach Plato), und die Urgestalt im goldenen Schnitt (b. Bochanek), mechanischer Nothwendigkeit (s. Bianconi).

für unsere Belehrung vor Augen gestellt hat. In unzugänglichem Tiefgrund eines (gnostischen) Bythos, oder Kumulipo (des Pule-Hau) entspringt geheimnissvoll des Lebens ewiger Quell, und nur aus dem, was hier und da lesbar hervorblickt, hätten wir eine Entzifferung zu versuchen, soweit auf inductivem Wege annäherbar, im logischen Rechnen höhern Calculs, worauf eine naturwissenschaftliche Behandlungsweise der Psychologie vorbereitend[1]) hinzuarbeiten hat (auf ethnischen Unterlagen des Völkergedankens, für den Menschen als Gesellschaftswesen).

Aus der Umarmung von Rangi und Papa geboren, verblieben bei der Trennung die polynesischen Götter mit Papa der Mutter (ausser Tawhiri-matea, der zu dem Vater entflicht, den Erderzeugnissen feindlich).[2]) Auch nachdem deshalb später

---

1) Gegen eines meiner Bücher wendet die Kritik ein, dass sich die Beispiele aus Cultur und Uncultur durcheinander fänden, oft auf derselben Seite, „sont souvent entassées dans une même page," indem sie allerdings sich nicht nur auf jeder Seite, sondern in jeder Zeile noch lieber zu finden hätten, um den Aufgaben comparativ-genetischer Methode vollauf Genüge zu thun. Auch dann bliebe es schwierig genug, das kolossale Material zu bewältigen, das naturwissenschaftlicher Behandlung der Psychologie sich aufhäuft (im Völkergedanken) mit den Beweisstücken aus allen Zeiten und allen Völkern (für künftige Gedankenstatistik). Das freilich würde nur denjenigen angehen, der sich die Ethnologie in diesem Gesichtspunkte zum Arbeitszweck gestellt hat, und für die Indianologie z. B., (die, wie im obigen Buche, den Buddhismus dabei herangezogen findet,) nicht in Betracht kommen, — ausser für den in neuer Materialbeschaffung zugefügten Anhang etwa. Und hier nun wird ein interessanter Beleg geliefert für die Gründlichkeit solcher dem Publicum gebotenen Besprechungen, da unbedenklich Siam missverstanden ist für Birma. Aus der europäischen Fernweite mag für den Laien ein solcher Schnitzer weniger ausmachen, als wenn Fundamentalwerke deutscher und französischer Philosophie mit einander verwechselt wären, aber wie er sich im Auge des Experten malt, der auf ostasiatischem

im Lichtleben zur Verehrung festgehalten, kehren sie gelegentlich, zum Besuche ihrer unterweltlichen Heimat Awaiki dahin zurück, und Rongo¹) als mit den Pflanzungen beauftragt,

---

wind heulen, die Erde ist immer nur wohlthätigend, nur mild, und dient dem Wohl der Menschheit (s. Plinius). Als von Rangi zur Rache gesandt, sein Sohn im Sturmwind hemiederbraust, flüchten Rongo-matane und Haumia tiketiki in den Busen der Mutter (sich zu verbergen im Schooss der Erde).

1) The gods were divided into two orders, „dwellers in day" and „dwellers in the shades of night", all the 13 principal gods, save Rongo, were „dwellers in day" (auf Mangaia), doch die Besuche der Heimath in Avaiki fortsetzend (s. Gill), unter einem träumerischen Naturvolk, während das praktische Geschichtsvolk beim Flamen dialis eine stricte Scheidung hatte eintreten lassen, Der Papua, S. 254. Osiris est comme Dionysos le symbole de toute vie et de toute mort, il a comme lui sa passion. Isis représente Demeter, le principe femelle de la production et de l'harmonie. Heros personnifie comme Apollon la vie reparaissant dans toute son intensité, après une éclipse temporaire (s. Lafaye), Nacht- und Tagessonne (neben der Erde). Im Schattenlande (der Hidatsa) oder Dokidahati, wo der Schatten (des Verstorbenen) die Schatten der Jagdthiere jagt, „are four seasons, but they come in an inverse order to the terrestrial seasons" (s. Matthews), in verkehrter Welt, mit den Todten oben, nach der Sprache unten (bei Aristophanes), und beim Schütteln im Erdbeben rufen die Timorezen hinab, dass kein Platz unter den Lebenden, da noch Menschen geboren werden (wie es auch der Alte im Kyffhäuser zu hören hat). Toute philosophie a pour but de faire une religion ou d'en défaire une précédemment établie, dans le but d'une à venir (s. Leroux). Dater bildet die immaterielle, aber vernunftlose Ursache aller Dinge (bei den Mandschuren). L'Anthropologie a pour but l'étude de l'homme étudié comme espèce. Elle abandonne l'individu matérial à la physiologie, à la médicine, l'individu intellectuel et moral à la philosophie, à la théologie. Elle a donc son champ d'étude propre (s. Quatrefages) im Menschen als Gesellschaftswesen (zum Studium des Völkergedankens durch die Ethnologie). Das Nichts als wirkliches „Nihil negativum" als Negation der als nothwendig vorausgesetzten Positionen, ist kein Begriff, sondern nur ein Wort, eine taube Nuss (s. Plumacher). Der freie Wille ist das Vermögen, dem in uns liegenden Gesetz der Vernunft gemäss zu handeln (s. Droese), und so für das Weltgesetz (bei Einheit von Denken und Sein).

periodisch (gleich Proserpina mit Hades vermählt). In den Tiefen des Unten liegt die Wurzel, aus denen die Schöpfung hervorblüht (im Pua-ua-mai), unter dem Walten lautlos schweigender Mächte, wogegen mit dem Erwachen idealer Schöpfungen, in den durch Cultur veredelten Gedanken, diese sich bald an die Sterne heften werden, oder ihre überirdische Götterwelt, bis zur ausserweltlichen (im Jenseits). Dann, wie die Priester sagen, liegen bei ihnen die Leiber des Osiris und der übrigen Götter in ihren Gräbern zur Verehrung, während die Seelen als Sterne am Himmel glänzen (s. Plut.), und der Blick zu den Sternen aufwärts führt hinaus in ewige Unendlichkeit der Gedankenschöpfungen (aus irdischer Wurzel entsprossen).

Vom Eingang zur unterirdischen Schattenwelt Mosima (l'abîme) oder Mosima o sa thlaleng (l'abîme, qui ne se remplit jamais), behaupten die Bapiris (am Nordufer des Fal), dass er sich in ihrem Lande finde, et qu'ils s'y aventurent quelquefois, en ayant préalablement soin de se donner la main et de crier aux habitants du noir séjour: „dieux, retirez-vous, nous allons jeter des pierres" (s. Casalis). Il y a là un Styx (Tlatlana) und „une citerne contenant le nectar des dieux, dont aucun mortel ne saurait boire impunément" (bei den Bassutos), während den Maori ihr Vai-Ora (oder Amrita) vom Himmel gebracht worden war (und der Eingang avernischer Felder bei den Epiroten gehütet wurde). Da die Seelen sich an der Hausthüre aufhalten, darf man, um sie nicht zu begiessen, kein Wasser hastig ausschütten (in Ostpreussen), und in Aegypten drängen sich die Efrit so dicht, dass stets die Furcht vorliegt, sie zu begiessen (und ihren Zorn dadurch zu erregen). Achill wurde von den Seefahrern des Pontus Euxinus auf seinem Grabhügel gesehen und Hector von der Bewohnern der Trojade (über den Boden früherer Schlachtfelder hineilend), während „le philosophe Maxime de Tyr, qui avoue n'avoir jamais vu ni Achille ni Hector, assure en revanche, que sur mer il a plus d'une fois aperçu les Dioscures dirigeant, à travers les vagues, son navire battu par la tempête, il prétend avoir vu, tout éveillé, Asclépios et Héracles (s. Decharme). Für die Slowaken findet sich am Berg Sitna der Eingang zur Hölle (Pekla). Bei der Rückehr aus „St. Patrick's Purgatory" wurde ein Protokoll aufgenommen (zum Aufhängen unter den Votivtafeln des Klosters). In der Felsschlucht hinter Eisenach rumorten die Seelen (in der Hölle), während Tanzende versteinern (vom Fluch getroffen).

„Ganz erfüllt von dem Gedanken an die Schrecken der Reise hielten die Freunde des Verstorbenen es für heilige Pflicht, ihn mit einer Fülle von Speisen, Kleidern, Schmucksachen und selbst mit Sclaven zu versehen, damit er im Stande sei, die Prüfung zu bestehen. Auch Idole wurden an seiner Seite aufgestellt, und wenn der Verstorbene ein Häuptling war, so musste sein Priester den Dienst versehen. Zu diesen religiösen Gebräuchen während der Dauer der Reise gehört auch das Besprengen der Asche mit Wasser, unter den Worten: „Möge der Todte sich waschen." Die ordinirenden Priester legten ausserdem Pässe auf die Leiche, welche für verschiedene Punkte nöthig waren: einer sollte ihm durch zwei Berge helfen, welche, wie die Symplegaden, ihn sonst zwischen sich durch Aneinanderschlagen zerquetschen würden, der zweite galt für eine durch eine grosse Schlange bewachten Teich, ein anderer brachte ihn mit dem grünen Krokodil, Xochitonal, durch acht Wüsten und über acht Hügel. Dann droht ihm der eiskalte itzchecaya, der Messer-Wind, welcher Steine und Messer gegen den Reisenden weht, dem jetzt mehr als je die Gaben seiner Freunde zu Gute kommen, (damit die arme Seele aus dieser Pein auch entkommen möge). Zuletzt kommt er an den breiten Strom Chiconahuapan, „neun Wasser", der nur auf dem Rücken eines Hundes von röthlicher Farbe überschifft werden kann. Derselbe ward zu diesem Zweck durch Einstossen eines Pfeiles in die Kehle getödtet und mit der Leiche verbrannt. Gomara zufolge dient der Hund als Führer zu Mictlan, während abweichende Auslegung annimmt, dass er seinem Herrn vorauseilt, der ihn auf der entgegengesetzten Seite des Ufers mit noch andern auf ihre Besitzer wartend findet. Sobald der Hund seinen Herrn erkennt, schwimmt er hinüber und trägt ihn sicher durch den reissenden Strom. Ein um den Hals getragener Wollstrick wird auf den Scheiterhaufen gelegt und mag als Unterscheidungszeichen von anderen Hunden, oder auch als Pass dienen. Der Reisende wird nun vor Mictlantcutli gebracht, dem er seine Pässe nebst Opfergaben, als Citronenholz, Räucherwerk, weiche Fäden von glatter und farbiger Baumwolle, ein Stück Tuch, einen Mantel und andere Kleidungsstücke überreicht und danach seiner Sphäre überwiesen wird. Frauen haben dieselbe Prüfung zu bestehen. Camargo erwähnt ein Paradies über den neun Himmeln, wo die Göttin der Liebe thront und wo Zwerge, Narren und Bucklige ihr zum Vergnügen tanzen und singen (s. Bancroft), wie auf Kailasa (Phra-Insuen's). Der Seelenweg der Dayak wird in den Todtenliedern der Bliang beschrieben (bei den Leichenfeierlichkeiten). Der Hundeblick erleichtert die Todesstunde (bei den Parsi), und Anubis führt die Seelen (wie polarer Schlittenhund). Zwischen Löwe und Wolf war der Kopf des Hundes von sanftmüthigem Anblick in Cerberus am Sitz des Serapis (s. Macrob.).

Der abgeschiedenen Seele wird ein Glas Wasser mit mit Handtuch und Licht hingestellt (in Jungbunzlau), um sich zu waschen, ehe sie vor den ewigen Richter tritt (s. Bloch). Der Beduine lässt sich lieber spiessen als hängen, weil im letztern Fall die durch den After ausfahrende Seele vor dem Richter beschmutzt erscheint. Der Leichenschmaus[1]) kommt (in Oldenburg) dem Verstorbenen zu Gut (s. Allmers). That spirits can appear in physical form, beweist (1879) Miss Wood (in Derbyshire). Die höllischen Thierseelen finden

---

1) Dès la première nuit d'après qu'un corps (der Tououpinam-

sich in einem Thierseelengarten zusammen (1884) nach den
„Briefen aus dem Jenseits" (des Assessors Kranich). Um den
Todeskampf zu erleichtern, dreht man auf dem Dache eine
Schindel um (in Gera), zur Eröffnung eines Auswegs, während auf Ruk die Nase zugestopft wird, die Seele drinnen
zu halten (oder den Tod, und so seine Infection durch Nachzehren vorzubeugen).

Neben der tellurischen Vertheilung der Mineralien in
geologischen Schichtungen, tritt mit der geographischen des
Organismus der Einfluss solarer Kraft hinzu, im Leben bis
zur psychischen Blüthe im Denken: Animalia crescunt, vivunt,
sentiunt; Vegetabilia crescunt, vivunt; Lapides crescunt, im
Aufwachsen oder (hawaiischen) Pua der Schöpfung, nach den
Theorien über Vulcanismus und Neptunismus, aus unterweltlichen Mächten (im Wasser oder Land), bei Bethätigung des
Erdgeistes, der den Magiern in (gnostischen) Talismanen der
Steine, (wie vom Babylonier Zachatias für die Edelsteine
classificirt), zauberische Wirkungen schafft, dem profanen
Laien verschlossen bleibend unter Salomon's Siegel (im Divan
Ali's). So bei den Zuñi (s. Cushing) zieht sich desto wunderbarer
das Geheimniss zurück in der „Grossen Medicin", „the Great
Mystery" eines Mahopa (bei Hidatsa) je ferner[1]) von der

---

rier). Nous sommes non pas, simplement les fils de ceux, qui ont
vécu, mais ceux qui ont vécu eux-mêmes, rappelés par les lois, qui
régissent les êtres humaines, dans la carrière de la vie (nach Leroux),
les prédispositions sont „des traces à demi-efficacées, mais réelles
de nos vies précédentes" (s. Ferraz).

1) Die Pflanzen haben zwar eine grosse Kraft, aber eine noch
grössere die Steine (für den Orphiker). Each Metal has a god,
who presides over it and exercises power (s. Stewart) bei den Kukies
(in Northern Kachar), und Vishnu's Gottheit wirkt im Salagramstein (unter den Windungen eines ägyptischen Ammon). In Frank-

menschlichen Natur, als gemein gewöhnlicher, weil Jedem aus sich selbst scheinbar vertraut, bis wenn auch sie wieder im causal bedingten Zusammenhang mit elementarer Entstehung gesetzt ist, für sie eben gerade, (als höherer Stufe im Streben nach Excelsior), sich das Mysterium um so gewaltiger ausweitet. Dann beginnt jedoch der Hoffnungsschimmer zu strahlen, dass im eigenen Selbst vielleicht zu ergreifen wäre,[1]) was in dem grossen Draussen sich dem Begreifen soweit entzogen hat. Bei derartigen Auffassungen, wie in isolirter Abgeschlossenheit der Pueblo-Stämme verbliebenen, hat sich, in Kenntlichkeit, der Primär-Gedanken Einer erhalten, der in Ausgestaltung der Cultur verschwinden und verloren gehen musste, weil in edler vollendete Bildungen übergeführt, der jedoch, wenn jetzt, beim Studium embryonalischer Vorstadien in richtigen Verhältnisswerthen berechnet, fruchtbar weiterzeugt, um auch solch' archäistische Schlacken, wie in manchen $\delta\iota\iota\pi\varepsilon\tau\varepsilon\varsigma\ \check{\alpha}\gamma\alpha\lambda\mu\alpha$, aus $\lambda\iota\vartheta\sigma\iota\ \check{\varepsilon}\mu\psi\nu\chi\sigma\iota$ (der Aerolithen), dem Cult oder, — verfolgs magischer Träumereier in Antipathien und Sympathien bei den Griechen (s. Plinius), — dem Volksglauben (sog. Aberglauben) als Stein des Anstosses noch in den Weg gelegt bleiben, definitiv fortzuräumen. Einzuräumen vielmehr, in vernunftgemässes Begriffsdenken, wenn darin assimilirt bei Anweisung richtig zugehöriger Stellung, zum rationellen Verständniss (für den Zusammenhang des Ganzen). Im Leben also, weil für seine Anfänge bereits mit dem Solarischen verknüpft, findet sich das zum Geistigen strebende Organische demgemäss hingewiesen auf ein über irdischen Horizont hinausfallendes Ziel, (auf Unendlich-Ewiges in kosmischer Harmonie). Und je unermesslich grossartiger hier die Aufgabe, desto zwingender und dringender summt im Ohr die Mahnung, festzuhalten an vorsichtig bedächtiger Forschung auf schrittweis gefestigter Bahn der Induction

---

1) Wie um kleine Buchstaben, nach Uebung an grösseren, zu lesen, die Gerechtigkeiten in grossen Zügen des Staates zunächst betrachtet werden muss (nach Plato), so führt die Erforschung des Völkergedankens von der Peripherie zum Gedanken des Selbst (im Centrum).

— XXXIX —

(bei naturwissenschaftlicher Durchbildung der Psychologie zur Lehre vom Menschen).

Mit der Welt als Vorstellung finden wir uns innerhalb ihrer Materialisationen, innerhalb ihrer Verwirklichungen in dem, was mit der Errungenschaft der Cultur vor Augen steht, den Schöpfungen des Menschengedanken gleichsam. Und wie wir bei Pflanzen und Thieren den Entwicklungsgang eines cellularen Wachsthums verfolgen, das Ovulum in Abscheidung seiner Eischicht, in Theilung, Sprossung, Furchung, im Spalten von Keimblättern oder deren embryologische Ausgestaltung im Thier, wie wir bei den Pflanzen hier den Stengel gebildet sehen, dort ein Blatt, die Blüthe und Blume bis zur reifenden Frucht, so haben wir im Menschen den psychischen Wachsthumsprozess zu verfolgen, als dessen Resultate Alles das hervorgegangen ist, was uns im täglichen Leben umgiebt, bis zu den höchsten Idealen hinauf. Der Mensch schafft seine Cultur-Verwirklichungen, wie Brahma's Gedanke die Welt (der Mythologien), oder auch in Nachahmung dieser. „Ecce Syracusius transtulit arte senex" (s. Claudian) das Règne sidéral (bei Candolle). Solch' geformte Welt der Vorstellungen, die uns umgiebt, hat völlig dieselbe Realität zu beanspruchen, wie die Gewebe und Organe, welche durch pflanzliche und thierische Zellzeugungen sich realisirt haben. Die Gedanken mögen unsichtbar bleiben, wie farblose Luftarten unter den Gasen, aber, als Effecte organischer Causalitäten, sind sie in reeller Existenz vorhanden, und wenn auf ein Hypokeimenon (in Aristoteles' Materie) übertragen, mögen sich ihre Wirkungen dann in den producirten Materialisationen aus Holz (einer Hyle), aus Stein oder Erz auch sinnlich auffassbar erweisen (in den Schöpfungen derjenigen Welt, innerhalb welcher das Culturvolk lebt). In jeder Manufactur liegt dementsprechend ein Abdruck des Völkergedankens, und solcher ist derohalb, wenn der alleinig mögliche desselben, (in jedesmalig ethnischem Kreise schriftloser Naturstämme), in den Museen niederzulegen (wie die Schriften der Culturvölker in den Bibliotheken). Man säume deshalb nicht diese Documente zu retten, und dem künftigen Studium der Epigonen zu bewahren, ehe es dafür zu spät sein wird, für immer und unwiderbringlich bei dem unaufhaltsam rapiden Hinschwinden psychischer Originalitäten, in Folge accumulirender Steigerung des internationalen Verkehrs (bei rasch und rascher pulsirendem Leben der Gegenwart).

Was den im jetzigen Stadium ethnologischer Forschung einzuschlagenden Weg anbelangt, so mag es erspart werden, auf das in der Geschichte oder „Vorgeschichte der Ethnologie" (Berlin 1881) und an anderen Orten mehrfach Erörterte wiederum zurückzukommen. In topographischer Ethnologie, wie ihr bei Reisebeschreibungen ein bescheidenes Anhängsel bisher gegönnt war, ist das in jedesmal geo-anthropologischer Provinz determinirte Volks-Individuum seiner Eigenthümlichkeit nach, (in den religiösen oder rechtlich-socialen Phänomenen ethnischen Geisteslebens, wie anthropologisch für den physischen Habitus), von dem Beobachter zu beschreiben, um die Unterlagen zu gewinnen, auf denen eine Einleitung für die comparativ-genetische Methode vorbereitet werden kann. Diese selbst dagegen hat, nach dem Ausdruck ihrer Bezeichnung schon, die Ergebnisse aus „allen Völkern und allen Zeiten" zusammenzubringen, zusammengewürfelt zunächst gewissermassen im objectiven Forschungsgang, damit sie, wie in der Mutterlauge des Chemikers, unbeeinflusst durch subjective Vorurtheile ungestört auf einander zu wirken vermögen, um sich nach der innewohnenden Wahlverwandtschaft, in den hervorspringenden Kristallen, selbstthätig zu manifestiren. Dann erst wird allmälig systematische Reihenordnung gewagt werden können, um

finden geneigt, selbst alterwürdige Alterthumskunde der Pharaonen-Zeit oder heimische Vorzeit in leichtes Flittergewand zu kleiden, kein Bedenken trägt, und auch die Gymnasialpädagogik, die wohlbewährte Unterlage der Classicität, leichtlich zu reformiren gedenkt, durch Beschränkung altsprachlicher Pensa und Einführung philosophischen Unterrichts, denen ein „lebhaftes Interesse entgegenkommen würde". An solch günstiger Aufnahme kann es nicht fehlen, denn allerdings wird dem jugendlichen Sinne angenehmer sein, mit dem Confect der Hypothesen gefüttert zu werden. Hier freilich dürfte es Sache des pädagogischen Mentors bleiben, vor dem Verderben des Magens zu warnen, ehe derselbe nicht vorher durch gesunde Speise gekräftigt ist, in Stärkung eigener Verdauungsthätigkeit (wofür „realistische" Zuthaten sich empfehlen mögen). Mit schillernden Theorien zu blenden, würde für keinen Wissenszweig leichter gemacht sein, als gerade für die Ethnologie, aber desto mehr wird sie als gewichtige Pflicht erachten müssen, zunächst auf die Arbeitslast zu verweisen, die auf noch unumbrochenen Forschungsfeldern unermesslicher Sehweite sich voraus aufthürmt. In solchem Hinblick wird auch der oft genug ungehobelten Buchform nachsichtige Beurtheilung gewährt werden, wenn der für feinere Glättung und Polirung erforderliche Zeitaufwand für die zwar lästig beschwerlichere, aber augenblicklich noch dringendere [1]) Fundamentirungs-Arbeit der Material-

---

1) Wie sehr bei dieser monotonen ermüdenden Handlanger-Arbeit einer, seit der Eröffnung der ethnologischen Schleusen, ununterbrochen zuströmenden Materialbeschaffung provisorischer Abschluss herbeigesehnt wird, werden unter meinen verehrten Herren Recensenten diejenigen am besten begreifen, auf welche, ohne die Mühe des Anschleppens, Niedersetzens und Druckens nur die Lectüre allein noch ermüdend nachgewirkt hat, wie ich aus den vorgehaltenen Klagen ersehe. „Ermüdend" freilich wird jedes Buch wirken müssen, das nicht für Unterhaltungslectüre etwa geschrieben, von einem Leser in die Hand genommen wird, der in seiner eigenen Fachwissenschaft an andere Gesichtspunkte gewohnt, das Leitende derselben in fremdartigem Gewande vermisst, und so in ziellosem Durchlesen

beschaffung verspart worden ist. Wer dagegen nun bei der

---

den Faden fesselnder Aufmerksamkeit verlierend, Ermüdung zu
spüren beginnt. Dann, leicht entschuldbar, „vexat censura columbas",
denn „tous les genres sont bons, hors le genre ennuyeux" (wie Voltaire schon sagt). So könnte es im engsten naturwissenschaftlichen
Kreis dem Botaniker z. B. ergehen, wenn ihm die Durcharbeitung
eines streng formellen Fachwerks zugemuthet würde, das für den
Mathematiker bestimmt ist, wogegen dieser seinerseits wieder einer
botanischen Synopsis wahrscheinlich nicht viel Geschmack abgewin-
nen dürfte oder höchstens einen trockenen, wie beim Durchblättern
der Herbarien. Vielleicht hatte hier der Titel „Flora" auf falsche
Fährte geführt, und ähnlich scheint es denjenjenigen Büchern zu
gehen, welche der Begründung künftiger Ethnologie vorarbeiten
sollen, indem man noch an lusiadische Lieder und „Singularitez" oder
„Détails curieux" gewöhnt, die Unterhaltungen der Reisebeschreibung
darin sucht (écrite brièvement et divertissante à lire). So mit altfränki-
scher Brille auf der Nase, sieht das ermüdende Auge nichts, als
„allerhand Aberglauben", Unkraut (für den Botaniker), Schleim-
algen vielleicht und Riementang mit anderm Tingel-Tangel, oder
Ungeziefer (für die Zoologie), Faden- und Ringelwürmer, auch wohl
Bandwürmer gar, ein „ekles Geschlecht des Schlamms und der
Kloaken" (s. Masius). Aber „die zergliedernde Betrachtung wird
auch in dem hässlichen Wurm ein Wunderwerk der allmächtig bil-
denden Hand erkennen, und sie darf jenes Spottwort des Dichters
etiam ipsa haec delectant, veluti Bulbinum polypus mit Stolz und
in vollster Wahrheit für sich beanspruchen". Ebensowenig werden
dem Mikroskop des Botanikers die Nostochinen verächtlich erscheinen
oder (unter den Laminarien) Sphaerococcus cartilagineus dem Fein-
schmecker. So seien auch mit „allerhand Aberglauben" die ethnologischen Gourmands zur Tafel geladen, in den Gärten naturwüch-
sigen Paradeisos, während der „Périodes d'édenisme, sauvagerie,
patriarcal, barbarie" (bei Fourier), längs der Forschungswege, wo es
sprosst und treibt in kryptogamischen Zellwucherungen, wo bunt die
Weltanschauung sich bricht in musivischen Façetten-Augen der Meta-
bolen und Ametabolen. Einheitlicher erfasst der optische Apparat der
Vertebraten in seiner Camera obscura, in der sich auch die Phanerogamen spiegeln, prangend in der Pracht kulturhistorischer Blüthen,
und wie es dem Botaniker nicht verwehrt ist, in dem durchsichtigen
Organismus niederer Pflanzengebilde Zellengeheimnisse zu erlauschen,
die sich beim inneren Bau der von Dichtern besungenen Blumen oder
Nährfrüchte tragender Bäume bestätigen liessen, so wolle man auch
der Induction für Durchbildung einer naturwissenschaftlichen Psy-

auf Begründung einer naturwissenschaftlichen Psychologie

chologie ihre comparativ-genetische Methode gestatten, für die in „allerhand Aberglauben" schlummernden Keime der Culturideen bei Verarbeitung des ethnologisch angesammelten Materials. Dies setzt Anordnung in Reihen voraus, comparativ sowohl in gleichem Niveau, wie genetisch nach Höhe der Entwicklung, unter vielfacher Schiebung in Variationen zu experimenteller Prüfung (und Widerprüfung). Dass dabei anfänglich und auch jetzt wohl noch, manch' vermeintlicher Wirrwarr unterzulaufen schien, hätte sich mit der Nothwendigkeit schon zu entschuldigen, weil vor allem die Präjudizirung durch voreilige Systematisirung zu vermeiden war, ehe annähernd wenigstens erreicht sein möchte, was unter den ersten Publikationen bereits, als Vorbedingung gestellt war, nämlich die einer Gedankenstatistik (s. Der Mensch in der Geschichte, Leipzig 1860, III. S. 428). Da hierin nun seit 25 Jahren fortgearbeitet ist, um durch eigene Handarbeit den Apparat zu zimmern, der damals noch nicht vorhanden war, darf ich mir vielleicht die Freiheit nehmen, denselben auch zu benutzen, unter Hinweisen im Citiren und Verwendung der bereits aufgeführten Abkürzung (s. Allg. Grundzüge der Ethnologie, S. XXIV, bis zum Jahr 1884). Wenn im Uebrigen einem Buche, das mit dem Ziel und mit der Absicht auf Vergleichungen abgefasst, solche Vergleichung in einem (bei der Fülle des ethnologischen Stoffes) unmöglichen „Ueberschwall der Vergleichshinweise" als Vorwurf angerechnet wird, so spricht das genugsam für die Amblyopia irritabilis oder (in Folge der „Ermüdung" vielleicht) den Visus evanidus des mit dem Referat Beauftragten, der indess der Revision scharf auf die Finger zu sehen weiss, im Aufweis von den Druck- oder Buchstabenfehlern, wie neuerlich aus meinem armen „Papua" herausgefischt (und in L. C. B. No. 41 nachzusehen). Neben Dankesausdruck für die nachträglich gewährten Verbesserungen, regt sich ein Neidgefühl zugleich über die für minutissimum studium überschüssige Musse und der Wunsch, dass der mit freier Zeit in Superabundantia (unter Lactanz' Erlaubniss) beglückte Nugagerulus oder Mikrologos den Bedürftigen davon verkaufen könnte, oder besser noch sich selbst in die Reihen der Mitarbeiter stellen, da die Ethnologie einer Vermehrung derselben (für die jetzt beginnende Detailarbeit gerade) dringendst bedarf, unter tagtäglichem Anwachsen ihrer Aufgaben. „Vitae summa brevis spem nos vetat inchoare longam", ohne die Aussicht auf frischen Nachwuchs, um in künftiger Generation dasjenige aufzubauen, wofür während der gegenwärtigen kaum die ersten Fundamente zu legen begonnen werden konnte (in der „Wissenschaft vom Menschen").

bedachten Ethnologie solche Kernfragen negirt, auf den Kern derselben, und ihre Argumentationen, einzugehen abweist, und an der Schale umhertastend dadurch schalste Oberflächlichkeit zur Schau trägt, vor der er in Behandlung eigener Fachwissenschaft zurückschrecken würde, der stellt damit die Controverse einer Principien-Frage, welche hier wie überall, für gelegentliches Anstreifen durch kritische Verdicte, die Discussion, noch ehe sie begonnen, zu ihrem Abschluss bringt, (so lange nicht aus principiellen Gesichtspunkten innerhalb einer die Gesammtweite des Umblicks überschauenden Behandlungsweise in die Hand genommen). Vor einem Decennium noch konnte in derartigen Fällen die Alternative eines Seins oder Nichtseins für die Ethnologie gestellt erscheinen, wogegen heutzutage unter den Schossen wissenschaftlicher Forschung der ethno-anthropologische am üppigsten hervortreibt, mit seinen Verzweigungen nach allen Richtungen hin, in der Lehre vom Menschen (als Gesellschaftswesen).

Bei der, (wenn für die Psychologie ein naturwissenschaftlicher Standpunkt der Betrachtung ebenfalls eingenommen wird), unbedingt zwingenden Ueberzeugung von der Nothwendigkeit allseitiger Materialbeschaffung, (zur Ueberschau der Völkergedanken), als unerlässlich erster Vorbedingung, wird beim Abwarten der durch die Experimente, (in Verwendung comparativ-genetischer Methode), hervorzulockenden Gesetzlichkeiten, in der Zwischenzeit jeder sophistischen Kunst, jeder εἰδωλοποιητική zu entsagen sein, denn nicht handelt es sich um δόξαν παρασκευάζειν, nicht um einen Kampf pro domo, um die hirnentsprossene Tochter subjectiver Theorie zu inthronisiren, sondern in schweigender Stille ist zu lauschen auf ferntönende Klänge, in deren sphärischen Harmonien der Kosmos selbst sich proclamiren wird (soweit irdischem Verständnisse zugänglich).

Inhalt.

	Seite
Vorwort	III
Einleitung	XI
Der Kampf um die Seele	XII
Die Seele indischer Systeme	XIII
Die Seele in griechischer Auffassung	XIV
Sitz der Seele	XV
Die Seelenfrage	XVI
Die wilden Seelen	XVII
Die Traumseele	XVIII
Theilseelen	XIX
Das Seelengespenst	XX
Seelen-Einkörperungen	XXI
Beseelung	XXII
Seelenheimath	XXIII
Kopfseele	XXIV
Familiengeist	XXV
Materialismus	XXVI

Mit Einführung der Psychologie unter den Naturwissenschaften hat sich dem materialistischen Torso sein denkendes Haupt zu schaffen, kraft ethnisch gegliederter Zeugnisse des Völkergedankens (als Ausgangspunkt der Seelenlehre bei der Gesellschaftswesenheit des Menschen).

———

Die naturwissenschaftliche Behandlung der Psychologie «S. 5. 41. 42. 44. 131. 177» nach comparativ-genetischer Methode «S. 3« mit dem Ausgang vom Völkergedanken «S. 43» bedarf zunächst (zum vergleichenden Ueberblick) der Materialbeschaffung «S. 121», um durch inductio primaria die grundlegende Basis zu breiten, auf deren Fundament «S. 44» das im Gegebenen (des „Datum") anzusetzende Denken, als logisches Rechnen «S. 2. 42. 43. 83. 160. 181», die Differentiale «S. 3. 131», wie aus den Variationen der Geographischen Provinzen «S. 18. 42. 44. 132. 140» (unter jedesmal ethno-geographischem Horizont) hervortretend, zu berechnen haben wird für den Entwicklungsgang der organischen Wachsthumsprocesse «S. 4. 6. 13. 17. 32. 40. 49. 51. 54. 56. 57. 59. 87.

Sinnesgebietes die entsprechenden Wechselwirkungen des Makrokosmos aus dem Seienden für das Denkende «S. 34. 48» absorbiren, und die dadurch (im psychischen Wachsthum) angeregte Bewegung, des Bewegend-Bewegten «S. 33. 44. 53. 56. 61», schreitet nun, im Heranreifen der Gedankenschöpfungen «S. 83. 181», über die irdischen Grenzen in ein die Endlichkeit negirendes Jenseits fort, wo indess die auf tiefen Schichtungen des Instinctes «S. 4. 10. 11» bereits bemerkbaren Anticipationen, prädeterminirter oder prästabilirter Wechselbeziehungen «S. 34. 48. 49. 53. 54. 87. 97. 98. 121», bis in die höchsten Ideale «S. 58» hinauf fortzugelten hätten, ob nun der Abgleich in Selbstthat «S. 34. 49. 53. 64» hergestellt wird, ob in mystischer Hingabe des Willens «S. 9. 10. 44. 49» an ausserweltliche Gottheiten «S. 45», oder auf anderen Durchgangsstufen in Abhängigkeit von dem Wahlgott »S. 9. 91« oder Schutzgeist «S. 91 u. a. a. O.».

Immer in Sehnsucht nach Erlösung «S. 19. 22. 99. 197» strebt sich ein schliesslicher Ruhestand an «S. 50. 53», um die im Innern redende Stimme des Gewissens «S. 26. 39. 55» zu beschwichtigen, da nach moralischer Verantwortlichkeit Rechnung abgelegt sein muss, für die Früchte des Guten und des Bösen, ehe der Bann der Karma (nach buddhistischer Terminologie) gebrochen ist, um aus dem Umschwung des Schicksalsrades «S. 59» befreit, die Megga zu betreten, welche zum Nirvana leiten, zu dem im Verständniss der Gesetzlichkeiten (aus dem Dharma der Geistesthätigkeiten), in Negationen «S. 24. 36. 50. 133. 155» hergestellten Ruhezustand, (in einer, als harmonischer Kosmos, gefassten Welt).

So lange das Religiöse noch in den Fesseln des Cult »S. 33. 100. 131. 146. 192« geschlagen liegt, spaltet sich die Welt in den Gegensatz ihrer Hälften, eines dunkeln Todtenreiches und ätherischer Lichtesregion «S. 7. 13. 16. 40. 96. 178. 187. 192», zu der Ewigkeit der Gestirne hinausführend «S. 15«, und wenn an die Stelle des Glaubens «S. 23. 101» das Wissen tritt, ist diesem (mit der Bestimmung des Menschen) sein Erlösungsweg vorgezeichnet, im Emporstreben aus dem Dunkel der Unwissenheit, oder des Noch-Nicht-Wissen, «S. 8. 25» zum deutlich klareren Wissen (soweit irdischem Verständnisse zugänglich), — für „hellere Gedanken in der Seele der Menschen", wie es vor gerade 100 Jahren (1784—1787) in den aus prophetischer Vorschau entquollenen „Ideen" erhofft war, kraft derjenigen Wissenschaft, welche „vielleicht am Ende unseres Jahrhunderts oder Jahrtausends" zu schreiben sein würde. Und was, für Herder's begabten Geist, in einer „Philosophie der Geschichte der Menschheit" idealistisch sich fasste in idealistischer Zeit, mag in realistischer jetzt zur Realisation gelangen, auf dem von der Ethnologie beschafften Material (für die Lehre vom Menschen).

	Seite
Anwendung der inductiven Methode auf die Psychologie	1
Abweisung der Ursprungsfragen	3
Thierischer Instinct	4
Studium der Vorstadien	5
Psychischer Wachthumsprocess	6
Personification des Göttlichen	9
Das Daimonion	12
Der Flamen dialis	16
Die Prophetie im Traum	17
Erlösungssehnen in den indischen Systemen	18
Theosophisches Gewirr	20
Appetitus intellectivus	22
Prakriti	24
Karma	26
Atma	30
Beseelung	33
Apurva	34
Dhyana	35
Sein und Nichtsein	36
Tiefschlaf	38
Der Schöpfer	40
Das Denken, als Rechnen	42
Das Zoon politikon	43
Gott und der Mensch	46
Denken und Sein	48
Der Nous pathethikos	49
Sein und Schein	50
Die Megga	51
Die Seele als Entelechie	52
Das Bewegend-Bewegte der Seele (unter den Kräften als Formen der Bewegung)	53
Der Nous poetikos	54
Die Sinnesempfindungen	56
Nama-Rupa	58
Materia prima	60
Vorläufer der Theosophisten	62
Die Grossgeister	64
Yoga	66
Mystische Orden	71
Geheimlehre	72
Offenbarungen	74
Somnambulen	75

	Seite
Sufismus	77
Die Mahabadier	78
Seelenleiber	83
Kosmos noetos	87
Der Tod	88
Dämonische Schrecken	92
Die Helfer	95
Magischer Schutz	96
Heilige	97
Weltflucht	99
Der Todespfad	102
Der Mond	103
Die Ahinsa	104
Himmelsstufen	106
Das Mahayana	107
Zwischenzustand	112
Nanac	115
Tsongkapa	116
Brahma und Siva	119
Das Fatum mathematicum	121
Verdienst und Verlust	122
Traducianismus und Creatinismus	124
Selbstmord	125
Sehsichtigkeit	128
Esoterisch und Exoterisch	130
Opferscala	133
Erscheinungsweisen der Seele	134
Die Gestirne	147
Der Buddhismus	153
Der Schreck des Todes	164
Schuldentlastung	166
Todtenseelen	172
Der Schlaf	181
Wunderkraft	185
Reinigungen	189
Die Priester als Festordner	194
Anhang: Spiritisten und Theosophen (s. S. IX)	200
Register.	

Wenn mit dem Bewusstwerden seiner Thätigkeit (im logischen Rechnen), der Denkprocess in die umgebende Welt der Vorstellungen eintritt und sie als aus dem eigenen Innern projicirte Schöpfungen zu erkennen beginnt, wird er dadurch, für die innerlich schaffende Ursächlichkeit, als Ausgangspunkt des Forschens, auf die Psychologie sich weitergeführt finden. Sie deshalb als Naturwissenschaft zu fassen, sie gleichfalls auf eine durch controllirbare Arbeit der Induction gesicherte Unterlage zu festigen, wird folgerichtigerweise einer Zeitanschauung, für welche die naturwissenschaftliche Methode auf allen übrigen Untersuchungswegen zur massgebenden geworden ist, als deutliche Aufgabe gestellt sein müssen, unter Festhaltung der Menschenwesenheit als gesellschaftlichen, im Zoon politikon (bei Aristoteles). Die einzelnen Menschenseelen sind nur Theile eines geistigen Ganzen im allgemein menschlichen Verstand (bei Kant), aber zunächst nach den Theilganzen der geographischen Provinzen zu überblicken (für den Völkergedanken).

Betreffs der Vorstellungen von der Seele, wie sie in bunter Mannigfaltigkeit des Völkergedankens (oder Gesellschaftsgedankens) über die Oberfläche der Erde dahinspielen, hätte demnach zunächst die Ethnologie ein ausgiebigeres Material zu schaffen, um die benöthigten Vergleichungsreihen zu gewinnen und von den primär einfachsten Zuständen sozu den in letzter Vollendung, als soweit höchster, gültigen Auffassungen, wie in der Cultur mit den Aussprüchen der Philosophen, aus deren (in Uebereinstimmung oder im Widerstreite) auf einander treffenden Lehren, objectiv dargelegt.

Ueberblicken wir die Gesammtmasse der in ethnischen Beweisstücken zusammengesammelten Reflexbilder, — wie (in den Gestaltungsformen des Völkergedankens eben) an den gesellschaftlichen Horizont geworfen, — so erkennen sich überall elementarisch das psychische Wachsthum durchsetzende Grundzüge, daneben dann aber charakteristische Differenzen, wie durch die veränderten Bedingungen geographischer Umgebung (als die Effecte derer Agentien) hervorgerufen, und in diesem, aus ewiger Quelle strömenden, Fluxus bliebe dann die Aussicht, mittelst des Calculs einer Differentialrechnung unendliche Reihen (unter allmählicher Vervollkommung logischer Rechnungsmethoden) einem rationellen Verständnisse anzunähern, sofern durch relative Verhältnisswerthe ein Facit zu gewinnen wäre, unter dessen Gleichungsformeln das unbekannte x des Absoluten schliesslich gezwungen werden könnte, sich der Substituirung positiven Werthansatzes fügen zu müssen.

Je tiefer wir zu den unteren Stufen der Naturstämme herabsteigen, desto wilder und wirrer trifft sich der Sceelentanz, aus dem in wohlbekannten Masken jene Missgeburten hervortauchen, welche in der Civilisation des XIX. Jahrhunderts in spiritistischen Zirkeln, eine Heimath nicht nur, sondern selbst begeisterte Anhänger gefunden haben. Sobald, wie jetzt als nahe bevorstehend erachtet werden darf, die Ethnologie dem allgemeinen Verständniss der Gebildeten vertrauter entgegengetreten ist, wird dem gesunden Menschenverstand, durch die elementare Rechenkunst der vier Species schon, der Beweis geliefert sein, dass es sich hier nicht um ein Herüberzittern aus jenseitiger Welt, um „footfalls on the boundary of another world" etwa handelt, sondern um die niedersten Regungen instinctiv psychischen Lebens, auf der Grenze des Thierischen und Menschlichen, — um Beobachtungsobjecte also, die bei den Wilden etwa als normale zu studiren wären, bei uns dagegen als pathologische zu behandeln sind (in den Irrenhäusern oder den psychiatrischen Abtheilungen der Kliniken).

Auf die geographische Frage, als Ausgangspunkt ihrer Forschungen zurückgeführt, wird die Ethnologie die Umgrenzungslinien verschieden zu ziehen haben, je nach teleskopischer oder mikroskopischer Betrachtungsweise, immer aber zugleich die aus gemeinsamer Wurzel gebreitete Basis im Auge behalten müssen.

Bei Abwendung von metaphysischen Wolkenflügen, bedarf die inductiv naturwissenschaftliche Forschung ihres „Datum" in der Eins, zum Ansatz der Rechnungen (die sich nach erlangter Uebung, und Bemeisterung der mechanischen Operationen, bis zum höheren Calcul des Unendlichen erheben mögen). „Ist man zu den Grundverhältnissen gelangt, so hat das Geschäft der Philosophie ein Ende, und: wie etwas könne eine Ursache sein, oder eine Kraft haben, ist unmöglich jemals durch Vernunft einzusehen, sondern diese Verhältnisse müssen bedinglich aus der Erfahrung genommen werden, denn unsere Vernunftregel geht nur auf die Vergleichung nach der Identität und dem Widerspruch" (s. Kant), für comparative Methode (nebst der genetischen organischer Entwicklung), und so ist die Frage über den Menschen nicht aus allgemeinen Generalisationen der Descendenz, (nach oder von dem Ursprung), zu lösen, sondern vielmehr aus detaillirten Differentialberechnungen der Variationen, zwischen den anthropologisch entgegentretenden Einheiten, wie durch die Wechselwirkung der geographischen Provinzen bedingt (innerhalb des jedesmal ethnologischen Horizontes, für historische Weiterfolgen).

Das für den Menschen als charakteristisch geltende Denken, im deutlicher umschriebenen Selbstbewusstsein (eines individuellen Ich), wie es beim Blüthezustand einer Cultur zum Durchbruch zu kommen pflegt, bleibt innerhalb derselben auf die in der Erziehung bevorzugte Klasse beschränkt, während die grossen Massen leider allzu oft auf das, für niedere Stufengrade der Cultur normale, Niveau eingeschränkt gehalten werden, instinctartige Aeusserungen der Seelenthätigkeit anstreifend, die zugleich dem Ergriffensein durch psychische Epidemien ausgesetzt bleiben.

Fasst man die hier herrschenden Denkvorgänge unter dem Gesichtspunkte eines organischen Wachsthumsprocesses ins Auge, so bleibt zunächst der Anschluss an das Physische (körperlicher Grundlage) festzuhalten. Der mit der Geburt ins Dasein tretende Leib trägt, potentiâ, die Anlagen in sich, welche actu zur Ausentwicklung zu kommen haben, wie sie bei der Pflanze im Samenkorn eingeschlossen liegen, das die Dynamis für Stamm, Blätter, Knospen, Blumen, Früchte in sich birgt, obwohl der Vollendungsgrad der Ausbildung, welche diese verschiedenen Fähigkeiten erhalten mögen, von den Bedingungen äusserer Einflüsse abhängig bleibt.

Im Animalischen ist zugleich eine Reihe seelischer Aeusserungen, wie sie unter höheren Culturzuständen in bewusster Absicht für ihre Zweckrichtungen realisirt werden, in Bezug auf solche unmittelbar angeboren, wie wenn die aus dem Ei hervortretende Schildkröte sogleich dem Wasser zueilt, dem Element ihrer Existenzbedingung, die Zugvögel ihre aus den Jahreszeiten vorgeschriebenen Wanderungen antreten, durch (social auch im Zellenbau der Bienen u. s. w.) innewohnenden Instinct, unter dessen Form zugleich das Uebrige im thierischen Seelenleben zur Beschreibung kommt (im zoologischen Reich).

Auch der Wilde handelt in der Hauptsache aus Instinct, nach dem, was, im Vergleich zu klar anschaubarem Bewusstsein, als Unbewusstes erscheint.

Zwecke liegen vor, nicht willkührliche noch gewählte, sondern mit Nothwendigkeit durch Anticipation prästibilirte, beim Hineinragen animalischer Natur, — menschlicher besonders, in Vermittelung des Materiellen und Immateriellen (bei Kant), — in ein jenseitiges Geisterreich, wo Wechsel-

beziehungen stattfinden, (in Geulinx's Occasionalismus auch
für die Willensentscheidungen), ohne dass man von einander
weiss, so lange die Seele nicht dafür „aufgethan" ist (gleich
der Swedenborg's), im Durchschau einer Bodhi, obwohl dann
auch diese immer nur menschlich vertraute Formen symbolisirt, ohne einen Ansatz zur Lösung der Räthsel, — wie einzig
in objectiver Forschung der Induction vernunftgemäss anzustreben. Mit dem Geschenk der Geisterseherei (als Verblendung) „kann die anschauende Kenntniss der andern
Welt allhier nur erlangt werden, indem man etwas von demjenigen Verstande einbüsst, welchen man für die gegenwärtige nöthig hat" (s. Kant).

Je strahlender das Licht des Verstandes also leuchtet,
in den Lenkern und Leitern der Civilisation, desto schwie-
riger wird es sich in die unheimlich verschleierte Dunkelheit
primärer Vorstudien hineinzufinden vermögen, und es bedarf
deshalb vorher eines Cursus der Selbstentäusserung, ehe es
gelingen kann, (unter Betrachtung der ethnisch angesammelten Thatsachen), dem Gedankengang des Wilden, (durch
Hineinversetzung in denselben), zu folgen, um mit den dadurch erlangten Einblicken die pathologischen Störungen im
Gesellschaftsleben zu heilen (und somit auch sociale Schäden).

Mit naturwissenschaftlicher Durchbildung der Psychologie, zunächst mit ihrer Begründung auf den Völkergedanken
(unter zeitgemässer Förderung der Ethnologie), wird Alles
von selbst in's Geleis gesetzt sein, wogegen Regierungs-
massregeln (wie vorgeschlagen ist) ergreifen zu wollen, unter
officieller Anordnung von Untersuchungen, den Unsinn (oder
Wahnsinn) für permanent erklären hiesse. Dann hätten wir
gar bald mehr Quartanten „voller Unsinn" nicht nur zu
kaufen, sondern, was schlimmer, auch zu lesen, wie schon
der Königsberger Philosoph zu bejammern hatte, als die in
den Briefen an Fräulein von Knoblauch begierig aus London
erwarteten Bücher in stille Häuslichkeit hereingefallen waren.
Schlimm genug ohnedem, dass seit der Hoffähigkeit spiritistischer Medien, und ihrer antispiritistischen noch schlaueren

Enthüller, hochgeachtete Namen kein Bedenken tragen, an sich operiren (oder experimentiren) zu lassen und dem die Tagesblätter lesenden Publikum zu frivoler Unterhaltung aufzutischen, wie sie genarretheit und herumgeführt sind an gedankenlesender Hand (oder an der Nase). „Noblesse oblige", und selbst wer in blasirter Langeweile sensationeller Reizmittel bedürfen sollte, thue was er nicht lassen kann im stillen Kämmerlein lieber, um nicht das arme Hirn des an sich schon armen Gemeinvolks in weitere Verwirrung zu bringen. Sobald die Naturwissenschaft, aus dem temporären Rausch ihres Ab- und Niederfalls in der Descendenz, wieder in die durchsichtige Atmosphäre inductiv beruhigter Forschung emporgestiegen sein wird, um eine naturwissenschaftliche Behandlung der Psychologie, auf Grund der ethnischen Beweisstücke (im heutigen Ueberschau des Globus und somit des Menschengeschlechts für die Gesammtheit seiner Variationen), ernstlich, mit erforderlicher Vorsicht, in Angriff nehmen zu können, dürfte fortab psychiatrischen Verirrungen (auf dem Gebiete des Glaubens oder Aberglaubens) eine Schranke gesetzt sein (unter Erkennung der Heilmittel bei richtiger Diagnose). Mit spiritistischen Gesellschaften und ihren Faseleien Gesellschaft zu pflegen, wäre nicht besser, als wenn der Arzt an sich selbst die Krankheiten hervorrufen wollte, die ihm zu kuriren aufliegen (und homöopathische Dosen ignoriren). Wenn für gründliches Studium des gelben, oder sonst klimatischen, Fiebers nicht die Beobachtung sporadisch verschleppter Fälle genügt, sondern es hinauszugehen gilt an den Heerd des normalen Vorkommens, so haben wir, (ehe es folgends der mit fremdem Contact eingeleiteten Verschiebung der psychischen Originalität zu spät sein wird), den Menschen im Naturzustande zu studiren, (und dabei den ethnologischen Museen die ihnen erforderlichen Sammlungen zu schaffen).

Der heilige Schauer, der die Gedanken durchbebt, wenn den Räthseln der Existenz sich zuwendend, quillt in dem Bewusstwerden des psychischen Wachsthumsprocesses, aus organisch geschwängerten Keimen einer Wurzel emporstrebend, welche dem Dasein überhaupt, ihrer Ursächlichkeit nach, zu Grunde liegt (für Entfaltung im gesetzlichen Walten).

Für das Lebende somit empfindet sich, im subjectiven Abschluss, sympathische Auffassung, im Menschlichen bis ins Thierische, (und im Anschluss an vegetative Processe im Animalischen), auch für das Pflanzliche, mit den Symbolen ihrer Vorgänger für das Psychische wieder.

Sobald dann aber die Forschung, aus solch innerlichem Verständniss in das Anorganische hinaustritt, fühlt sie sich einer Fremdheit unermesslicher Welt gegenüber, in welcher die chemischen und physikalischen Vornahmen zwar mancherlei Beziehungen enthüllen, in den astronomisch-geologische Deutungen bis zu einer Nebularhypothese fortschreiten mögen, in welcher für das deutlich inductive Studium der Detailverhältnisse jedoch jeder Fussauftritt mangelt.

Der erste und soweit alleinige Anschluss findet sich in der alltäglich emporsteigenden Lichtquelle, aus der, im Verscheuchen der Nacht (Polynesiens vorweltlicher Po) einer Avixa (als Unterlage für Ausentwicklung der Nidana), die psychische Thätigkeit überhaupt erst ihre Anregung erhält, im Vordringen zum Wissen, und so wird das Brahma zuerst geboren, als Vena im Osten „aus der Fuge die starken Strahlen" erschloss. Als der Eine, der allein geht, wird die Sonne erklärt (im Brahmodyam), als derjenige, der in Wiedergeburten wandelt, der Mond, wie bei Hottentotten und Fijiern als solcher anerkannt (für das Fortleben), während mit der Morgendämmerung oder Usha sich auch den Indianern (s. Brinton) der göttliche Anfang erschliesst (bis zur Sonnenverehrung der Inca). Jenseits indess von Sonne und Mond schlingen (in der Nächte geheimnissvollem Schatten) die Sterne wundersame Reigen, welche in plumpen Linienstrichen die Astrologie magisch zu binden sucht, um Räthselfragen im Abracadabra der Zahlenwürfel zu lösen, deren Sinn sich, nach Ueberwindung der elementaren Rechnungsoperationen, erst dann wird annähern lassen, wenn eine naturwissenschaftliche Psychologie bis zu ihrem höhern Calcul geführt hat (auch unendliche Reihen zu bemeistern).

In der bei alltäglicher Gewohnheit gleichgültigen Vertrautheit mit den Himmelserscheinungen verfallen diese (in populären Mythen) dem Volkswitz, wogegen wieder, wenn in gesammelter Meditation, der Geist sich losreisst aus den Banden des instinctmässig Gewohnten, das Mysterium, das jenseits schlummert, um so mächtiger ergreift (in den Fragen um das Sein im All).

So wird auch der Mensch dem Zuñi zum Gewöhnlichsten, auf niederster Stufe, gegenüber einer unverstandenen Welt aussermenschlicher Natur (s. Cushing), wogegen „Omni miraculo, quod fit per hominem, majus miraculum est homo" (St. Aug.), wenn in naturwissenschaftlicher Durchbildung der Psychologie, hier das Subjective ebenfalls sich für Naturbetrachtung objectivirt (auf Grund der für die Induction angesammelten Thatsachen). Pasu (Seele) in Pusam oder Materie (der drei Malam) eingehüllt, hat (gleich Purusha und Prakriti in der Sankhya) die Entwicklung anzustreben zum Lichte Siva's (nach der Siva Gnana Potham), um in solcher Erhellung dann zurückzuschauen auf die Finsterniss des Verborgenen, das auf eigenem Innern lagert (in seinem gesetzlichen Zusammenhang im harmonischen Kosmos).

„Immer weiter, immer weiter, reicht die unendliche Leiter" bei den in das Unendliche hinauswachsenden Gedankenschöpfungen, und „the progress of perfection has no limits" (nach den Aliden), während in der Einheit mit Gott der Ruhezustand (im Sufismus) zu suchen ist, „because care and fear derive from Ascent and Descent" (bei Fani), so dass die aus der Entwicklung der Seele selbst mystisch gefasste Gottheit gleichfalls wieder die Schranke vorschreibt, welche der ausserweltlich entgegengestellte Gott in seiner Unverständlichkeit bildet. Für den Buddhismus ergiebt sich auf Erden in dem Verständniss des Dharma, (weitesten Umfang nach dem des zugänglichen Gesetzes), ein Ausgleich beim Nirvana, aber damit nur der erste Schwellen-Eintritt in jenseitige Welt, intensiv (nicht länger extensiv) mit hiesiger verknüpft (in gesetzlicher Ursächlichkeit). „God is veiled from the heart of man, who sees his proper actions" (nach Joneid), bei orientalischer Versenkung in passive Apathie, wogegen es im Westen unablässig zum selbstthätigen Mitarbeiten ruft (an und in der Welt). Und so ist nicht das Denken und Erkennen das Wesen des Geistes, sondern das Handeln und Wollen (bei Kant). Das Wollen ist der wesentlichste Charakter der Vernunft, das praktische Vermögen die innigste Wurzel des Ichs (bei Fichte), das praktische Ich ist das Ich des ursprünglichen Selbstbewusstseins („was meinem Handeln entgegensteht ist die sinnliche, was durch mein Handeln entstehen soll, die intelligible Welt"). Die Welt aus Gott ist die Materie, welche nicht durch ihr blosses Dasein, sondern durch ihre immanenten und bleibenden Kräfte alle Veränderungen bedingt, und ist der Geist, der nicht durch seine logische Vernunft, sondern durch seine Willenskräfte ein geschichtliches und ethnisches Leben in der Welt begründet (s. Harms), wie bei dem menschlichen Gesellschaftscharakter in den ethnischen Thatsachen manifestirt (und durch den Völkergedanken verstehbar).

Das Interesse des Einzelnen concentrirt sich stets auf sein geistiges Prototyp in der Götterwelt, und was national als Polytheismus erscheint, begreift nur die Verehrung der magisch die Natureignisse bindenden Kraft, mit bestimmter Personification, an welche man für den jedesmaligen Zweck sich wendet, im Henotheismus, um dann stets die grade bedürftige Vertretung der Gottheit als höchste zu preisen, denn das Beten (s. Ward) beruht (für den Hindu) mehr in Lobpreisung (praise), als im Gebet (prayer), da Götter geschmeichelt sein wollen, gleich den Hohen auf dieser Welt. Wie der Indianer im Lebenstraum (der Guineer durch den, als mitgeboren, sympathisch bindenden Genius oder Dämon, in Edro), findet der Indier die Erfüllung des gesteckten Zieles im Ishtu, als Wahlgott, dessen Formel von dem (weil mit den Vedas, deshalb auch) mit den Incantationen vertrauten Medium des Guru (aus der

Brahmahnenkaste) mitgetheilt sind, so dass die moralische Reinheit desselben nicht in Frage kommt (bis zu populärer Reaction in der zu kastenlosen Guru's führenden Reform, bei Sanyassi und dann in dem beim Buddhismus durchgebildeten System). Die letzte Ursächlichkeit, weil unzugänglich im (unbegreiflichen) „Wakan" (der Dakotah) bleibt unentschieden (wenn nicht philosophisch construirt oder auf heilige Offenbarungsbücher hin gläubig angenommen), und auch die Abiponen wussten auf die Frage der Missionäre über ihre Theorien betreffs der Schöpfung nichts zu antworten, weil Niemand von ihnen dabei gewesen (und selbst von ihren Vorfahren keine zuverlässige Ueberlieferung, aus deren Erfahrungen darüber, erhalten sei). „Tida tao", sagt der Sekay (s. Lias).

Bei den jeder Klasse zukommenden Besonderheiten des Instinctes (verschieden zwischen Wirbellosen und Wirbelthieren, sowie dann wieder bei jeder einzelnen Art) handeln auch die Naturstämme nach denjenigen Formen, wie für die Menschennatur eigenthümlich, ebenfalls unter zwingenden Naturgesetzen, bis dann mit weiterer Ausentwicklung selbständig willkührlicher Beweglichkeit, die Lockerung einzusetzen beginnt, bei welcher unter kräftigem Zwischengriff des Willens, dieser nach eigener Bestimmung zu handeln vermag, innerhalb des Naturganzen, die auf Sich bezüglichen Theile desselben so determinirend, wie es sein soll (aus moralischer Pflicht).

Für die (wie erbliche Krankheitsanlagen im Physischen) „angeerbte Gewohnheit" im Instinct [1]) (gleich der Spürneigung des Hühnerhundes, dem angelernten Passgang der Eltern im Füllen u. s. w.), pflanzt dasjenige gleichsam bei der Zeugung sich fort, was aus dem Seelischen (Guinea's) mit

---

[1]) Wie oft erstaunt man über die nautischen Schwierigkeiten, welche die zu Seefahrten so besonders geneigten Bewohner der kleinen Karolinen beim Aufsuchen dieser Inseln zu überwinden pflegen. Bei der Geringfügigkeit ihrer wissenschaftlichen Hilfsmittel muss man Vieles davon auf Rechnung eines Instincts setzen, der in diesen Naturkindern noch nicht so erloschen sein kann, wie

Bla im Stamme wiedergeboren wird, derjenige Theil der Seele bei den Khond, welcher (ausser dem am Grabe zu Grunde gehenden, als Gespenst der Sisa in Afrika) in den Nachkommen verbleibt, neben dem (weil als νοῦς, von Aussen her hinzugetreten, wieder) zu Gott aufsteigenden, — einem Dharmakaya, oder der „lichtfarbigen" unter vier Seelen der Mandan (s. Neuwied) entsprechend, — und dem in den Wanderungen büssenden (durch Folgewirkungen der Karma, aus dem Gewissen oder Gbesi der Neger). Bei den, für die Existenzbedingungen eingeschlossenen, Social-Instincten (wie im Zellenbau der Bienen) verfliesst auch für die Gesellschaftsnatur des Menschen das Einzeln-Individuum (selbst für rechtliche Bräuche über das Eigenthum) in das Ganze des Stammeskörper (als partiell integrirendes Theilganzes), — und eingeschlossen in die moralische Verantwortlichkeit den Nebenmenschen gegenüber (unter socialer Solidarität der Interessen), vermag erst bei deutlicher Klärung dieser, (unter fester umschriebenen Abscheidungslinien), das Ich des Selbst im klarerem Bewusstsein eigener Selbständigkeit allmälig hervorzutreten, so dass wir bei den Naturstämmen auf mehrgefächerte Theilseelen stossen, wogegen in der Civilisation die Seelenkunde sich verflüchtigen mag, bis zur Psychologie ohne Psyche (s. A. Lange), mit der Seele als Entelechie (bei Aristoteles), in Gedankenschöpfungen verwirklicht (zum Verständniss des Schöpfungsgedankens).

Die Association, wie sie sich im Körperlichen vollzieht, nicht nur in der dem sympathischen Nervensystem unterliegenden Verdauung, sondern auch bei weiteren Combinationen aus dem reflexiven Muskelsystem, (um die Handlungen zur Befriedigung der Nahrungsbedürfnisse einzuleiten), verläuft in demjenig Unbewussten, was beim Thier als Instinct

---

in dem wissenschaftlich gebildeten Europäer. Schwerlich aber wird er in ihnen noch so unmittelbar wirksam sein, wie in den allen ihren natürlichen Wandertrieben folgenden Vögeln (s. Kittlitz). Instinct ist Reflexthätigkeit, in die ein Bewusstseinselement hineingetragen ist (s. Romanes).

aufzufassen; und auch, wenn dieses seine Beute drohig
schützend, dieselbe als Eigenthum bewahrt, kommt doch der
Begriff eines solchen erst für den Menschen, in Scheidung
zwischen Ich und Du, zur Aussprache. Das Thier fühlt den
lebend existirenden Körper unmittelbar als Sich gehörig, wird
aber die abgestreifte Haut (der Schlange), die abgestossenen
Zähne (des Elephanten), die Krallen oder Klauen, für die
abgefallenen Partikel, in der verbleichenden Erinnerung rasch
vergessen, wogegen sie der Mensch, weil ihm durch Wortvorstellung innerlich fixirt, auch ferner noch mit sich trägt, und so
für Nagelabfälle (oder Haaresabschnitte), weil zu eigener Persönlichkeit gehörig, ein complicirtes (in mythologischen
Schöpfungen fortverlaufendes) Gedankensystem aufbaut, wie
bei den Parsen (im Sadder), so bei den Scandinaviern (in
der Edda), und bei den Naturstämmen überall (im Schreckenston der auf Tanna geblasenen Muscheln u. dgl. m.). So
schlingt sich in der Sprache ein (geistiges) Band, das den
Menschen auch aus der Vergangenheit mit der Gegenwart
verknüpft (unter Weiterschlüssen auf die Zukunft), für das
Individuum, lebend in der Zeit (für die Ewigkeit).

Dem Griechen manifestirte sich sein $\delta\alpha\acute{\iota}\mu\omega\nu$ der Geistesstimmung gemäss (mit des Daimonion Stimme im Innern
redend), wogegen aus den $\vartheta\varepsilon o\grave{\iota}$ $\gamma\varepsilon\nu\acute{\varepsilon}\vartheta\lambda\iota o\iota$, oder nach der
Wiedergeburt im Stamme, (auf dem „lectus genialis"), $\vartheta\varepsilon o\grave{\iota}$
$\dot{o}\mu\acute{o}\gamma\nu\iota o\iota$, der römische Genius angeboren ins Leben tritt,
(gleich Agrippa's Astralgeist aus den Sternen), als „Genius
generis nostri parens" (s. Laberius), oder „Genius natalis"
und zugleich (s. J. H. Krause) „fatalis", als „Deus, cujus in
tutela, ut quisque natus est, vivit" (s. Censorinus). Genius
dicitur, quoniam quum quis hominum genitus fuerit, mox eidem
copulatur (s. Martian-Capella), und dann nach dem Geschlecht,
„singulis enim Genium et Junonem dederunt" (s. Seneca),
oder Fortuna neben Genius stehend (wie $T\acute{\nu}\chi\eta$ neben
$\varDelta\alpha\acute{\iota}\mu\omega\nu$). In dem der Genita Mana gebrachten Hundeopfer
lag der (auch dem Eskimo bekannte) Psychopompos symbolisirt, für die Laren, denen (als Lares compitales) Lara

(Larunda) oder Lala zur Mutter gesetzt war (als „Mater Larum"), und gleich Egoungoun (s. Bouche) oder sonst Abgeschiedenen (der Geheimbünde) in africanischen Fetischwäldern, (oder hinter dem als „Miko" verbotenen Pfahlzaun), wohnten in den heiligen Hainen die „Heroum Animae" (bei Servius), schreckend als Cerriti des Cerus manus (im salischen Liede). Furchtbar (gleich parsischer Personification des bösen Gewissen) treten die $K\tilde{\eta}\varrho\varepsilon\varsigma\ \vartheta\alpha\nu\acute{\alpha}\tau o\iota o\ \mu\nu\varrho\acute{\iota}\alpha\iota$ (bei Hom.) entgegen, und deshalb bei blutigem Mordhandwerk besonders thätig erscheinend, wie sonst auch in den Leidenschaften wüthend, deren Sitz (beim Moko-Moko auf Nias) ins $K\tilde{\eta}\varrho$ ($K\acute{\varepsilon}\alpha\varrho$) verlegt wird (als, im Seelenleben der Caraiben, pulsirendes Herz), ausserdem indess, (gleich den Abgeschiedenen auf Tanna u. s. w.), im pflanzlichen Gedeihen das Werk der Ceres fördernd, aus dem „Cereris mundus" (bei Festus), wenn „mundus patet" (der dillestein der ist enzwei, die töten sint ûfgewecket). In der lieblicheren Form des schönen Mädchens, das der (guten) Seele (nach Zoroaster's Lehren) begegnet, ruhen die $\chi\varrho\eta\sigma\tau o\acute{\iota}$, als Gute, in der Erde (s. Plut.), und „Mane a diis Manibus dixerunt, nam mana bona dicitur" (s. Paul.). Dici principium mane, quod tum manat dies ab oriente (s. Varro), und so der Indianer „made light his chief god" (s. Brinton), in Missabos (the Great Light), dem Sonnengott vorhergehend, wie in den Veden (s. M. Müller) die Morgendämmerung (Ushas) oder Chasca (bei den Inca).

Eine Monaden-Seele widerspricht sich selbst, wie die im Lichte der Wissenschaft versteinernden Seelendämone im Anorganischen (gleich melanesischen Vui und ihrer Analoga). Das Seelische tritt mit der Belebung ein (bei Aristoteles' Entelechie), in der Entfaltung, als Wachsthumsprocess, des (vegetativen) Lebensprinzips zunächst, bis hinauf zu dem Geist, der sich im Reifezustand (als Nous) schliesslich im Jenseits abzulösen vermag (und so $\vartheta\acute{\upsilon}\varrho\alpha\vartheta\varepsilon\nu$ gekommen symbolisirt werden mag). Das Werden der Dinge ist ein logischer Process (bei Hegel), und dies ergiebt sich als organischer Wachsthumsprocess für das Psychische (im naturwissenschaftlichen Sinne).

Wie der Wilde sich jedes Naturgegenstandes enthält, dem ein Innuae oder Besitzer (bei den Eskimo) innewohnt, ausser wenn vorher durch Mokisso oder Gelübde (der Neger) gesühnt, so steht bei den Mahabadiern voran das Verbot der Lebensverletzung, (während Zoroaster die Unschädlichmachung schädlicher Thiere erlaubte), in der Ahinsa der Yogi, an der Spitze der fünf Theile Yama's, als Erste der acht Stufen zu Abhasayoga) und der Buddhisten, (um nicht die Wunderwerke der Schöpfung durch willkührlich unberechtigten Eingriff zu zerstören), und gleicher Gedankengang wirkt fort in der Verehrung des heiligen Thiers, als selbstgewählter Repräsentant, der nicht getödtet werden darf (im animalischen Reich, als beseeltes); und in den ἀψύχων δίκαι (bei Pollux) schützt und straft sich auch Lebloses (s. Ath.).

Bei dem Protest der (unter Gilshadeng gestellten) Thiere gegen die Tyrannei des Menschen, antwortet (auf den von Huresteh oder Khojesteh beanspruchten Vorzug der Sprache) das Kameel: „Animals too possess an intelligible tongue, because thou dost not understand it, dost thou imagine, that it is unintelligible?" (im Desatir).[1])

In dem Verbote harmlose Thiere zu tödten, erfüllt sich das ganze Gesetz (bei Hafiz Schirazi), wie in der Religion Mah-Zend der Mahabadier (und dem Desatir) bis zum Ahinsa der Jainas, die sich auch der Tödtung des Ungeziefers enthalten (das eine „Anweisung" auf ihren Körper besitzt). Die Surya-makhan vermeiden, lebende Wesen zu verletzen, als

---

1) They hold the killing of all animals, even of man, to be permitted, and call it Bala. At night they go to the places which they call Smas-ana and where the dead bodies are burnt, there they intoxicate themselves and eat the flesh of the corpses burnt, and copulate before the eyes of others with women, whom they name Sakti-Puja (in den Agama). Vishnu's vier Arme bedeuten Mann und Frau im Geschlechtsgenuss (nach den Charvaka). Die Ramanujas kleiden sich (nach dem Bade) in Wolle oder Seide (da Baumwolle verboten ist), die ägyptischen Priester in Linnen. Die Jatis sammeln zum Getränk, vor den Häusern, wo Wasser für das Bad gewärmt ist, und lassen es kühlen (im Dabistan).

Jiva-daya (compassionate of life), während die Kharastar (schädliche Thiere) zu tödten, geboten wird (im Shad-der). Bei der Shikar-i-dad der Dad-shikar (the hunt of equity) wurden die schädlichen Thiere in einem zusammengelegten Haufen getödtet, die harmlosen freigelassen (nach dem Farhang-Gesetz). Die Dadu-Panthies senden die einem Lastthier aufgebürdeten Leichen in die Wüste (damit auch die wilden Thiere etwas zu fressen haben) (im Dabistan), und die Masai werfen die Leichen den Hyänen hin (s. Thomson), da Begraben die Erde entweiht (s. Fischer).

Wie unter den Maori die abgeschiedenen Seelen, mit dem auf Hawaii (s. Andrews) Oio genannten Geräusch des „wilden Jägers" auf ihren Versammlungsplatz zum Reinga ziehen, gleich den die Ueberfahrt erwartenden Todten (bei Procop.), wie anderseits auf Mangaia (s. Gill) solche Schatten dem Lauf der Sonne nach Westen folgen, um durch das, ihr geöffnete, Thor in die Unterwelt einzugehen, so nach Pequer bei Abydos, als Chasbet oder Schatten die Seelen, im Todtenbuch der Aegypter, im Unterschied von Khou, als $\xi\omega\vartheta\epsilon\nu$ zugetretener Nous, während die Seele als Ba (neben körperlicher in Ka, des Chat oder Leib) die Fortexistenz vermittelt, den an der Westküste (auch für den Thiercult) gelieferten Analogien entsprechend, wenn im Dsogbe (der Ewe̊er) aus der Seelenheimath (Nodsie), oder als Ka (der Odschi) die Seele im Bla sich reincarnirt, für die Wiedergeburten im Stamme (und Sisa als spukendes Gespenst am Grabe schweift).

In Verklärung der Achu schlingt sich dann von den Sternen herab das Band zur Menschenseele in Ba, als Weltseele (gemeinsam in der Hieroglyphe des Vogels begriffen, mit Unterscheidungen nach Kopfputz und Brustfeder), gleich Atma in der, das Dasein in Maya (oder Täuschung verkehrenden, Vedanta bei den Adwitam (neben den Dwitam der Sankhya mit philosophischen Weiterfolgerungen).

Unbekümmert um die glänzende Mythologie der Egi oder Adligen, begnügen sich die Gemeinen (auf Tonga) mit dem Essensgott (Ka), und die ursprünglich nächsten Götter sind überall die von den Aditen verehrten, als Sakia (der Regengeber), Hafetha (der Schützer gegen Gefahr), Razeka (der Nahrungsbeschaffer) und Salema (der Helfer in Krankheit), in Unbekümmerung um esoterische Geheimnisse der Ahwan-us sefa (Brothers von Purity) oder anderer Bruderorden, wenn die Reden Gottes (bei Zirtusht) sich unterscheiden als „the enigmatical and the unenigmatical" (im Desatir).

Um den Spuk loszuwerden, — denjenige Theil des Geistigen, der, wenn ein νους etwa zur Heimath des Göttlichen zurückgegangen, als Seelengespenst (gleich dämonischer Sisa) am Grabe schweifen mag —, um frei zu werden gänzlich von unheimlich beengender Nähe in der Erinnerung, wird dem Todten das Jenseits ausgeschmückt, um ihn womöglich mit Haut und Haar (in Auferstehung des Fleisches, s. Buddh. i. s. Psych. S. 237) dorthin zu versetzen. „Eile, raff' zusammen den Körper, nicht soll ein Glied, nicht dein Leib weggelassen werden, dem zur Ruhe gegangenen Körper folge nach zur Ruhe, wo am Aufenthalt Du Wohlgefallen hast" (im Atharvan-Veda).

Scharf und bestimmt ist die Linie zu ziehen zwischen der Finsterniss in der „Nachtseite der Natur" und jenem Reiche des Lichts, wovon der Indianer ebenso eine göttliche Quelle spürt, wie der Flamen dialis, dem jede Berührung des Todten verboten (s. Der Papua S. 254).

„Nicht gehe dir der Athem aus, nicht sei der Aushauch dir entzogen, Surya, des Todes Oberherr bedecke dich mit seinen Strahlen," (cf. Ludwig), in der Lichtwelt der Lebendigen, denen die beim Erdbeben an den Grundpfosten rüttelnden Seelen der Abgeschiedenen (in Indonesien) gegenüberstehen (bis die Welt umkippt, in Marquesas), und Rockiolia, der Nachtgeist, dem am Tage herrschenden Rowkoula (bei den Maori).

Nie darf das leuchtende Licht erlöschen, im ewigen Feuer (vestalischen Tempels) durch Sonnenjungfrauen (der Inca) gehütet, auflodernd am Heerde in der Nachtzeit besonders, bis abgelöst durch den am Himmel emporsteigenden Strahlengott. „Erwacht ist Agni durch das Brennholz der Leute, der kommenden Usha entgegen" (heisst es im Atharvan), und auf das Grauen der Morgendämmerung dann der volle Tag (in seinem Scheine zu wirken).

Der Mensch empfindet seinen Körper, die physische Existenz, durch das, was psychisch darin steckt, wie anatomisch in den Durchzweigungen des Nervensystems zu verfolgen. In dem dagegen, was (aus unmittelbarer Verknüpfung mit irritabler Muskelsubstanz) losgelöst freier darüber schwebt, in psychischen Aeusserungen, fühlen sich mancherlei uncontrollirbare Einflüsse, theils von der somatischen Unterlage her, theils mit den durch diese angeregten Bewegungsrichtungen und den Ergebnissen ihrer zusammentreffenden Combinationen. Wenn es hier nun, zur Regulirung im Wachzustande, steten Eingriffs durch selbstbewussten Willen bedarf, greift von Jenseits eine Freiheit über (bei Malebranche), obwohl — beim Absehen von einem Zutritt von aussenher ($\xi\omega\vartheta\epsilon\nu$ oder $\vartheta\acute{\nu}\rho\alpha\vartheta\epsilon\nu$) —, sich jene Einheit dann nur in dem für jede Einheit, als Totum parte prius (esse, necesse est), erforderlichem Band der Einigung erwiese, wie es (bei successiver Entwicklung) für die Pflanzen im organischen Wachsthum sich manifestirt, und für die Seele also im Psychischen (reifende Früchte anstrebend in den Gedankenschöpfungen). Während des Wachzustandes wird die selbstbewusste Thätigkeit stets auf den anzustrebenden (oder vorschwebenden) Reifezustand hingerichtet sein, für den im Jenseits eine Ernte bevorsteht, als Ziel des Lebens, (um nicht in zwecklosen Wucherungen zu verkümmern), und auch im bewusstlosen Schlaf, (in den die Pflanze gleichfalls periodisch verfällt), wird vorbereitende Ordnung stattfinden, wenn solche durch fortgesetzte Uebung, in der Gewohnheit zur andern Natur geworden. Dabei mögen dann, aus der, vorwiegend dunkler gährenden, Masse der Traumempfindungen, hier und da reinere Productionen zu Tage treten, welche im Tagesleben selbst, (wo durch beständig störend einfallende Eindrücke aus den Sinnen der gesammelte Abschluss, für meditative Concentration, schwankenden Ablenkungen ausgesetzt bleibt), mit momentaner Ueberraschung treffend, für Gesammtverwerthung sich weiter durcharbeiten lassen. Der Primus motor all dieser im Organischen (physisch und psychisch) lebendigen Bewegung, welche für das Anorganische, (nach blitzähnlicher Lebenserscheinung des Kristall-Anschiessens), bereits in einen Ruhestand übergegangen ist, liegt (für absolute Ursächlichkeit) in gegenseitiger Wahlverwandtschaft des Weltgesetzes in einem harmonischen Kosmos, wie für den Menschen zunächst nur in den seine Wesenheit direct berührenden Factoren verständlich (also mit dem Ausgang von naturwissenschaftlicher Psychologie).

Den Räthselwundern unverstandener Schöpfung gegenüber fühlt der mit eigenem Dasein darin eingeschlossene Mensch, dass nur aus dem, im unbewussten Drange, an dem Verständniss in ihm Arbeitenden, ein solches anzubahnen sei, — im Denken also, zunächst der, weil lebendig, beseelten Natur. Und dann der eigenen Seele, unter Elimination der individuellen Schwankungen, im Gesellschaftsgedanken, unter Anschluss an seine gesetzliche Grundlage in den geographischen Provinzen,[1]) je nach ihren, (botanische, zoologische, anthropologische Provinzen, unter verschiebbaren Kreisbegrenzungen), einfassenden Umschreibungen gefasst (teleskopisch oder mikroskopisch.

Durch alle indischen Philosophen der Darsana, (und mehr noch, neben ihnen, des Buddhismus), geht im mächtig ge-

---

1) Die Erdtheile, als die „grossen Individuen der Erde" gefasst (bei Ritter), drücken jedem derselben einen allgemeinen Stempel der organischen Production auf, die aber dann bei den geographischen Provinzen für die Differenzen des Detail auszuverfolgen sind. So liesse sich die indogermanische Völkerfamilie den übrigen gegenüber als „ein Individuum charakterisiren" (s. Brugmann), mit Vertiefung in die Specialdisciplinen philologischer Forschung, die sich (bei vergleichender Linguistik) für das lautlich gegebene Wortgerüst (wie bei Fixirung durch die Schrift besonders in bestimmte Normen festzustellen), von den psychologisch waltenden Schöpfungen späterhin abzuscheiden hätten, wenn diese in ihren idealen Gestaltungen des primitiven Naturlebens oder höher entwickelten Cultur entgegentreten (auf dem comparativ-genetischen Wege der Induction).

waltigen Zug die Sehnsucht nach Erlösung, ein Anstreben der Seeligkeit in Mokscha, — statt durch Bhakti, durch Gnana, — im forschenden Denken; und deshalb, seit erster Bekanntschaft im Westen, blieb der tiefe Eindruck nicht aus, den, im Vergleich zu den wechselnden Systemen eigenen Culturlebens, die durch Menschenalter in gleichmässiger Schulrichtung fortgeführte Geistesarbeit des Osten hervorrufen musste, — in Bewunderung brahmanischer Urweisheit oder des seinen Vorgängern (aus dem Alterthum der Buda oder Buddha) folgenden Tathagata.

Anziehend, wie dieser Fernblick in alte Vergangenheit, wirkt andererseits dagegen abstossend ebenso sehr beim Nähertreten der kleinlich albernen Firlefanz indischen Secten- und Kastengetriebes, und obwohl in jedem solcher Conventikel sich die eingeweihten Adepten als Alleinseeligmacher fühlen, würde eine genaue Beschäftigung doch durch die wichtigeren Aufgaben des heutigen Culturlebens an sich schon ausgeschlossen sein.

Auch die Philosophen-Schulen schliessen keine Weisheit länger ein für naturwissenschaftliche Weltanschauung, aber hier liegt genugsam psychologisches Interesse vor, im Studium psychischer Schaffensthätigkeit, welche Jahrhunderte hindurch auf dasselbe Ziel gerichtet war.

Was ein Einzeln-Gehirn dagegen nach subjectiver Laune zusammengebraut haben mag, oder was in einem nach der Modestimmung abgeschlossenen Geheimbündchen herauszuklügeln und auszugrübeln beliebt gewesen, ist im Abwägen des nationalen Wissenscapitals keinen Pfifferling werth, (in der Mehrzahl der Fälle wenigstens), und kann beim Einmischen Unberufener, durch chaotische Begriffsverwirrung, zu mancher Kopf- oder Hirnverdrehung weiterführen, bei der Ansteckungsfähigkeit psychischer Epidemien.

Ob hier betrügerischer Eigennutz nun oder Dummheit und Unwissenheit die Schuld trägt, bleibt gleichgültig für das factische Resultat, dessen schädliche Folgen gleich schwer zu sühnen sein würden, und dies mag ins Gewissen gesprochen sein für die „Theosophial Society", deren Emissäre ganz hübsch und eifrig oft zu sprechen wissen, über die buddhistische Lehre vom Karman, wie sich dieselbe, bei den Erleichterungen des internationalen Verkehrs, aus Beziehungen zu ceylonischen Klöstern leicht gewinnen lässt (im vorliegenden Fall besonders durch die gute Autorität des Hohenpriesters Sumangala). Wer jedoch hier nicht hohle Worte drechselt, wer wirklich sich durchdrungen fühlt von der moralischen Verantwortlichkeit, wie im Gang der Karman unausbleibliche Rechtfertigung verlangend, der hätte wohl zu überlegen, ehe er sich unbedacht hineinstürzte in wüstöden Ocean der Avixa, ohne ein seetüchtiges Boot, wie es Kapila in der Sankhya Karika (s. Gaudapada) sich gezimmert, oder die Buddhisten in ihren Fahrzeugen des Hinayana und Mahayana, um überzukreuzen ans jenseitige Ufer.

Und wie, mit allen Schrecken der Dragshed, müsste das Karman für den sich gestalten, der statt auf Rettung aus den Wogen abergläubischer Thorheit bedacht zu sein, dieselbe mit anschwellenden Sturmesfluthen blödesten Unsinns vermehrt, gleich den theosophischen Aposteln auf dem Literaturfeld (mehr passiven wohl, als activen Selbtbetrugs).

Komisch wäre es, wenn nicht traurig anzusehen, wie in westlicher Civilisation Aufgewachsene, auf indischem Boden sich hänseln lassen, von braunschwarzen Khitmutgar und schlauen Gaunern, oder auch von selbstbewusst in eigener Weisheit ergrauten Weissbärten desjenigen Bodens, auf dem „Young India" ohnedem bereits verhätschelt genug ist, um über die Kindheit europäischer Civilisation zu spotten, (wie die Priester Aegyptens über die hellenische zu Herodot's Zeit), selbst weit schon hinaus über den Brahma-Samaj (seit der Vergötterung Keshup's).

Mit einer Unverfrorenheit, die wenn nicht auf gänzliche Unzurechnungsfähigkeit bei kenntnissloser Stupidität zu theilweiser Entschuldigung auslaufend, als frechste Verlogenheit erscheinen würde, unterfängt man sich einem Leserpublicum, dem das ferne Indien bis dahin ferngelegen, längstbekannte

Elementarsätze als eigenhaft neue Entdeckungen vorzuführen, und in solch widersinnigem Conglomerat könnten sie allerdings dafür passiren, besonders wenn die den Upanishad und Sariraka-Sutras mit Sankara's Commentare ebenso missverständlich, wie die dem Dreikorb kleiner oder grosser Fassung entnommenen Sätze bis dahin taumeln, wo Matsyendra Nath aus Siva's Gespräch mit Parvati die Jogi ablauschte, oder auf den Tummelplatz der Mahatma's, in demjenigen Gaukelspiel, wie von Azer Keiwan's Schüler geübt (aus Mohsan Fanis Bekanntschaft).

So wirbelt es auch mit den planetarischen Cyclen weiland mahabadischer Dynastien (aus dem Desatir), mit dickem Wust siderischer Alchymie oder Astrologie im Bali ceylonischer Jyotisha beim Capudienste, zum Kartenlegen benutzt für die Liebhaber des Nawaggraha-Surtiya und zugehöriger Bilderbücher. Dabei verbrämt sich das Ganze mit nihilistischer Hochstapelei nicht nur, sondern auch mit dem auf jungfräulichem Boden eines neuen Continentes frisch erblühenden, oder doch emporwuchernden, Spiritismus, hier freilich zugleich in Rivalität aus dem vom Astral-Leib für die feine Körperschaft des Sukhsma-Sarira oder Linga-Sarira erhobenen Anspruch, und wenn als Flämmchen über dem Haupte flimmernd (bei Patanjali), mit odischer Verwandtschaft zugleich bis auf die Visionen der Somnambulen oder hypnotisch hervorgerufene, im Statuvolens (s. Fahnestok), mit Gedankenlesen nebenher (bei du Prel), — kurzum ein Ragout, allzu widerlich und unappetitlich für gesunden Geschmack, um sich an ein Kosten der Einzel-Ingredenzien zu wagen.

Wenn freilich dem Zeitgeschmack solche Machwerke zuzusagen scheinen, wenn sie gleich denen des „Esoteric Buddhism" z. B. innerhalb weniger Jahre zu einer fünften Auflage gelangen können, und selbst in den Journalen deutscher Kritik höflichst empfangen, ihren Platz eingeräumt erhalten, dann wird der Verlauf im Auge zu behalten sein, für weiteres Unkraut, das aus derartiger Saat hervorwuchern möge. Später könnte das Ausroden sich umständlicher erweisen, während jetzt vor dem Blick des Nähertretenden das Ungethüm sogleich in seine Componente auseinanderfällt, beim Rückzug der mit indianischem Spiritismus gesättigten Grossgeister Tibets, aus Reminiscenzen an die Aspirationen (sufischer) Sipasier auf die Dini-Ilahi (am Kaiserhof), in einsiedlerische Meditation über die Aranyaka der (in den speculativen Anhängen zu den Vedas) erweiterten Systemen, beim (vedantischen) Verschwimmen der Atma, in mystischer Paramatma (für Patanjali), in den Controversen zwischen Persönlichkeit und Individualität, bei Ahankara (als Egotismus) und Mahat, unter Festhalten am Selbstbewustsein mit Hinrichtung auf das Unerkennbare (in der Sankhya), während im Buddhismus dies gesetzliche Walten auszuverfolgen wäre, durch den Schöpfungsprocess hin, bis zum Nirvana, als Asangkhara-Ayatana.

Wie überall, — sobald im Fortschritt der Cultur ideale Bedürfnisse sich fühlbar machen, ein „appetitus intellectivus" (s. Thom. Aq.) erweckt ist, — durchweht das in seinen Religions-Philosophien zum Ausdruck gekommene Geistesleben Indiens ebenfalls das Sehnen nach dem Heilswort der Errettung aus irdischem Jammerthal (des Leids und der Qual).[1)]

Stets hat in solchen Fällen das (auch den Wilden bereits) umgebende Geheimniss, wenn in erstarktem Geistesschwunge mächtiger und wunderbarer ausgeweitet, in dem Ueberwältigenden seines Eindrucks das Geständniss der Unlösbarkeit, als Erstes, erzwungen, und so, — des Mysteriums Kern, eines Ausserweltlichen im Gotte der Welt, mit scheuer

---

1) Das Ziel des Menschen (Purusha-artha) ist die Erlösung (moksha) von der Seelenwanderung (im Vedanta), mit Attributen (guṇa), Unterschieden (viçesha), Gestalt (âkâra) und Bestimmungen

Ehrfurcht unbetastet lassend, — zum religiösen Glauben (Çraddhâ oder Bhakti) geführt, zum Ruhekissen der Dogmen anfangs, und dann (bei frisch erwachendem Drang zur Thätigkeit), zu philosophischer Deutungsweise mancherlei Art, wie in der Bhagavad-Gita (bis zu ecstasischer Hingabe an die Mystik).

Auch wenn daneben dann das Verstandesdenken seine Rechte durchschlagender zur Geltung bringt, um mittelst Gnaña allein zur Mokscha zu gelangen, mag eine Verquickung mit deutlichem Verständniss entzogener Primär-Ursache verbleiben, wie in der (an ceremonielles Opfer-Ritual der Vedas [1]) angeschlossenen) Vedanta das Paramatma, als Brahma, zur Aufnahme der Atma oder (in der Yoga auch) Jivatma. Dieser Erlösungsweg (jñânân - mokschah) durch Erkenntniss (zur Selbsterkenntniss) hat sich, weil ein psychologischer, zunächst stets an denjenigen Begriff anzuschliessen, der unter der Bezeichnung als Seele vielfachsten Wandlungen unterliegt und für die Spitzen seines denkenden Theils leicht eine Ablösung im Jenseits erhält (wie der ἔξωθεν zugetretene Nous).

Das Problem verknotet sich in den Schwierigkeiten des Anfangs, im Ersten des Ersten, wenn dem im Drehen eisernen Kreislaufs hoffnungslos Gefangenen die Ahnung eines Unendlichen aufbricht, mit dem der Geist Verwandtschaft aus eigener Natur zu erkennen beginnt, im Selbst.

Und dann wird er von solchem Selbst nicht lassen wollen,

---

[1]) Kumarila polemisirt gegen die Sakyas (Bouddhas) und Jainas (Arhatas), welche einer Offenbarung (im Veda) entbehren und deshalb abirren (weil aller Verpflichtungen baar). Dagegen ist (nach der Karika) die offenbarte Methode (durch Opfer) für Befreiung von den drei Arten des Uebels, aus eigenem Selbst (in Krankheiten und Leidenschaft), von irdischen und überirdischen Vorursachen, eine unzureichende, indem es der unterscheidenden Kraft der Seele bedarf, eines Eindringens in das Unerkennbare des Naturprincips (in der Sankya), „a discriminative knowledge of perceptive principles and of the imperceptible one, and the thinking soul" (s. Colebrooke).

dann widerstrebt jene „Unio mystica", wie auch bei dem, in der Vedanta logisch deducirten, Verschwimmen im Parabrahma [1]) noch empfindbar, dann wird festgehalten an der Vielheit der Seelenpersönlichkeiten in der Sankhja und das unbegreiflich darüber Schwebende in Unbegreifbarkeit gelassen (gleich dem Wakan bei den Dacotah).

Als Vorschöpfliches wird Prakriti gesetzt, jene als $ὕλη$ zum $ὑποκείμενον$ dienende Materie, die aus (scholastischer) „forma" ihre Gestaltung erwartet und die, wenn als Niederschlag aus einem $κοσμος$ $νοητος$ gefasst, dort für ursächliches Walten bereits zurückweisen könnte auf die Geistesschöpfungen eines Purusha oder (im Bhagavad-Gita) Puruschottama (als Adhyatma), der bei realer Existenz des dem Menschen zugänglichen Daseins umhüllt und eingewickelt in chaotisch gährender Masse, daraus (gleich gnostischer Sophia) zu reinem Licht emporzustreben[2]) sehnt (in Abstreifung[3]) der drei Guna), und sich im ermüdeten Ueberdruss abwendet von den Täuschungskünsten der Tänzerin Prakriti, nachdem ihm in unverhüllter Schöne ein momentaner Anblick (s. Gaudapada) ihrer wahren Natur vergönnt worden ist.

Immerhin, von Patanjali's Yoga-Shastra (als Seswarasankhya) abgesehen, mangelt in der Sankhya (Kapila's), als Niriswara-sankhya auf die Negation verwiesen, ein fasslich umschriebener Abschluss des Ganzen, indem eben gerade der Einzeln-Abschluss in jedem Ich des Selbstbewusstseins bereits allzu hartnäckig festgehalten wird, um dem Allgemeinen etwelche Concessionen zu machen.

Hier tritt nun der Buddhismus ein, mit seinem psycho-

---

1) Woraus die Wesen entstehen, das ist zu erforschen als Brahman (nach Sankara).

2) Aus Prakriti (als Mula) entfaltet sich die Vikriti in Mahat oder Buddhi, Ahankara und den fünf Ansätzen für die Sinne, mit Manas, als sechstem (bei Kapila).

3) Dem Vittiya-Tattuvan entkommen, schreitet die Seele durch die Attuva (die Umkleidung Purusha's abwerfend) zu Siva-Rupam fort (als Sivam).

logischen Weltprocess (der Dharma), aus Avixa, dem verhüllenden Dunkel der Unwissenheit[1]), hinauf zur Verklärung in Nirvana, als Asangkhara-Ajatana (in Auffassung des Arom).

Der Ausgangspunkt für diesen Colossbau geistiger Constructionen ruht auf grobsinnlichster Auffassung, nach Art der Lokayatanas (neben den Charvakas) oder Lokayatikas in Identificirung von Kaya und Purusha (bei Rama-tirtha), des Körpers mit der Persönlichkeit, und wie kann der in Asche verwandelte Körper[2]) zurückkommen? (frägt Vribaspati), wenn nicht etwa schon von der Gottheit durchdrungen (für mystische Wiedervereinigung).

Der vegetative Lebensprocess zu geistiger Essenz veredelt, verflüchtigt sich gleich dem Duft der Blumen (auf Tonga), mit der Excretion des Hirns ist es beim Tode vorbei, wie mit der der Nieren (nach C. Vogt), und wie, bei Dicaearchus, die durch den Körper ergossene Auffassungs- und Bewegungskraft mit jenem endet, so auch unter den Buddhisten lose zusammengebündelten Khanda (körperlicher und geistiger Eigenschaft), hat die (von den Mahayanisten in Alaya restituirte) Seele, im Hinayana, auszufallen. Und doch

---

1) Nachdem die Finsterniss (des Nichtwissens) durch das Samyagdarçanam verscheucht ist, eröffnet sich als letztes Ziel das ewig-vollendete Nirvânam (nach Bâdârayana). Wer im Leben die Seele erkannt hat, der erlangt die Freiheit (nach der Chandagoya Upanishad) im Ich, als realen (satya), oder durch Negation (zu Maya) gesetzt (im Buddhismus) bei Klärung der Avidya zur Vollberuhigung (Samprâsada) im Brahman (als Satyam). Ahankara (egotism) zu Abhimana (selfish conviction) führend, bringt (von Mahat kommend) die Tanmatra mit ihren Anschlüssen hervor (in der Sankhya). Die Vernichtung der Erkenntniss im Tode betrifft (nach Kâçakritsna) nur die Viçesha-vijñânam (individuelle Erkenntniss). Das Erkenntniss-Selbst (Prajnâtman) umspannt den Leib und

wieder ist es das Seelische allein, wodurch das ganze Weltall Buddha's zusammengehalten wird, der im Nirvana verschwunden, durch sein Dharma das Daseiende durchdringt und erhält (bis die periodische Erneueruug sich bemerkbar macht, im folgenden Tathagata).

Was also ist es, das wandert in den Transmigrationen auf und nieder, ohne Unterlass, bis der Erlösungsweg der Megga betreten? was bildet hier das Aequivalent für ein seelisches Geistesprincip?

Dasjenige (liesse aus Analogien redend, sich sagen), was in der Kla des Odschi, unter ihrem in den Körper gefallenen Schattenreflex der Sasuma (vor der Wandlung in Sisa oder der Wiedergeburt in Bla), als Gbesi redet, als die innere Stimme des moralischen Gewissens, der Selbstverantwortlichkeit im (buddhistischen) Karma, die je nach Verdienst oder Verschuldung (Bun und Bab), nach Dharma und Adharma (des Nyaya) im Cyclus der Existenzen eine neue Wesensheit, — aus dem Karma-âçraya die Bhûta-âçraya (im Vedanta) —, hervorruft, in welcher das Selbst, weil in Mitleidenschaft bereits, auch miteingeschlossen liegen muss (beim Uebergang des Chuti-Chitr in Patisonti-Chitr).

Unter dieser Umrahmung ergiebt sich alles Uebrige gewissermassen von selbst, weil unter der eisernen Nothwendigkeit gebieterischer Naturgesetze, deren Folgen der Menschengeist (soweit auf sich bezüglich) als Gerechtigkeit empfindet und dankbar ehrt (weil von den Launen willkührlicher Gnade[1]) oder Ungnade befreiend), als die Wahrheit selbst (wie Ritamdharman in den Satyasya patayah).

Die Weltauffassung, worin sich dies begründet, verlangt zu ihrer Erklärung einer Landkarte des (buddhistischen) Weltsystems, das neben dem Reich der physischen Natur auch das der psychischen begreift, bis zu den Arupa-Himmeln

---

[1] Durch Gnade (prasâda oder Anugraha) des Iswara (als persönlicher Gott im Brahman) wird die erlösende Erkenntniss bedingt (in Vedanta) und der Glaube (ob geschenkt).

hinauf, und mag dafür auf frühere Darlegungen verwiesen werden, wie: Buddhismus in seiner Psychologie (1882) S. 365. Vrhdlg. der Anthropolog. Ges., Oct. 1881 (Berlin, October), S. 319 u. flg. Weltauffassung der Buddhisten (Berlin 1870), S. 31 u. flg.

In dem umtreibenden Rad der Seelenwanderungen kommt es zunächst darauf an, über die Kamavachara, (worin die untersten Himmel noch eingeschlossen liegen), hinauszugelangen, den von Jaldabaoth (in der Gnosis) aufgerichteten Zaun zu durchbrechen, um gerettet zu sein gegen die Nachstellungen des Demiurg (oder die Verführungen Mara's).

Solches Ziel zu erringen, bedarf es thatkräftiger Concentrirung in der Joga (Rlgph. Pr. S. 39; B. i. s. Ps. S. 81), und alle die verschiedenen Methoden von der Praxis der Dhyana (B. i. s. Ps. S. 310 u. a. a. O.) gehen eben darauf hingerichtet, die Bürgerschaft (B. i. s. Ps. S. 263) in dem einen oder andern der Rupa- oder Dhyana-Himmel zu gewinnen, von denen aus dann am naturgemässesten die Megga (in „certitudo salutis") betreten werden, um die Sackgasse der Arupa zu vermeiden (s. Rlgph. Pr. S. 50).

Dass mit dem Aufsteigen zu solch erhabenen Stufen der Existenz allerlei Wunderkräfte verbunden sind, folgt aus einfacher Steigerung und Vervollkommnung der Zauberkräfte, die auf den oberen beiden der Kamavachara-Himmel schon, wie aus deren Namen bezeugt, dort erworben sind (B. i. s. Ps. S. 296).

Sobald die Pfade einmal betreten sind, lässt sich die Zahl der noch übrigen Wiedergeburten, weil beschränkte, berechnen — (sieben nämlich für Srota-patti, eine nur noch für Sakridagmin, und bei dieser schon die Kamavachara ausgeschlossen für Anagamin, während der Arhat dann ins Nirvana eingeht) —, wie auch in der Rupa-vachara bereits eine Garantie gegen die Narayaka gegeben ist.

Ausserdem kann der Aufenthalt in der Rupaloka, wenn hoch genug erlangt, gegen die Vernichtung in den periodischen Weltuntergängen sichern, welche zu verschiedenen Terrassen hinaufreichen, die Feuerzerstörung z. B. bis an den Fuss von Abhassaro, (von wo deshalb die ersten Menschenpaare zur Neubevölkerung herabkommen), die Austilgung durch Wind (Eheca-Tonatiuh der Mexicaner) noch höher, und bleibt (für die Vishnuiten) dann noch Zeit, sich in die oberem Regionen hinaufzuziehen (bis Janaloka), [1]) oder (als Hiraṇyagarbha adayah îçvarâh, unzerstörbarer Goldkeime) die Götterdämmerung hinüber zu schlafen, mit dem Samen künftiger Schöpfungen, in Verjüngung der Aesir (bei Saem).

Bei den durch Samadhi mit Wunderkraft (Vibhuti) begabten Heiligen oder Seeligen, bis zu Buddha, als Daçabala (oder Sautrantika), verschwimmt die Unterscheidung von den Göttern, die (in der Vedanta) kraft ihres Aiçvaryam das Vermögen besitzen, „als Selbst (Atman) des Lichtes (oder anderer Naturerscheinungen) zu verharren, oder nach Belieben diese und jene Individualität (vigraha) anzunehmen". In der Kaivalya (gänzlichen Scheidung) wird der Organismus von der Kraft (des Atman oder Purusha) abgetrennt, und in der Samyagdarçanam (allgemeinumfassenden Erkenntniss) giebt es keine Sinnenwelt mehr (im Vedanta), „indem der Wissende schon bei Lebzeiten körperlos ist" (im Aufhören der Samsara), als Jivan-mukta oder lebend Erlöser (in jivan-mukti) mit Scheinkörper nur (bis zum Tode), im Fortschwirren des Töpferrades (wie bei den Anitu der Tagalen in den Greisen). Um den Abhidharma (neben der Sutra) zu verkünden (im Kalhâvatthu), kommt Tishya-Maudgaliputra aus der Brahma-Welt zu den Menschen herab, und die Bodhisatwa erscheinen (als Apotropaioi oder Averrunci) in den furchtbaren Wandlungen der Dragshed, neben denjenigen

---

1) Ueber Kamavachara (das Gebiet der Sinnlichkeit als Raja) erhebt sich Rupavachara oder Maharloka (und dann Arupavachara), wie Mahendra, Prajapatya Mahat und Brahma's Jahnaloka mit Tapaloka oder Satyaloka (der Jogi).

Göttern, welche, um gegen die bösen Geister zu schützen, in die Hände des Buddha Vajradhara einen Eid abgelegt haben (in Tibet), unter Waisrawana's Huldigung (in Ceylon). Dann aber greifen aus dem Himmel Parinirmita Vasavartin die Dudpo (Gehülfen Shinje's) dazwischen, als die göttlichen (oder himmlischen) Heerschaaren, unter dem „Fürsten dieser Welt", dessen Bestreben dahingeht, die durch Buddha's asketische Lehren seiner Welt drohende Entvölkerung zu hindern, und ein Tugendheld (mit Neigungen des Pithokocites in Hellas oder Indien) weist dann verächtlich die Verführungen durch irdisches Gut zurück.

Wie der Yogiu[1]) seinen Leib vertausendfachen kann (im Mahabharata), vermögen die Götter ihr Wesen zu zertheilen (nach der Vedanta), und auf dem vierten Pfade erlangen die Arhant die fünf Abhijnas (in übernatürlichen Kräften) durch fünffache Gnosis oder Dschnana (Siva's), wie der Jina sein Atisayas (und der Maha-Siddha, was der Name sagt).

Von der Contemplation (Samadhi) durch die Mittel für ihre Erreichung (Sadhanam) zur Herrschaft über die Natur gelangt (im Vibhuti), steht der Fortgang offen bis zum Zustand der Absolutheit (Kaivalyam), und schon durch das Hersagen der Dharanis, wie in den Bücher der Tantra gelehrt, erwerben sich übermenschliche Kräfte der Siddhi (bis zur mystischen Einigung mit der Gottheit). Im Einbegriff der Dharani (Zung) und Tantra (Gyut) wurde das (magische) System Kala Chakra (Dus Kyi Khoolo) von Padma Karpo, als zur Befreiung von der Seelenwanderung erforderlich) ge-

---

1) Zu den acht Yoganga gehört Pranâyâma (Unterscheidung der Bewegungen im Ein- und Ausathmen), Die Sipasier üben die Habs-i-dam (imprisonment of breath). In der Wissenschaft des Dam und Sumrad (nach der Surud-i-Mastan) wird bei der Unterdrückung des Athems der Blick auf die Nasenspitze gerichtet (s. Fani), auch in den Klöstern des Athos (mit Concentrirung auf den Nabel). Die Jnanindra oder Guruvagurinah vermögen durch Athemeinhaltung den Körper zu verlassen (in Kashmir).

gelehrt (durch Kraft Vajradhara's). Der Yogi im Jivan-Mukti (ohne Videha-Mukti) bei Brahma (nach der Vedanta) „can exert every faculty and superior power analogous to that of the divinity, which may be conducive to enjoyment, but he has no creative power" (s. Colebrooke). Die (nach dem Iddhiwiddhinana) erlangten Wunderkräfte (Iddhi) unterscheiden sich als Laukika und Lokothra (entwickelt durch Dhyana) in transcendentaler Welt (lokuttara).

Das Atman ist der Vereinigungspunkt (Ekâgananam) für alle Wesen (nach Yajñavalkya), der Mensch das Maass der Dinge (nach Protagoras), als Centrum (im Selbst). Die Seele (âtman) wird als individuelle (jîvâtman oder jîva) vom höchsten Selbst (Mukhyâtman oder Aupanishadâtman) oder Paramâtman unterschieden (in der Vedanta), Brahman und Atman synonymisch gebraucht (in den Upanishad). Paramatma ist die Quelle aller Dinge (nach der Nyaya). Geist ist die mit ihrer Hülle Eins gewordene Seele (s. Petöiz). Die Psychologie definirt sich als Lehre vom subjectiven Geist, im Unterschied vom objectiven und absoluten Geist (bei Hegel), im Makrokosmos (zum Verständniss des Mikrokosmos). „Die Identität des Brahman (als allbewegende Kraft im Sein) mit der Seele oder Atman (des Selbst) bildet den Grundgedanken der Vedanta." The Paramatma is beyond accident, but the Jivatma is afflicted by sense and passion (nach den Baba Lalis). Mens universi (deus), nostri melior pars animus est (s. Seneca).

In das unergründlich Eine versenkt, das dem Herzen innewohnt, wird der Weise ledig der Sorgen und der Freuden, und die Seele, vom Körper unterschieden, fasst in reinster Wesenheit das Sterbliche beseeligt (nach der Katha-Upanishad). Unsterblich Er, der Ihn erkannt, als höchste Seele des Alles, wie im Herzen offenbart (nach der Svetasvatara). Kleiner als eines Hirsenkornes Kern wohnt die Seele (Atman) im Herzen, grösser als die Welt (nach Sandilya). Alterum nobis cum diis, alterum cum belluis commune est (s. Sallust.). Purusha wohnt im Leibe, zollhoch an Länge (in der Kathaka-Upanishad), wie von Yama aus dem des Satyavant herausgerissen (nach dem Mahabharata) als Seele (oder Brahma). Die Seele, als sensitive oder Idolum (mit dem Geist oder Mens) ist umhüllt von dem ätherischen Leib oder „aethereum animae vehiculum", mit welchem sie in die Leiblichkeit hinabsteigt (bei Agrippa Net.); das Idolum animae vergeht mit dem Tode (wogegen der Geist unsterblich bleibt).

Vor dem Menschen existirend und mit ihm geboren, wohnt La im Nacken (im Traum wandernd) und Tsoh als Schutzgeist auf dem Haupte, während sich das Moralische im Thah personificirt (bei den Karen). In (Plato's) Praeexistenz weilt die Seele (der Eweer) in Nodsie (ehe zur Geburt herabsteigend), doppeltgeschlechtlich (zur Spaltung).

Mit Atma durchdringt sich das All (der Brahmanen) von Jivatma bis Paramamatma, während, wenn die Buddhisten überhaupt auf eine Seele kommen, in Alaya, diese für die Wohnsitze in Einzelwohnungen gilt [1]) (vom Selbstentstandenen).

[1]) The Jainas fully concur in the Brahmanic theory of the Atman with only this difference, that they ascribe to the Atman, a limited space, while the Brahmans of the Sankhya, Nyaya and Vaiseshika schools contend that the Atmans are co-extensive with the universe (s. Jacobi). Unter den Guchha oder Secten der Jainas (in Guzerat und Marwar) finden sich die Atma-Miti (seit XVI. Jahrh.). Ausser Isa, dem Herrn (in Isvara) ist (bei den Yogi) Alles jiva oder Zufälligkeit (des Lebens). The Bodha of the Brahman is the Ilm and the Jnâna is the Merifet of the Dervish, without which it is not possible to emancipate and free the soul; the Betashees believe, that God is in all things (s. Brown) und Atmabodha erkennbar (durch Buddhi). Atma (von Jivatma bis Paramamatma) würde Runap-cascan-caynin (im Quechua) entsprechen, el ser existente de hombre, que es el modo de estar el primer ser que es la essentia que en dios y los Angelos y el hombre es modo personal (s. Holguin). Der Jivanmukta, the liberated but still living (s. Jacob), erkennt das untheilbare Brahma als eigene Wesenheit (im Vedantasara). Als das Feuer Orocca-zeschte im Menschen (zur Einigung mit Gott) wandert die Seele auf Erden (nach dem Haftangat). Die

Bei organischer Entwicklung aus Prakriti gelangt Buddhi im Reifezustand, — (aus Wechselwirkung mit ewigen Gesetzen beim Verständniss derselben) —, zu selbständiger Ablösung, wie Nous, (der deshalb ein Hineintreten von Aussen her simulirt), und der Geist existirt nur „als Zurückkommen aus der Natur" (bei Hegel), nach objectiver Durchforschung (zum subjectiven Verständniss).

Buddhi wird als besonderes Organ neben Manas genannt (in den Kathaka). Wenn zwischen Manas und Buddhi geschieden ist (im Vedanta), wird jenem die Function des Zweifelns, diesem die des Entschliessens beigelegt (s. Deussen). In den (11) Prâna steht neben den (5) Buddhi-Indriya und den (5) Karma-Indriya das Manas als Antahkaranam oder Inner-Sinn (gespalten in Manas, Buddhi, Ahamkara und Cittam) in der Vedanta (Sankara's). Linga-sharira wandert (bei Kapila) in den Metempsychosen, als feiner Körper (gleich dem der Orang-alus bei den Passumah). Der Anushthana-sarira (neben Bhautika-sarira) bildet das Vehikel für Linga-sarira (bei Kapila), über dem Kopfe flimmernd gesehen (nach Patanjali), im Od (Reichenbach's) oder beim Astralgeist (der Sterne). Neben der grob-körperlichen Schöpfung und der freien Persönlichkeit (in der materiellen Welt zusammenbegriffen), unterscheidet die Sankhya „an intellectual creation" (pratyaya-sarga oder Bhara-sarga), als $κοσμος\ νοητος$ (Philo's). Die sinnliche, wahrnehmbare Welt wird aus der intelligibeln, durch den Gedanken erkannten Welt, aber nicht aus sich selber verstanden und begriffen (bei Plato); die Idee ist das bleibende Sein und Wesen der

---

Sufi-Sheikhs (in Frömmigkeit) become submerged in the Ain-i-Jem (nach den Nashishat). The Mureed must, mystically, always bear his Murshid in mind and become mentally absorbed in him, through a constant meditation and contemplation of him (P. Brown). Unter den viertausend Heiligen, die in der Welt, getrennt von einander, auf Gottes Wegen wandeln, gehören dreihundert den Akhyar an (nach den Kashef-ul-Mahjub oder die Offenbarung des Verschleierten).

Dinge, welches in Begriffen gedacht und erkannt wird (s. Harms), bei der Wieder-Erinnerung (nachdem die im Moment der Vereinigung mit dem Körperlichen eingetretene Betäubung allmählich überwunden ist). Aus der Natur, durch ihre fortschreitende Productivität entsteht der Geist (bei Schelling), wenn die Seele, als Thätigkeit (Energia oder Entelechia) in der Materie (als Dynamis) wirkend, zu der Ursächlichkeit zurückkehrt (im abschliessenden Selbstbewusstsein), und „das Subject des Bewusstseins und das Princip der Wirksamkeit sind Eins" (bei Fichte) in gesetzlicher Harmonie (des Dharma). Prakriti und Purusha im Herzen tragend, lernt der Weise sie zu unterscheiden, und erlangt Freiheit, wenn unter Verschwinden Prakriti's die Erkenntniss Purusha's gekommen ist (in der Sankhya), im Durchbruch der Bodhi, beim Gleichgewicht ewiger Weltgesetze (zwischen Makrokosmos und Mikrokosmos). Religion beruht auf denjenigen Ceremonien, durch welche Brama-Gnjana erlangt wird (nach Kanada's Vaisheshika) im Verständniss (der Naturwissenschaft bei inductiver Methode).

Das Beseelte scheint von dem Unbeseelten (wie Aristoteles bemerkt) besonders unterschieden zu sein, durch Bewegung und Empfindung als qualitativ innere Bewegung, mit „lebendiger Kraft" (b. Leibnitz) zur Arbeitsleistung, in der Bewegung (der Mechanik). The world is life and intellect as far as the mineral kingdom (bei den Sufi). Not only animals and plants, but also the smallest particles of the elements, earth, fire, water and wind, are endowed with souls (jiva) nach den Jainas (s. Jacobi).

Das Bewegtwerden des Beseelten (in der Seele als Beweger oder dem Sichselbstbewegenden) führt auf die Bewegung, als das der Seele Eigenthümlichste, weil bewegende (bei Anaxagoras), und dann auf das Göttliche (nach etymologischer Erklärung der $\vartheta εοι$) in den Bewegungen der Gestirne und des Himmels selbst (bei Alkmäon), während nun jenseits solcher Bewegung (ununterbrochen activer Thätigkeit) das Nichtbewegte zu stehen hätte, in der Ruhe (wie im indischen Quietismus ersehnt). Das Bewegende im Triebe, als Triebkraft (bei Aristoteles) zeigt sich als Wollen im Geist, und der Geist der Seele (dasjenige, wodurch die Seele nachdenkt und fürwahrhält) „ist Nichts der That nach von dem Seienden, bevor er denkt" (s. Weisse), in selbstthätigen Gedankenschöpfungen, wobei „die Seele gewissermassen alles Seiende ist" (in Identität des Denkens und Seins), bei Steigerung zur Weltseele (im Paramamatma) unter der Gesetzlichkeit (eines Dharma).

Nach unabänderlichen Gesetzen hat sich im organischen Wachsthum des Daseins das nothwendig Vorbedingte zu erfüllen, wenn in den Nachwirkungen, als Apurva, die Folgen einer geschehenen That zur künftigen Erfüllung gelangen (nach dem Mimansa). Innerhalb solcher Fesseln liegt keine Beeinträchtigung der Freiheit, sondern vielmehr vollste Schwungweite derselben, denn wie der Wille (Kratu) in dieser Welt, darnach wird der Mensch, wenn er dahingeschieden (bei Sandiliya) in der Sandiliya-vidya (des Chandagoya), und aus den Thaten des Menschen kommen seine Transmigrationen (bei Manu). Aus Karma (moral sequence) proceeds the belief (als gemeinsamer in den Darsanas), in transmigration, or the „bonds of birth", and in the spiritual body, which attends the soul, as the ultimation of its past life and determines the new form, it is to assume at death (s. Johnson). Die Ausbreitung der Sinnenwelt (nâmarûpa-prapañca) ist ihrem Wesen nach nichts weiter als die der Seele aufgebürdete (adhyâropita) Frucht ihrer Werke, die Welt ist (in dem Vedanta) Kriyâkâraka-phalam, Vergeltung der That am Thäter, sie ist Bhogyam (das zu Geniessende), während die Seele in ihr Bhoktar (Geniesser) und andererseits Kartar (Thäter) ist (s. Deussen).

Aus den Vor-Existenzen lassen sich die Parabeln der Jataka entnehmen und die Verkettungen verfolgen, wie bei den Begegnungen des Heiligen mit seinem Widersacher (in Devadatta). Imam Hosain leitete sich in der Abstammungslinie von Moses, der Pharao ertränkte, und so von diesem kommend, versagte Yezid das Wasser (am letzten Schlachtfeld). Die Ulviah finden Shedad (Zohak's), Nimrod und Pharao in Abu Bekr, Omar und Osman (bei Verehrung Ali's). Pythagoras bewahrte die Nachschau (bis auf seinen Doppelgänger im trojanischen Kriege) und ähnlich den Seelenverkörperungen der Chutukten, verblieben in der Tradition der Sikh die ihres Prophetenstifters.

In der Weite (Kam) und in der Freude (Kham) ergiebt sich das seinem Wesen nach aus Lust (Sukham) bestehende Brahman (bei Sankara).

In der Welt des Brahman geniessen die Seelen das Aiçvaryam (die Herrlichkeit), bis zur Erlösung (Moksha) von den Banden (Bandha) in Ananda oder Wonne (im Gegensatz zum Leid). Aus Dukha (Schmerz) erstrebt sich Sukha (im Buddhismus).

Je nach dem durch geographisch-historische Umgebung bedingten Rassen-Charakter eines Volkes wird die Ansicht über das Schicksal der Seele wechseln, auch je nach der Todesart, ob die dem Leben gewaltsam Entrissenen spukend umgehen und ihre Einkerkerung verlangen (bei den Chameri) oder unter kriegerischem Waffenklang in eine Walhalla (aztekischer) Helden eingehen.

Bei den Buddhisten herrscht der Götterkönig über die vier Markgrafen der Chatumaharaja im Himmel der dreiunddreissig, unterhalb des über Yama gelagerten Tushita-Himmel, aus dem der Buddha zur Menschwerdung herabsteigt. In den Vedas gehen die Todten zu Yama's Himmel, um dort (wenn als zugehörig anerkannt) mit den Vorfahren zu schwelgen, während Yama, als Richter (in den Puranas), über die Höllen herrscht und die nicht zum Dortbleiben verurtheilte Seele zu Svarga (als Indra's Himmel) hinaufsendet (je nach Chitragupta's Spruch).

Dann aber (im Abhidharma) vermag der mit Dhyana beschwingte Geist genügende Kraft zu gewinnen, den abschliessenden Zaun der Sinnenwelt (wie in den Gnosis von Jaldebaoth aufgebaut) zu durchbrechen, und auf der Rupa-

Terrasse seine Freiheit zu erringen, bis zur Erlösung, beim Erlöschen des Schmerzes im Nirvana oder durch mystische Absorption (brahmanisch). The Paramatma is beyond accident, but the Jivatma is afflicted by sense and passion (nach Baba-Lal). Die Seele, als Alaya (Wohnung), ist einwohnend (in der Yoga oder Vereinigung), während der Sravaka des Hinayana (als Vaibhashika und Sautrantika) den Alaya (des Mahayana) nicht anerkannte (s. Wassiljew). Ueberall liegt (nach der Yogacharya) die Seele oder Alaya (Tsang oder Nyingpo), „it reflects itself in every thing, like the moon in clear and tranquil water" (s. Schlagintweit). Atman ist nicht in den Naturgegenständen zu erkennen, sondern im Atma-vaiçvânara, dem Menschen einwohnend, wie König Açvapati den Brahmanen belehrt (im Chandagoya-Upanishad). Seelen (als Jivatma) sind vielfach, aber Paramatma ist Eins (nach der Nyaya), τὸ ἕν (bei Plotin). Soul is multitudinous (in der Sankhya) und jenseits liegt das Unerkennbare, (there is a general cause, which is indistinguishable), in Ahnungen nur anzunähern, die die Gedanken mit dem Unendlichen verknüpfen (vom Moralgesetz drinnen zum Sternenhimmel droben).

Das All-Leere (Tongpanyid oder Sunyata) im Zodmana zhiba oder Ruhezustand (des Nirvana) beweist sich (in der Mahayana) durch Parikalpita (Irrthumstäuschung über wirkliche Existenz), Paratantra (Causalverknüpfung, als Grund der Irrthumstäuschung) und Parinishpanna (völliger Abgleich in Nichtigkeit, wie auf den Pfaden anzustreben). Die Secte der Satnamis (von Jagjivan Das gestiftet) verehrt Gott als Nirgun (void of sensible qualities, without beginning or end). Nach den Saugatas (Buddhisten) kommt das Bestehende von dem Nicht-Bestehenden, nach der Nyaya das Nicht-Bestehende aus dem Bestehenden, nach der Sankhya das Bestehende vom Bestehenden, nach der Vedanta ist Alles Täuschung (in dem Sarva-darsang).

Asat (Nichtsein) ist die Grundlage des Seins (Sat) in dem Vedanta (der Veden). Den Mahajanisten wird von den

Sravaka als ketzerisch vorgeworfen (s. Wassiljew), dass sie die Dharani lehren, dass sie (gleich dem Vedanta) die Ursachen und Folgen, den Glauben an die vier Wahrheiten und die drei Kostbarkeiten verwerfen oder (gleich den Lokaja) lehren, dass Alles leer sei (in dem Pitaka nicht enthaltene Sätze). Das Thätersein der Seele beruht (im Vedanta) darauf, dass ihr die Qualitäten der Upâdhi übergeworfen sind (s. Deussen). Ignorance (ajnana) im Vedantasara (s. Jacob) is synonymous with Nescience (Avidya) oder Illusion (Maya).

Nirviçesham Brahma, ein unterschiedsloses (höchstes), als Nirgunam (oder Param) steht gegenüber dem Niederen oder Sagunam (aparam), als Antar-Atman (das innere Selbst). Dem Körper (Rupa) verbindet sich das Geistige (Prana oder Jiva) oder Jivatma, geschieden in Buddhi-Indriya (als Linga-Sarira) und Karma-Indriya (Kama-Rupa's) neben dem Inner-Organ (Antahkaranam), als Manas, in Weiter-Entwicklung der Buddhi bis zum Atman (Paramatman). Parameçvara (Brahman) ist der Atman (das Selbst), wie in allem Uebrigen, so auch in den Göttern (âtmâ devânâm) als Antaryâmin oder innerer Lenker (in den Upanishad). To see every thing by the eye of Gnanam, is Tiraviya-Sutti (s. Hoisington) unter den fünf Sutti als Gnana-purei (im Siva-pirakasam).

Der Geist ist nicht eo ipso eine Substanz und noch viel weniger die Substanz aller Dinge, wie der Idealismus meint, noch ist der Geist eine Erscheinung der Materie oder des Körpers, wie der Materialismus denkt, denn der Körper ist selbst nur eine Erscheinung und zwar in phänomenaler Differenz von dem Geiste: beide sind nur als Erscheinungen in innerer und äusserer Wahrnehmung gegeben und erst aus ihren verschiedenen Erscheinungsweisen müssen beide erkannt werden (s. Harms), bei Kant, der statt eines „Gradunterschiedes" zwischen dem Geist und dem Körper, einen „specifischen Unterschied" zwischen beiden (wie Cartesius) annimmt (aber nicht substantialiter, sondern phänomenal).

Beim Schweifen des träumenden Geistes auf freiem Spielplatz soll man „nicht jählings wecken" (nach der Brihadâraṇyaka), wogegen (beim Tiefschlaf) im Gewoge allein steht, als Schauender, Er, dessen Welt das Brahman ist (s. Deussen), und beim Tode die Seele auszieht, als das Selbst des (Muni oder) Brâhmana (im Akâmayamâna).

Ut somnus perfectus perfecta quies spiritibus, ita quies perfecta mentis, cessat enim in utroque rationalis animae opus (s. Cardanus). Je mehr Vernunft, desto weniger Glaube, in mystischer Extase (fides).

In the waking state (vîsva) the Soul is disguised and limited by the gross effects, i. e. the Sthúla-sárira and the external world, in the dreaming state (taijasa) by the subtile effects i. e. the Linga-sárira and the dream-world, but in sound sleep (prájna) it is only disguised and limited by ignorance as the general cause of all mundane existence (this remains for the present latent, but is still capable of being called out into actuality). The fourth condition (turíya) is undisguised by either cause or effect, and therefore unlimited and absolute (s. Cowell).

Wie die Gestalten des Traums, hören die der Maya auf, wahr zu sein, wenn das Erwachen (Prabodha) eingetreten ist (in dem Vedanta).

Traum ist die Verbindung (oder Sandhya) der Seele als Glänzende (Tayasa) zwischen Wachen (Visva, allheitlich) und Tiefschlaf (Prajna, denkend) bis zum vierten (turiya) Zustand (in Freiheit). Ueber Prajna (mit Visva und Tayasa darunter) steht Turiya (bei Gaudapada).

Im Tiefschlaf sind alle Organe mitsammt den entsprechenden Verhältnissen der Aussenwelt in das Leben (Prâna) eingegangen (s. Deussen), wie Adjâlaçatru beim Erwecken lehrt (bei der Controverse mit Gârgya), im traumlosen Schlaf (nach Prajâpati).

Der Tiefschlafende ist Brahmibhûta (mit Brahma zusammen), im Todesschlaf (als letzten).

Die Saheban-i-kereb-i-ferais nähern sich Gott, — nicht dieser (der Allen stets gleich nahe) ihnen (mit unwiderstehlicher Gnadenwirkung sonst), durch Intellectus infusus zur

Erleuchtung der Seele (bei Avicenna), — und für den Einblick in die jenseitige Welt handelt es sich (bei den Sufis) um Entfernung des Haib oder Schleier, der die Augen umfangen hält (wie die der trojanischen Helden, ehe sie die Götter ¹) schauen können). So liegen Reinigungen nahe, wie zur Schärfung des Seherblicks, auch zur Heiligung irdisch versunkener Wesenheit. Gabriel wusch mit dem vom Engel Michael aus Zemzem gebrachten Wasser das aus Muhamed's Brust herausgenommene Herz (in Vorbereitung des Rittes auf Borak), und der aus dem Grabe, an welchem australische Candidaten des Prophetenthums schlafen, hervorsteigende Geist zieht ihnen die Eingeweide aus dem Leib, um sie reingewaschen dann wieder einzulegen. An den Nasenpflöcken dann in den Himmel getragen, kommen sie voll der dort erblickten Gesichter zurück, für Hadis oder heilige Sprüche (im Islam), ohne ferner auf Einflüsterungen zu hören, die dämonische sein könnten (gleich denen Socrates'). Die in Offenbarung und Inspiration noch Ungeübten („the novices") meinen Etwas innerlich zu hören, „and this they call a voice from an invisible speaker" (im Dabistan), wie das Gewissen in der Stimme des Gbesi redet (bei den Ewcern). Har (Hur) and Kasur (concealed in the pavilions) relate to secrets of hidden things and sciences, which are concealed from the eyes of the profane by a veil (im Dabistan). Als esoterischer Lehre bedarf es neben Offenbarung und Ueberlieferung der Alavei (im Sivagnanapotham). Upon the mirror of their hearts are reflected the lights of secrets, the Djoti mandatum, the splendor of universe (bei den Tapanja).

Die im Ausbrennen durch Tapas oder Busse (in Chandagoya) zu erlangende Erlösung wird (in Brihadaranyaka) geläugnet (auf dem Wege zum Tode). Durch Brahmacâryam wird der zum Brahmaloka führende Brahmanavidya erlangt (bei Sankara). Bei den Derwischen (s. P. Brown) bedarf es zur Eingottung der Faiz Allah (grace of God). Weder am Anfang noch am Ende lässt sich für Ursprungsfragen ein erster Ansatz ermöglichen, innerhalb der (beide negirenden) Unendlichkeit, um jenen Fussauftritt (für inductive Forschung) zu gewinnen, den Archimedes suchte, mit seiner Frage des ποῦ στῶ? Wo stand er, der die Welt hielt bei der Schöpfung? fragen die Weisen im Rigveda, und als im Beginn Es athemlos athmete, sprang Liebe (Kama oder Kama-deva) hervor zuerst (wie Eros in orphischen Kosmogonien). Ein innerlich regierendes Princip (Antargâmin) wohnt als Göttliches ein (in den Upanishad). Creator (Karta) and Superintending (adhishthata) bei den Pasupata (s. Colebrooke), endet Içvara, als höchster Gott (Patanjali's) mit dem Umschwung der Welt in seiner Existenz von dem Anfang her (bei Kapila). Eine Grenze des Brahman giebt es nicht (nach Taitt. Samh.) bis zur Sarvavidya (im Taitt. Br.). Das völlig reine (pariçuddha) Brahma ist kramamukti (in Vishnu's Stätte). Adi-Buddha (nie gesehen) ist reines Licht (s. Hodgson). Τοῦτο δὲ τὸ φῶς ὅ φασι λόγον τὸν Θεόν, αὐτούς μόνους εἰδέναι Βραχμᾶνας λέγουσι, διὰ τὸ ἀποῤῥίψαι μόνους τὴν κενοδοξίαν, ὅ ἐστι χιτὼν τῆς ψυχῆς ἔσχατος (s. Hippolyt.). Mit Prâna (und prajñâtman), als welcher Indra sich dem Pratardana (im Kaushitaki Upanishad) enthüllt, soll weder dieser Gott noch die individuelle Seele (Mukhya prâna) zu verstehen sein (nach Sankara), sondern Param-Brahma (als Höchstes) durch Identificirung mit der höchsten Seele (im Erkenntniss-Selbst oder Prajñatman). Im Samvriti (oder Täuschung in der Realität der Benennungen) ist von der Meditation das heilige Paramartha anzustreben (im Selbstbewusstsein versenkt). Nach dem Vaiseshikam ist die Welt aus Atomen (Paramanu) entstanden (bei Kanada). Aus dem Element des Anfangs vollenden sich die Afrad („rudimental units") durch Vegetabilien zum Animalischen (dabtah ul arcs „or the reptiles of the world") bis der Mensch entsteht (nach dem Mizan), im Wechsel der Suprematie zwischen Arabien und Ajem oder Persien (im Dabistan). An den Dingen ist zwischen Individuum (Vyakti), welche vergänglich, und Species (âkriti), welche ewig sind (s. Deussen), zu unterscheiden (in der Vedanta) in nothwendiger Bestimmtheit (niyatatvam) zum Uebrigbleiben der Kräfte (sakti) für Erinnerung des Schöpfers an die Veda-Worte der constanten Formen (niyata-âkriti) im Sphota oder Aufplatzen (das Bewusstwerden der Vorstellung beim Hören des Wortes).

In der Erkenntniss (buddhi), nachdem sie verschiedene Eindrücke durch Auffassen der einzelnen Buchstaben empfangen hat, leuchtet urplötzlich der Sinn des Wortes auf (durch Sphota).

Abgesehen von der Atomistik und ihrer auf Tautologie auslaufenden Erklärungsversuche (eines Körpers, der aus kleineren Körpern besteht), reducirt die ewige Materie (in der Corpusculartheorie) die Gottheit auf einen Demiurgos (als Baumeister aus vorhandenem rohen Stoff ein Kunstwerk hervorarbeitend), während in der Welt, als Evolution oder als Emanation, das „Werden entweder als ein Besserwerden in aufsteigenden Gradationen oder als ein Schlechterwerden in herabsteigenden Gradationen, optimistisch oder pessimistisch" gefasst wird, erklärungslos (ohne Ursache und Finalität). „Nur in der Metaphysik, welche die Welt als eine Schöpfung göttlicher Causalität und Finalität denkt," schliesst sich der „Aberglaube" aus, der „in nichts Anderem besteht als in dem Gebrauche des Grundsatzes aller Corpuscularphilosophie, datur casus, oder auf der anderen Seite des Gebrauches von dem Grundsatze aller Evolutions- und Emanationslehre, datur fatum" (s. Harms). Indem nun aus der eigenen Seele, als Sitz des Denkens, der Ausgangspunkt desselben genommen werden kann, bedarf es jetzt objectiver Verarbeitung der Natur, um nach Einführung der Induction bis in die Psychologie, aus Rückwirkung physischer Agentien auf psychische Effecte, den Makrokosmos auch für die aus irdischem Horizont fortreichenden Weiterfolgerungen, im harmonischen Gesetzeswirken zu verstehen (bei Einkehr zum Selbst).

Das Denken ist ein Rechnen, ein Rechnen, — (nicht mit abstracten Zahlen der Pythagoräer, sondern im platonischen Sinne, mit concreten) —, mit Begriffen, also mit Zahlenwerthen, die aber in einem realen Inhalt erst ihre verwerthbare Bedeutung erlangen, (denn mit der Zahl 6 z. B. liesse sich nichts machen, so lange man nicht weiss, ob es sich um Pfennige, um Mark oder Thaler handelt).

Die Philosophen nehmen die Begriffe, wie sie im Geiste sich vorfinden, ohne vorherige Controlle durch inductive Forschung, und würfeln sie durcheinander, in der guten Absicht, ehrliche Rechnungen anstellen zu wollen. Dabei kann jedoch nichts Anderes herauskommen, als eine Zahlenmystik, ein Abracadabra etwa, wie auf Raymundus Lullus' Drehscheibe, zumal wenn, ehe noch die vier Species bemeistert sind (in der Psychologie), kühne Verwogenheit oder sehnsüchtiger Wunsch dazu verführt, bereits unendliche Reihen bemeistern zu wollen. Der Mathematik hat es manche Jahrtausende strengschulender Vorarbeiten bedurft, ehe sie mit dem Geschenk der Infinitesimalrechnung belohnt wurde. So in der Naturwissenschaft, wenn sie allmälig wird versuchen dürfen, die Inductions-Methode (mit ihren comparativen und genetischen Hülfsmitteln) aus dem Bereiche der Physis auf das der Psychologie zu erweitern (im ethnischen Charakter des Menschen, als Gesellschaftswesen).

Den Ausgang hat hier, als Product der geographischen Provinz, im Ausgleich mit der Umgebung, der Organismus zu gewähren, soweit eine durch gesetzliche Gleichungsformel fest umschlossene Einheit darstellend, und wenn, mit solchem Datum einsetzend, allmählig die Elementar-Operationen der Arithmetik erlernt und geübt sind, mag dermaleinst dann an einen höheren Calcul gedacht werden, jene höchsten Fragen zu lösen, wie sie das Menschenherz ahnungsvoll durchklingend, in allen Zeiten, unter allen Völkern ihre Antwort gesucht haben (bald gute, bald schlechtere).

Bei der Einheit (als primärstem Ausgangspunkt für die Induction), wie gross oder wie klein sie sei, beginnt nun die

Denkoperation selbst, mit der Deduction, (wie immer und nothwendig), denn die Wesenheit (für zerlegende Werthbestimmung der Theile) liegt im Ganzen zunächst, oder (bei Aristoteles), — in dem, was sich unter dem Seienden als einheitliche Art darstellt ($λέγομεν\ δὴ\ γένος\ ἕν\ τι\ τῶν\ ὄντων\ τὴν\ οὐσίαν$), — im Gattungsbegriff, im „Schöpfungsgedanken" gleichsam, „quod forma nihil sit aliud, quam divina similitudo, participata in rebus" (s. Thom. Aq.). Die in organischen Schöpfungen ausgeprägte Idee gilt es ideal zu verstehen zunächst, auf dem langsam vorsichtigen Wege der Induction, welche (im synthetischen Aufbau) mit solchen Begriffen zu rechnen hätte, denen durch die Analyse deductiver Zersetzung ihre psychologische Werthbestimmung gesichert wäre (in festen Umgrenzungen bei wechselsweiser Controlle durch Aequatio). Der Abschluss des Ganzen ergiebt sich mit der Summe seiner Theile, als Resultante derselben, denn was sich unter dem Seienden als einheitliche Art darstellt, bildet die Wesenheit ($οὐσία\ δ'\ οὕτως\ ὡς\ συνθέτη$), im organischen Abschluss ($ἡ\ δ'\ οὐσία\ ἐντελέχεια$), und im Ansatz hier schliesst sich die Kette der Folgerungen (im organischen Wachsthum psychischen Lebens).

Sobald die Gesellschaftswesenheit, als für den Charakter des Menschen typisch, zugelassen wird, folgt mit logisch zwingender Nothwendigkeit die Priorität des Gesellschaftsgedanken, mit späterem Rückschluss auf die im Ganzen integrirenden Theile (der Einzelngedanken). Die empirische Psychologie, als Grundlegung der Psychologie, verlief abortiv (bei Fries, Benecke, Waitz u. s. w.), weil von individueller Psychologie ausgehend, statt vom Völkergedanken, welchem seitdem durch die Ethnologie inductiv verwendbares Baumaterial beschafft ist, und hier hat sich die Forschung an diejenige Schule der Psychologie anzuschliessen, welche (unter Rückweisung auf Hugo von St. Victor, von Fichte zu Schelling und Hegel weiterführend) „eine Construction der Geschichte des Bewusstseins aus den Begriffen desselben" anstrebt, aber diese Geschichte, als allgemein umfassende

Menschheitsgeschichte, auf die Spannungsreihe ethnischer Elementar-Gedanken zu fundiren haben wird (in naturwissenschaftlicher Psychologie).

Bei der Tendenz des Sensualismus und Materialismus, „die Realität der Kräfte und die Vermögen der Seele zu verwerfen" (s. Harms), verbleibt nichts Anderes für die „Psychologie als eine Mechanik des Vorstellens" (von Hobbes bis Herbart), mit mathematischen Präcisirungen (bei Drobisch) für Stützpunkte der Psychophysik (bei Fechner), die im Anschluss an die Physik ihre selbständige Fortbildung, (soweit diese zu reichen vermag), zu erhalten hat, um dann, wenn später ein gegenseitig entsprechender Ruhestand gekommen sein wird, sich der selbständig durchgebildeten Lehre vom Völkergedanken einzufügen (in Durchdringung von Anthropologie und Ethnologie). Und indem nun, da der Wille und nicht der Verstand als „das Princip der sittlichen Handlung" sich ergiebt, das, (wie von St. Augustin und Duns Scotus) von Kant proclamirte Primat des Willens zurückführt auf „das praktische und sittliche Leben der Seele, welches nicht weniger zu den Thatsachen der psychischen Empirie gehört, als das physische und nur theoretische Leben der Seele," so wird sich mit Ergründung der (unter local-geographischen Variationen) gleichartigen Grundgedanken, in rechtlichen Institutionen und religiösen Anschauungen, eine festgesicherte Unterlage breiten für die Socialwissenschaft der Zukunft (im nationalen Staatsleben).

Für den Menschen in Betrachtung der Natur, liegen die Empfindungen der eigenen Seele am Nächsten, und die Auffassung ihrer Thätigkeit als Bewegung, in der Annahme τὴν κίνησιν οἰκειότατον εἶναι τῇ ψυχῇ (s. Aristotl.). Insofern nun solche (innerlich qualitative) Bewegung auch auf das sonst Belebte übertragen wird, folgt allgemeine Beseelung (unter Negirung des Unbeseelten etwa, wie in Berkeley's Idealismus) bis zum Pantheismus, in (brahmanischer) Atma (im Vedanta), unter Verschwinden des Jiva-Atma bei Vereinigung mit Paramamatma als Gottheit, und diese dann auch wieder persönlich gefasst (in der Yoga).

Aristoteles dagegen stimmt nicht mit dem Dichter überein, der ταὐτὸ λέγει ψυχήν καὶ νοῦν, sondern aus unzugänglichem Jenseits (θύραθεν) kommt dieser νοῦς hineinragend, ὁ χωριστός (wogegen τὸ αἰσθητικὸν οὐκ ἄνευ σώματος), dasjenige wenigstens, was sich als dem Menschen nur (nicht den Thieren) zukommend erweist, nämlich ὅ γε κατὰ φρόνησιν λεγόμενος νοῦς, und τὸ πᾶν ἐκίνησε νοῦς (bei Anaxagoras), χωρισθεὶς δ' ἐστι μόνον τοῦθ' ὅπερ ἐστι, καὶ τοῦτο μόνον ἀθάνατον καὶ ἀίδιον (Aristotl.).

Wir hätten hier also gleichsam eine Analogie zu demjenigen, was sich aus unergründlichen Tiefen eines (gnostischen) Bythos loswickelt, unter Prakriti's (in Avidya) verdunkelnden Umhüllungen, als Buddhi oder Mahat (in der Sankhya). Im ernstgeschulten Denkstreben mag die Seele hier zur Befreiung gelangen, in solcher selbst das Bewusstsein eigener Persönlichkeit bewahren, aber das Endziel eines abschliessenden Ruhezustandes fehlt, wenn nicht wieder ein „deus ex machina" dazwischentritt, mit „Purusha, not individual soul alone, but likewise God (Iswara), the ruler of the world" (s. Colebrooke).

Eine Lösung dieser Schwierigkeit wird nun in dem psychologischen Weltprocess des Abhidharma geboten, wenn die Gedankenthätigkeit zum Verständniss eigener Selbsterkenntniss (im Bodhi) erwacht, sich mit Dharma (heiliger Dreiheit) harmonisch ausgleicht in Nirvana (als Asangkhara-Ayatana), unter dem Walten ewig unabänderlicher (weil gerechter) Gesetze (im Einklang der physischen und moralischen).

Wie sehr in allwaltender Gerechtigkeit der Kharma, der Buddhismus mit tief menschlich begründetem Zug dem religiösen Bedürfniss entgegenkommt, zeigt sich bei dem Ansatz für politische Verwerthung in der Staatsklugheit des französischen Kaiserthums, sowie in dem an Allan Kardec (Hippolyte Leo Dinisard Rivail) an seinem Grabe dargebrachten Dank der Arbeiter (in Hoffnung auf Wiedervergeltung unter gegenseitiger Compensation im Kreislauf der Existenzen).

La doctrine de la Réincarnation, c'est-à-dire celle qui consiste à admettre pour l'homme plusieurs existences successives, est la seule qui répond à l'idée, que nous nous faisons de la justice de dieu, à l'égard des hommes placés dans une condition morale inférieure, la seule qui puisse nous expliquer l'avenir et asseoir nos expérances (*Allan Kardec*), und so gleicht sich die Karma beim Nirvana aus, im Ding-an-Sich, gegensätzlich zur Maya, als unter Negationen nur auffassbar. Die geistige Wesenheit wird niemals positiv gedacht werden können (weil ohne Data dazu in den gesammten Empfindungen), so „dass man sich mit Verneinungen behelfen müsse" (s. Kant).

Gott muss durch den menschlichen Geist hindurch zu sich selbst kommen, decretirt Hegel, und da dies logisch, trotz ernstlichster Gedankenarbeit, kaum geht, schien es in mystischer Versenkung bequemer. Aliter videtur Deus per fidem, aliter cognoscitur per rationem atque aliter cernitur per contemplationem; prima ergo visio ad primum coelum, secunda ad secundum, tertia pertinet ad tertium (Richard St. V.). Während die Erkenntnisskraft der Vernunft (ratio) sich auf das Besondere beschränkt, ist der Geist (mens), als das Allgemeine erkennend, unsterblich (s. Cardanus). Faith (Bhakti) and not Knowledge is the cause of liberation (nach Sandilya) im Bhagavad-gita (s. Cowell).

Die „gläubige Braut" (in der Mystik) erbittet (vom himmlischen Bräutigam) einen Kuss, eingedenk seiner Brüste (bei Harpius). Dharma ist Krishna's geliebte Erstgeborene, für Theilnahme an allem Wesen (nach der Bhagava-Gita). Parabhaktih ist an Krishna gerichtet (bei Snapreswara).

Indem das unterschiedslose Brahman (s. Deussen) ohne alle Unterschiede (viçesha), Attribute (Gana), Bestimmungen (Upâdhi) und Gestalten (Akâra) ist (in dem Vedanta), kann es eben nur intuitiv erkannt werden (in der Mystik). Con-

besteht in der unmittelbaren Intuition (Assubhava) der Identität der Seele mit Brahman (im Vedanta).

Die Pancharatsas der Bhagavatas gründen sich auf die Ekayana-sakha (in Verehrung Vasudeva's), in activer und contemplativer Ergebung (Kriya-yoga und Jnana-Yoga). Every man of faith ought to cultivate the science of Yoga (nach Keshak Chandra Sen.). Die Seele (Pumas oder Atman) oder Purusha ist weder geschaffen noch schaffend (in der Sankhya), während Natur, die Wurzel des Alls, nicht geschaffen ist, die sieben Principien (mit Mahat) geschaffen und schaffend, die 16 folgenden nur schaffend (nach dem Karika). Erigena unterscheidet das Schöpfende und nicht Geschaffene, das Geschaffene und Schöpfende, das Geschaffene und nicht Schöpfende, das weder Schöpfende noch Geschaffene (als vier Grundlagen der Natur).

Gott ist nichts anderes, als der mystische Gattungsbegriff der Menschheit (s. Feuerbach). Des Menschen Immanenz in Gott heisst nicht, der Mensch ist oder wird Gott, sondern der Mensch ist in Gott (s. Baader). Der Brahmane heisst Manusyadeva (menschlicher Gott). Nach Braniss ist Gott erst als reines Fürsichsein ohne wesentliche Beziehung auf ein Anderes absolut frei und auch ohne diese Beziehung auf ein Anderes absolute Person (s. Schaller). Cette chaine, par laquelle dieu descend en quelque sorte jusqu'à nous est aussi le chemin qui doit conduire l'homme jusqu'à dieu (s. Franck) in der Philosophie occulte (Agrippa's).

„Wahrlich, man muss Gott gratuliren, oder vielmehr er hat sich selbst Glück zu wünschen, das ihm unter Millionen von subjectiven zufälligen, in unaufgelösten Widersprüchen befangenen Naturwesen doch endlich ein Hegel unter den Händen entstanden ist, so dass er per discrimina rerum, nach unzähligen Abenteuern und Irrfahrten zu sich selbst gelangen und $εὕρηκα$ ruhen kann. Wie verwaiset ist doch seit dem Heimgang dieses ächten Brahminen die Schöpfung. Sollte die Hegelsche Schule im Verlauf der Zeit sich ganz verlieren, so wäre dies ein unersetzlicher Verlust für Gott selbst" (C. F. Bachmann).

In Identität des Denkens und Seins (bei Hegel) ist Einerlei die der That nach sciende Einsicht mit dem Dinge, wogegen die der Anlage nach noch zeitlich früher in dem Ewigen (bei Aristoteles). Τὸ δ' αὐτό ἐστιν ἡ κατ' ἐνέργειαν ἐπιστήμη τῷ πράγματι (in Wechselbeziehung). Es ist die Erkenntniss gewissermaassen das Erkennbare (die Empfindung das Empfindbare). Ὥσπερ τὸ αἰσθητικόν πρὸς τὰ αἰσθητά, οὕτω τὸν νοῦν πρὸς τὰ νοητά (setzt Aristoteles), wie Dharma, als Arom (für Mano). Die Einheit des Denkens und Seins ist Gott (s. Göschel).

In Prädetermination αὐτὸν νοεῖ ὁ νοῦς κατὰ μετάληψιν τοῦ νοητοῦ (bei Aristotl.), wie den inneren Ayatana die äussern entsprechen (als Aromana). Ausser den fünfen giebt es keine anderen Sinne οὐκ ἔστιν αἴσθησις ἑτέρα παρὰ τὰς πέντε (bei Aristotl.), während der Abhidharma einen sechsten zufügt, im Manas (als Nam-Dhamma), statt seiner Gestaltung im Moment des Denkens (zur Generalisation).

Bei der Erörterung über das Denken (πῶς ποτὲ γίνεται τὸ νοεῖν) bemerkt Aristoteles, dass der denkende (und erkennende) Theil der Seele (ᾧ γινώσκει τε ἡ ψυχὴ καὶ φρονεῖ) sich von dem Empfinden dadurch unterscheide, dass hier keine Leiden statthaben (ὑπὸ τοῦ νοητοῦ). Der Geist ist nicht gezwungen, die Eindrücke, von Aussen aufgedrängt, passiv hinzunehmen, sondern er beherrscht sie seinerseits gegentheils, sie bezwingend (nach Anaxagoras). Während in den Sinnes-Empfindungen die Beziehung zwischen den jedesmal specificirten Qualitäten (innerer und äusserer Ayatana), eine prästabilirte ist (die Sinnesfunction deshalb auch zur Action genöthigt wird, so oft getroffen), handelt es sich bei dem Geist nur um gegenseitigen Abgleich mit den Vorstellungsformen (δεκτικὸν δὲ τοῦ εἴδους), und obwohl insofern zu sagen wäre, dass das Denkbare zum Denken sich verhält, wie das Empfindbare zum Empfinden (ὥσπερ τὸ αἰσθητικὸν πρὸς τὰ αἰσθητά, οὕτω τόν νοῦν πρὸς τὰ νοητά), so fällt hier doch eine umschriebene Wirklichkeit aus, und der für das ganze (unendliche) All bestimmte Geist ergiebt sich seiner Natur nach als reine Kraftthätigkeit (ὅτι δυνατόν), οὐδέν ἐστιν ἐνεργείᾳ τῶν ὄντων, πρὶν νοεῖν, mit dem jedesmaligen Denkact erst ins Dasein gerufen (durch schöpferische Selbstthat).

Von der Seele, als νοητική, kann es heissen, dass sie der Wohnort der Formvorstellungen sei (εἶναι τόπον εἰδῶν), οὔτε ἐντελεχείᾳ ἀλλὰ δυνάμει τὰ εἴδη, d. h. die für das Sinnliche geltende Wirklichkeit fällt hier fort, indem immer eine potentielle Wahlverwandtschaft (zwischen dem Denken und seinem Gegenstande) besteht (in erschöpfende Uranfänge zurückgreifend).

Obwohl nun aber dem Geist in den Denkvorstellungen nichts Wirkliches gegenübersteht, so ruft doch seine Thätigkeit eben Verwirklichung hervor, in realer Vermehrung des Denkstoffs, ὅταν δ'οὕτως ἕκαστα γένηται ὡς ἐπιστήμων λέγεται ὁ κατ' ἐνέργειαν (τοῦτο δὲ συμβαίνει, ὅταν δύνηται ἐνεργεῖν δι᾽ αὑτοῦ), ἔστι μὲν ὁμοίως καὶ τότε δυνάμει πως, οὐ μὴν ὁμοίως καὶ πρὶν μαθεῖν ἢ εὑρεῖν, καὶ αὐτὸς δὲ αὑτὸν τότε δύναται νοεῖν (Aristl.), und so in dem durch das Lernen angeeigneten Wissen wächst der Geist mächtiger empor, bis zum Selbstverständniss (im Alldurchschau der Bodhi).

Indem der Geist (als pathetikos) mit seinen Wurzeln in das Körperliche der Sinne hineinragt, zieht er aus jedem derselben (in der Fünfheit, wodurch makrokosmische Natur mit dem menschlichen Mikrokosmos communicirt) die Essenzen der specificirten Qualitäten an sich, um in solcher Gesammtvereinigung des Ganzen selbstthätig zu schaffen, als Poetikos (im Denken).

Aus dem schmerzerneuernden Kreislauf der Sansara im Zusammengesetzten und (für weitere Wiedergeburt) Zerfallenden ist das unvergänglich Dauernde anzustreben im Asangkhara-Ayatana (des Nirvana), im Denken des Untheilbaren (τὸ ἕν bei Plotin), hinsichtlich dessen kein Irrthum (und Abirren) mehr statt hat, ἡ μὲν οὖν τῶν ἀδιαιρέτων νόησις ἐν τούτοις, περὶ ἃ οὐκ ἔστι τὸ ψεῦδος. Das Falsche ist stets in der Zusammensetzung (bei Aristoteles); das Denken des Untheilbaren gehört demjenigen, hinsichtlich dessen kein Irrthum stattfindet (s. Weisse), beim Eingehen in den Ruhestand, und beim Verständniss des Dharma, durch moralische Kräfte (harmonischen Gesetzes) rückwirkend auf das All (unter des Tatagatha's Lehrwort), denn οὗτος ὁ νοῦς χωριστὸς καὶ ἀπαθὴς καὶ ἀμιγής τῇ οὐσίᾳ ὢν ἐνεργείᾳ τὸ πᾶν ἐκίνησε νοῦς (bei Anaxagoras). Dann im Gegensatz zu flüchtigem Nichtsein oder Scheinsein festigt sich in der Negation die Realität im Ding-an-Sich. Viracocha wurde als Ticci (origen, principio, fundamento, causa) oder Illa Ticci verehrt, Ylla, todo lo que es viejo (s. Holguin). The truly existing Being (God) has exhibited this world and the heavens in the field of existence, but he has nothing like an odour of being, nor has he taken a color of reality, and this manifestation they call Maya, that is the „magic of God", because the universe is his „playful deceit", and he is the bestower of the imitative existence, himself the unity of reality (bei den Vedantisten), als Brahma uttama (im Dabistan). Wieviel Schein, soviel Hindeutung auf Sein (s. Herbart). Der Schein (Medschâs) ist die Brücke zur Wahrheit (Hakike). The forms of the sensible world are shades of seeming forms (nach den Sufi). The Almighty is only an idea of imagination (nach dem Faramandiya, unter den Samradiern) und die Einbildung selbst ist nichts als Einbildung (nach Kam Joi).

Nach dem Farirajiyah „all is ideal", ausser dem selbstbestehenden Gott (unter den Samradiern), und bei der Spielweite deistischer Theorien (von Atheismus zu Pantheismus): „the Vedanta describes Jsvara both personal and impersonal" (s. Jacob), denn stets bleibt das Hinstreben aus dem Vergäng-

Verständnisses (für die Azarhoshanejier unter den Sipasiern), in der νόησις νοήσεως (eines Mahabodhi oder Mahabad).

Dahin führen (im Abhidharma) der Megga (oder Pfade, wie die Mertabah oder Stufengrade der Sufi), beim Reifen zu Früchten oder Phala (aus Punar-bhoga zurückkehrend). „The world is the root and productive soil of works, and time is their developper, because, when their time comes, it brings the fruit, just as every season produced the flowers, sweet-scented plants and fruits suitable to the period" (nach dem Buda-Mimansa) im Dabistan (s. Shea), Früchte, gute oder böse, gemäss von Bun und Bab (in moralischer Verantwortlichkeit der Buddhisten), denn „die Sterblichen sind an die Verwicklungen ihrer eigenen Werke gefesselt" (nach dem Mimansa), bis der Buddha sein Triumphlied anstimmt, von zerbrochenen Fesseln (letzter Behausung), eingehend ins Nirvana, — ein „Ding-an-Sich" (der Maya gegenüber) oder (bei Yogi) Hakiket-al-Hakayek (reality of realities), dem Martibah-ahadiyat (degree of unity) entsprechend (bei den Sufi). „Hier ist Himmel und Erde, aber wo ist Gott?" frägt Bayezid (Miyan Roshen), und so bleibt die Gottheit zu suchen in eigener Seele (aber nach objectivem Verständniss erst, bei inductiver Behandlung des Völkergedankens).

Im Dabistan unterscheidet sich von den orthodoxen Sufis (Sofis matsberain) die Secte Hukma ashrakin's, auf den Lehren Plato's (Aflatun's) begründet, des Lehrers Arastu's oder Aristoteles' (Ilahiyun, the divine). „The ancient philosophers of Greece down to Aflatun, were oriental, it was Arastu, his disciple, who then took the lead in the doctrine, the centre of which with this class is the argumentative reason" (s. Fani), wie auch im Bekenntniss der Secte Hukma mashayin („the walking philosophers" oder Peripatetiker). Die Meschaïouns (the walkers) und die Ischrachaïouns (contemplators) führen

Nach Aristoteles ist die Seele „die erste Wirklichkeit eines natürlichen Körpers der Leben hat der Möglichkeit nach" (s. Weisse), und die Seele (ψυχή) definirt sich, als ἐντελέχεια ἡ πρώτη σωμάτος φυσικοῦ ὀργανικοῦ (im psychischen Wachsthum). Als Intellectus agens ist der Verstand aus sich selber thätig, immaterielle Ideen erzeugend (s. Thom. Aq.). Ψυχή ἐστιν ἐντελέχεια ἡ πρώτη σώματος φυσικοῦ δυνάμει ζωὴν ἔχοντος (s. Aristotl.). Die Seele ist Urverwirklichung physischer (oder körperlicher) Leiblichkeit, der die Anlage lebendiger Entwicklungsfähigkeit innewohnt, — und so geht voran ἡ ἐπιστήμη (προτέρα τῇ γενέσει). Der Wali (Heilige) hat Marifat (Gotteserkenntniss) erlangt (bei den Sufis). Ὁ ἄρα καλούμενος τῆς ψυχῆς νοῦς (ᾧ διανοεῖται καὶ ὑπολαμβάνει ἡ ψυχή) οὐδέν ἐστιν ἐνεργείᾳ τῶν ὄντων πρὶν νοεῖν (s. Aristotl.), bei jedesmaliger Gedankenschöpfung (in der Bewusstseinsthat des Selbst).

Die „rohe und ganz und gar unphilosophische Ansicht" (des „Seelendinges") hat „bereits im Alterthum ihren bündigsten Widerleger gefunden an Aristoteles" (s. C. H. Weisse), und Erscheinungen demnach, um nicht mit denen einer Uhane ola gepaart zu werden, bedürfen Ueberkleidung mit einem Astralleib, der sich aus der Kosha der Karma im Cyclus der Wiedergeburt neu gebildet, auf niederer Stufe sowohl, wie in der Verklärung (eines Dharmakaja). Ὁ δὲ νοῦς εἷς καὶ συνεχής ὥσπερ καὶ ἡ νόησις, ἡ δὲ νόησις τὰ νοήματα, ταῦτα δὲ τῷ ἐφεξῆς ἕν, ὡς ἀριθμός, ἀλλ' οὐχ ὡς τὸ μέγεδος (s. Aristotl.), und so bleiben die Seelengespenster ausgeschlossen, im „Duplum" jeder Art als Uhane ola und Uhane make (lebendig oder todt auf Hawaii), mit Doppelgängerei im „second sight" (schottischen Nebels).

„Bei der Art von Doppelgängerei des Ich's, oder der Zweigängigkeit des menschlichen Geistes, welche in der Hegelianik so häufig zur Sprache gebracht wird" (s. Lilienstern), ergreift „ein gewisses unheimliches Gefühl, eine Art von Schauder" (1833), und immer mehr (mit den Materilisationen).

In allem Lebenden der Welt als *Ζῷον* (bei Plato) lebt als Endziel das Seelische, *αἰτία καὶ ἀρχή (ἡ ψυχή), κατὰ φύσιν* (bei Aristotl.), und in der räumlichen Ortsbewegung (*ἡ κατὰ τόπον κίνησις*) symbolisirt sich die Vorschattung dessen, was den Geist (*νοῦς*) aus dem Raum hinaus in ein Jenseits führt, dem er angehört, (die Zeit vernichtend im eigenen Leben derselben), wie in dem Handeln nach Zweckbestimmung ausgedrückt, *ὥσπερ γὰρ ὁ νοῦς ἕνεκα του ποιεῖ*, als *νοῦς ποιητικός*, in der Befreiung durch Geistesthat (*ὅλως δὲ ὁ νοῦς ἐστιν ὁ κατ' ἐνέργειαν τὰ πραγματα νοῶν*), bei jedesmaliger Verwirklichung des Gedankens, *ἢ τὸ μὲν πάσχειν κατὰ κοινόν τι διῄρηται πρότερον, ὅτι δυνάμει πῶς ἐστι τὰ νοητὰ ὁ νοῦς, ἀλλ' ἐντελεχείᾳ οὐδέν, πρὶν ἂν νοῇ* (in Gedankenschöpfung), freilich in anderer Art der Bewegung, als der räumlichen, (*διὸ ἄλλο εἶδος τοῦτο κινήσεως*) in veredelnder Alloiosis). Das Ich (kein „Vermögen") ist, was es handelt, und wenn es nicht handelt, so ist es Nichts (s. Fichte) im psychischen Schöpfungsgang (durch Selbstthat des Geistes).

Die Bewegung fortgepflanzt von der Empfindung zur Einbildung (*ἡ φαντασία ἂν εἴη κίνησις ὑπὸ τῆς αἰσθήσεως τῆς κατ' ἐνέργειαν γιγνομένης*), geht ursächlich aus von dem Triebe, zum denkenden Erkennen fort (*τὸ ὀρεκτικὸν γὰρ κινεῖ, καὶ διὰ τοῦτο ἡ διάνοια κινεῖ*) und einem *λογιστικῷ* (gegenüber dem *ἀλόγῳ*) *ἡ βούλησις γίνεται*; und hier tritt nun manchmal ein Widerstreit ein, zwischen den Begierden und dem vernünftig denkenden Geist, wobei der letztere (kraft letzten Willensentschlusses) zu siegen hat, als das Mächtigere, *φύσει δὲ ἀεὶ ἡ ἄνω ἀρχικωτέρα καὶ κινεῖ* (bei Aristotl.). Diese ihr Endziel suchende Bewegung des Geistes (*ἐστὶν ἡ κίνησις τῆς οὐσίας αὐτῆς καθ' αὑτήν*), führt dann zur Ruhe im Unbewegten, als dem Guten oder normal Gesunden in natürlicher Entwicklung, *τὸ δὲ κινοῦν διττόν, τὸ μὲν ἀκίνητον, τὸ δὲ κινοῦν καὶ κινούμενον, ἐστί δὲ τὸ μὲν ἀκίνητον τὸ πρακτὸν ἀγαθόν*, im harmonischen Ausgleich des Dharma (bei Einheit physischen und moralischen Gesetzes).

Als Thätigkeit in Bewegung beruhend (bei Kanada),

bedingt Karman aus dem Apurvam, „den Fortbeständen des Wirkens oder den Vorausbeständen der Frucht" (im Karma-Mimansa), wie die Wiedergeburten, auch die Befreiung daraus, und gegenüber örtlicher Raumbewegung (κινήσει τε τῇ κατὰ τόπον) gehört das Seelische zusammen, nach τῷ νοεῖν καὶ τῷ κρίνειν καὶ αἰσθάνεσθαι (τὸ φρονεῖν ὥσπερ αἰσθάνεσθαι) für psychische Entwickelung (innerer Bewegung). The spirit and breath spring up to the brain like a playing fountain and reach the crown of the head (s. Erskine) bei den Mahabadis (in der Vision). Die Vernunftseele (zur Vollendung entwickelt) gelangt zum Schauen Gottes, als unsterblich im ewigen Leben (nach Alb. M.), und so im Jenseits Abtrennung simulirend (gleich dem Nous).

Weil abtrennbar (χωριστός) wird der Nous, als Poetikos (ὁ δὲ παθητικὸς νοῦς φθαρτός) von Aussen her (θύραθεν) in die Seele hineingekommen bezeichnet, obwohl (bis zu solcher Befreiung durch eigene Geistesthat) nur eine (im organischen Wachsthum spriessende) Folgewirkung aus dem Leiblich-Körperlichen (bei Aristotl.); und nach Leibniz bleiben die Seelen stets körperlich verknüpft, weil für abgetrennte Seelen ein Anhalt in der Natur fehlt (bezüglich gespenstischen Umherspukens).

Die Seele vom Körper nicht verschieden bildet einen Theil desselben (nach den Vaichnavas), und „the body has two forms, the male and female, and the creator and author of their being is the holy nature of Vishnu" (im Dabistan). Bei der aus Satya (neben Rajas und Tamas) durch Bhakti angestrebten Mukt wird nach Verlassen des Sthula-Sarira oder Linga-Sarira, in männlicher oder weiblicher Form, Vaikunth betreten (für ewiges Leben). Ζωὴν λέγομεν τὴν δι' αὐτοῦ τροφήν τε καὶ αὔξησιν καὶ φθίσιν (Aristotl.), so dass ein ewiges Leben (irdischer Verlängerung) sich von selbst negirt, im Kreislauf des Entstehens und Vergehens, mit dauernder Realität des gesetzlichen nur (in eigenem Bewusstsein).

Wenn aus ihrer Präexistenz im Nodsic herabgesandt, spaltet sich die (androgyne) Seele der Eweer in ihre männliche und weibliche Hälfte (im Dsogbe), und so (in Wechselwirkung mit einem Edro) ergiebt sich die Seele als Dämon eines Jeden (s. Xenokrates), auch nach dem Tode, im guten oder bösen Gewissen (nach dem Zendavesta). Der Geist ist mit dem Leibe, wie der Liebhaber mit seiner Geliebten vereinigt (nach dem Azar Hashangier), mit Adam als Seele und Eva als Körper (der Pfau, als Lust).

Der guten Seele erscheint die Gottheit der Dakhini (oder Raghini) in lieblicher Form für seelige Betrachtung, der schlechten in furchtbarer, so dass sie sich vom Himmel herabstürzt, und „becomes confined in dust" (bei dem Tabitier oder Tibeter), und so drohen die Gefahren (moslemitischer) Haarbrücken oder (dem Araucaner) die der Begegnungen auf schmalem Bergpfad (ins Jenseits).

Nachdem der Körper verlassen, ziehen sich die Verwandten mit abgekehrtem Gesicht zurück, aber die Tugend beglückt die Seele (s. Manu) in Gerechtigkeit (der einzig dauernde Begleiter nach dem Tode), und Satyadhin (Wahrhaftigkeit) bildet den Inbegriff der Tugenden (im Dharma).

Aus solchem Karma-açraya (im Vedanta) oder Karana-Sarira (the causal frame) mag (für Verbindung von Sthula-Sarira oder Linga-Sarira) die (buddhistische) Karma dann (aus Pretyabhava) auf Wiedergeburten führen, bei dahin tendirenden Ansichten über Wiedervergeltung (wie sie sich auch westlichen Denkern, gleich Lessing, nicht unannehmbar zeigten).

Nachdem der Leib, gleich einer Schlangenhaut, abgestreift worden, ist Atma mit Brahman identisch (nach Yajn.), und am Orinoko wären die Menschen unsterblich geblieben, ohne ihren Zweifel an die Schlangenhäutung (wie im Hottentottenlande ohne das Missverständniss des Chamäleon).

Bei dem Anfang aus Wechselwirkung gewährt ποιητικόν (oder αἴτιον), als Gestaltender innerhalb der Hyle die Anticipation für den Nous Poetikos, als Intellectus agens (neben Intellectus patiens), ἐν ἁπάσῃ τῇ φύσει ἐστί τι τὸ μὲν ὕλη ἑκάστῳ γένει (τοῦτο δὲ ὃ πάντα δυνάμει ἐκεῖνα), ἕτερον δὲ τὸ αἴτιον καὶ ποιητικόν, τῷ ποιεῖν πάντα (s. Aristotl.). Als Nous Poetikos steckt der Geist innerhalb einer von sinnlich leidender Empfänglichkeit berührten Scheide, aus der er im Verständniss des unbewusst gesetzlichen zur Freiheit emporsteigt, als ἀθάνατος und ἀΐδιος (bei Aristotl.), wie beim Eingehen in Nirvana, der Vergänglichkeit entnommen (durch Dharma). Dies hat zu geschehen durch Ausentwickelung der Veranlagungen, δυνάμεις δ' εἴπομεν θρεπτικόν, ὀρεκτικόν, αἰσθητικόν, κινητικόν κατὰ τόπον, διανοητικόν (bei Aristotl.), als durch den Denkprocess psychologischen Wachsthums (im Abhidharma).

Die Sinnesempfindungen (im αἰσθάνεσθαι) besitzen stets ihre Wahrheit (nach Aristotl.), wogegen das Nachdenken (οὐδενὶ ὑπάρχει ᾧ μὴ καὶ λόγος) dem Irrthum ausgesetzt ist, als νοεῖν, ἐν ᾧ ἐστι τὸ ὀρθῶς καὶ τὸ μὴ ὀρθῶς, τὸ μὲν ὀρθῶς φρόνησις καὶ ἐπιστήμη καὶ δόξα ἀληθής, τὸ δὲ μὴ ὀρθῶς τἀναντία τούτων, so dass bei gesunder Entwicklung sich das richtige ergiebt, (sonst pathologische Abweichung), wogegen eine aus nicht zutreffenden Empfindungen abgeleitete Ansicht der Einbildung (und ihren Täuschungen) unterworfen bleibt (τὸ οὖν φαίνεσθαι ἐστι τὸ δοξάζειν, ὅπερ αἰσθάνεται μὴ κατὰ συμβεβηκός).

An sich sind die Sinnesempfindungen wahr; würde aber die durch ihre Thätigkeit angeregte Bewegung unmittelbar von dieser körperlichen Unterlage allein aus weiter fortgehen, so geriethe sie auf das zwischen Richtigem und Unrichtigem schwankende Terrain der Einbildung, und ἡ φαντασία ἂν εἴη κίνησις ὑπὸ τῆς αἰσθήσεως τῆς κατ' ἐνέργειαν γιγνομένης (s. Aristotl.). Und ebenso bei dem dem Denken (im Unterschied von Empfinden) ausserdem Zugehörigen (τοῦτο δὲ τὸ μὲν φαντασία δοκεῖ εἶναι, τὸ δὲ ὑπόληψις), bei den instinctmässig unbewussten Schlussfolgerungen in vermuthungsweisen Vorausnahmen, wodurch sich (in δόξα) eine Ansicht oder Meinung bildet, eine gute oder schlechte, ohne unterscheidendes Urtheil darüber, so lange noch der Nous nicht zugetreten ist, um zu herrschen (κρατεῖν) oder das All zu ordnen). So, nach Abscheiden im Nirvana, verbleiben von dem mit den Tathagata Dahin-Gegangenen die moralischen Kräfte, als Gesetz (Dharma) zu wirken (bis zur Welterneuerung).

Die Seele (bei Aristotl.) in den Anlagen (threptikon, orektikon, aithetikon, kinetikon kata topon, dianoetikon) findet sich von Nährkraft, Empfindung, Denken und Bewegen (θρεπτικῷ, αἰσθητικῷ, διανοητικῷ, κινησει) einbegriffen, ob nun jedes ἐστὶ ψυχὴ ἢ μόριον ψυχῆς. Verschieden jedoch von der Empfindung und Ortsbewegung, von der Empfindung mit Phantasia und Orexis (ὅπου μὲν γὰρ αἴσθησις, καὶ λύπη τε καὶ ἡδονή ὅπου δὲ ταῦτα, ἐξ ἀνάγκης καὶ ἐπιθυμία), findet sich ψυχῆς γένος ἕτερον abzutrennen (χωρίζεσθαι, καθάπερ τὸ ἀίδιον τοῦ φθαρτοῦ) περὶ δὲ τοῦ νοῦ καὶ τῆς θεωρητικῆς δυνάμεως. Und so unterscheidet man τὸ μὲν ἐπιστήμην, τὸ δὲ ψυχήν. Obwohl sich erklären lässt: ἡ ψυχὴ δὲ τοῦτο ᾧ ζῶμεν καὶ αἰσθανόμεθα καὶ διανούμεθα πρώτως, ὥστε λόγος τις ἂν εἴη καὶ εἶδος, ἀλλ' οὐχ ὕλη καὶ ὁ ὑποκείμενον τριχῶς γὰρ λεγομένης τῆς οὐσίας, καθάπερ εἴπομεν, ὡς τὸ μὲν εἶδος, τὸ δὲ ὕλη, τὸ δὲ ἐξ ἀμφοῖν, τούτων δ' ἡ μὲν ὕλη δύναμις τὸ δὲ εἶδος ἐντελέχεια, ἐπεὶ δὲ τὸ ἐξ ἀμφοῖν ἔμψυχον, οὐ τὸ σῶμά ἐστιν ἐντελέχεια ψυχῆς, ἀλλ' αὕτη σώματός τινος (σῶμα μὲν γὰρ οὐκ ἔστι, σώματος δέ τι). Die Seele ist also das im Körper Verwirklichende (aus den im Stoff gegebenen Voranlagen), ἔστι δὲ ἡ ψυχὴ τοῦ ζῶντος σώματος αἰτία καὶ ἀρχή. Insofern ist jeder Körper, als beseelter, eine fleischgewordene Idee, die sich, kraft ihres Wachsthumsprocesses selbst, darin verwirklicht und bei Zeitigung zur Reife (als Früchte des aus dem Sinnlichen ernährten Entwicklungsganges), die Gedanken des Ewig-Unendlichen aus dem Vergänglichen abstösst (im Jenseits), so dass περὶ δὲ τοῦ θεωρητικοῦ νοῦ ἕτερος λόγος, als bei der bisherigen Evolution des Späteren aus dem Früheren (οἷον ἐν τετραγώνῳ μὲν τρίγωνον, ἐν αἰσθητικῷ δὲ τὸ θρεπτικόν). Obwohl ebenfalls eine Folgewirkung aus primärsten Wurzeln, gehört doch der Geistesgedanke, wenn im Reifezustand vom Irdischen abgelöst, einer andern Weltsphäre an, (zeitlos in seinem Leben der Zeit, und so) unvergänglich (aus dem Gegensatz). Τὸ δ' αὐτό ἐστιν ἡ κατ' ἐνέργειαν ἐπιστήμη τῷ πράγματι, ἡ δὲ κατὰ δυναμιν χρόνῳ, προτέρα ἐν τῷ ἑνί, ὅλως δὲ οὐδὲ χρόνῳ, ἔστι γὰρ ἐξ ἐντελεχείᾳ ὄντος πάντα τὰ γιγνόμενα. Iu „Unterscheidung derjenigen Entelechie, welche die Seele ist, von der höheren, zu der sie wiederum als Dynamis sich verhält" (s. C. H. Weisse), steigert graduell sich der Fortschritt in verfeinerten Potenzen, (τὸ οὖν φαίνεσθαί ἐστι τὸ δοξάζειν, ὅπερ αἰσθάνεται μὴ κατὰ συμβεβηκός), und wie auf der Weide der Sinne die Empfindungen erwachsen, so aus den Abtractionen derselben, in den abgezogenen Nachbildern der Vorstellungen, die Gedanken (τῇ δὲ διανοητικῇ ψυχῇ τὰ φαντάσματα οἷον αἰσθήματα ὑπάρχει), und indem sich aus den Idealbildern die Gedankenschöpfung aufbaut, berührt sich damit wieder das Urwirken der Schöpfung (beim Walten der Formgestalt im Stoff), τὰ μὲν οὖν εἴδη τὸ νοητικὸν ἐν τοῖς φαντάσμασι νοεῖ, und beim Dharma versteht sich das Denken im Sein (aus harmonischer Wechselwirkung der Wahlverwandtschaft).

In der Einheit von Materie und Form bedingt sich die Wirklichkeit (scholastisch). Materia per formam est ens actu (s. Thom. Aq.). Weder die Form noch die Materie ist die Substanz, das Wesen, das Ding, sondern beide zusammen (s. Stöckl), und so ergiebt sich mit Nama-Rupa, wodurch das „Dies" unterschieden wird (im Satapatha-Brahmana), der actuelle Schöpfungsbeginn in den Verkettungen der Nidana (buddhistisch), wenn mit Upadana das Ankleben eintritt, im Sehnen dürstender Tanha (oder Rapunga der Maori, s. Hlg. Sg. d. Plnsr. S. 23).

Die eigentliche Materie eines Hypokeimenon (in der Hyle) liegt im Abhidharma völlig verhüllt, unter den Dunkelheiten des Anfangs, aus denen im Gang der Entwicklung Nama-Rupa hervortritt, in Correspondenz mit μορφή und εἶδος (der Gestaltform und ihrer Idee), innerhalb dessen, was die Wesenheit begründet, τὴν οὐσίαν (bei Aristl.), ταύτης δὲ τὸ μὲν ὡς ὕλην, ὃ καθ' αὐτὸ μὲν οὐκ ἔστι τόδε τι, ἕτερον δὲ μορφὴν καὶ εἶδος, καθ' ἣν ἤδη λέγεται τόδε τι καὶ τρίτον τὸ ἐκ τούτων, wobei dann allerdings für die Formgestalt ein materielles Substrat unterliegt, in der Hyle als δύναμις, τὸ δ'εἶδος ἐντελέχεια, und zwar zweifach (statt vierfach), τὸ μὲν ὡς ἐπιστήμη, τὸ δ'ὡς τὸ θεωρεῖν (der Sangkhara- und Vidjnana-Khanda entsprechend), und während dem Wachzustande nur die Vorstellungsanschauungen zukommen, dauert das Empfindungsdenken auch im Schlafe fort (προτέρα δὲ τῇ γενέσει ἐπὶ τοῦ αὐτοῦ ἡ ἐπιστήμη).

Indem nun Aristoteles charakteristische Vertretung des Daseienden (in Ousia) vornehmlich' in dem Körperlichen oder in den Leibern (τα σώματα) aufgestellt (καὶ τούτων τὰ φυσικὰ), für die belebten mit der Definition: ζωὴν δὲ λεγόμενον τὴν δι' αὐτοῦ τροφήν τε καὶ αὔξησιν καὶ φθίσιν, so bleibt aus diesem Kreislauf des Entstehens und Vergehens eine Erlösungsmöglichkeit für die Seele, ἐπεὶ δ'ἐστὶ σῶμα τοιόνδε, ζωὴν γὰρ ἔχον, οὐκ ἂν εἴη τὸ σῶμα ψυχή (also dem Vergänglichen im Körperlichen nicht mitzugehörig).

Während das Körperliche keiner weiteren Unterlagen bedarf, sondern selbst vielmehr entgegentritt, als Substrat und als Stoff (μᾶλλον δ'ὡς ὑποκείμενον καὶ ὕλη), fällt für die Seele ihre Wesenheit dahin, der Idealausdruck eines Leiblich-Körperlichen zu sein (ὡς εἶδος σώματος φυσικοῦ), und bei der diesem potentialiter (δυνάμει) einwohnenden Entwicklungsfähigkeit (im Leben), mag die Seele, obwohl für ihre Verwirklichung (ἐντελέχεια) mit hineingezogen, doch auch aus solchen Fesseln selbständig frei hinausstreben (bei genugsam erlangter Schwungkraft), mit den Stützpunkten in den Körperleibern, als Ansätze für Weiteres (τῶν ἄλλων ἀρχάι).

Zunächst freilich haftet die Seele am Körperlichen, untrennbar im Naturgange (bei Leibniz), und „the Sufis also maintain, that a spirit cannot exist without a body" (im Dabistan), so dass der in organischer Gliederung zur Thätigkeit geschickte Körper sich darstellt als die Verwirklichung der Seele, oder diese als ursprüngliche Verwirklichungskraft jenes (ἐντελέχεια ἡ πρώτη σώματος φυσικοῦ ὀργανικοῦ).

Dann aber (ἵνα κρατῇ, τοῦτό δ'ἐστιν ἵνα γνωρίζῃ) vermag es die Seele selbst (kraft ihrer psychischen Thätigkeit), auch das Unbelebte in das Seelische hineinzuziehen, οὐσία γὰρ ἡ κατὰ τὸν λόγον (ἡ ψυχή), als das Was des so beschaffenen Körpers (τοῦτο δὲ τὸ τί ἦν εἶναι τῷ τοιῳδὶ σώματι), und statt des Beil (πέλεκυς), wie vom hellenischen Philosophen gewählt (im Beilsein, als Seele), liessen sich aus Fiji Beispiele von Aexten oder Meisseln (s. Mariner) aus dem Gefluthe Kauvandra's (s. Th. Williams) auffischen, oder aus indianischen Theorien (1623) die Seelen von Kesseln u. dgl. m. an die Stelle setzen (s. Lallemant), so lange τὸ πελέκει εἶναι ἡ οὐσία αὐτοῦ, καὶ ἡ ψυχὴ τοῦτο, sonst nur durch die Benennung gedeckt (ὁμωνύμως). Wenn nun aber das Psychische sich umschreibt, in Repräsentation des Körpers, φυσικοῦ τοιουδὶ ἔχοντος ἀρχὴν κινήσεως καὶ στάσεως ἐν ἑαυτῷ, setzt mit der Bewegung der Fortgang ein (ins Unendliche hinaus).

Im Unterschied von der ἐντελέχεια ἡ πρώτη, in Urverwirklichung des Körpers, als Idealausdruck seines Daseins, denkt die Seele dann in der Entelechie (des Wachzustandes) nach gleicher Gesetzesrichtung fort (den Schöpfungsgedanken weiter aus), ὁ καλούμενος τῆς ψυχῆς νοῦς (αὐτός δὲ αὐτόν τότε δύναται νοεῖν), im Durchdringen mit der dem (physischen) Leben einwohnenden Dynamis und Läuterung der aus sinnlichen Wurzeln ernährten Ideen (für höhere Regionen).

Im Gange der Nidana tritt Nama-Rupa hervor, mit den fünf Khanda, die nur nach Bedürfniss zusammengewürfelt werden. Nama-Rupa entsteht als an organised and definite, but archetypal body (s. Hodgson), als eine (die Materie gestaltende) „Forma" (der Scholastiker). Der Leib ist Nâmarûpakrita-kârya-karana-sanghâta, „der aus Namen und Gestalten (in den Elementen) gebildete Complex von Werkzeugen des Wirkens" (im Vedanta) und die Seele der Herr (Svâmin) dieses Complexes (s. Deussen). Materia prima est in potentia ad actum substantialem, qui est forma, et ideo ipsa potentia est ipsa essentia ejus (Thom. Aq.), die Urmaterie beruht in der Möglichkeit für substantielle (physische oder hörperliche) Verwirklichung, woraus sich die Form ergiebt, und so ist die Möglichkeit selbst ihre eigene Wesenheit (Corporalium materia est potentia pura). Durch Namen und Form wurde das „Dies" unterschieden (im Satapatha-Brahman). Forma dicitur esse principium essendi (s. Thom. Aq.), forma est, quod dat esse (Materia per formam est ens actu, cum de re sit potentia tantum). Form ist dasselbe wie die Vorstellung (mano vai rupam), denn mit der Vorstellung erkennt man, was sichtbar ist. Name ist dasselbe, wie Sprache (vag vai nama), denn mit dem Wort nennt man den Namen (in der Satapatha-Brahmana). Im Dualismus (Cartesius') ist „die Verbindung durch ein Drittes, hyperphysich, wie im Occasionalismus (Geulinx's), in der Lehre des Spinoza und der prästabilirten Harmonie Leibniz's zu erklären" (s. Harms). There is an universal nature penetrating all material and spiritual beings, and this is called Aikab (vicissitude) oder „Hayuli" (the first principle of every thing material) „an essence of life" (im Dabistan), and the Sufis call it Enka, weiblicher Natur (in Berathung der Jins (als Simurgh (thirty birds). The Enka upon the mount Kaf is divinity and there is annihilation into God (im Ausblasen des Lebensfunkens).

Doch da es aus dem Unbewegten zum ersten Anstoss der Bewegung eines Primus motor bedarf, muss derselbe, wenn bei Unendlichkeit der Welt nicht ausserweltlich sichtbar, innerhalb derselben eingehüllt liegen. ἔστι δ'ἡ μὲν ὕλη δύναμις, τὸ δ'εἶδος ἐντελέχεια (s. Aristotl.), und so bildet die Form den Stoff (scholastisch), wie sich Buddhi aus Prakriti loswickelt (bei schöpferischer Gestaltung).

Nachdem Michabo aus dem beim Tauchen der Ratte gebrachten Sandkorn (am Floss der Thiere) die Erde gebildet, entstanden die Felsen aus dem Zerbrechen des vom Himmel gefallenen Feuersteins (im Kampf mit seinem Zwillingsbruder des Westens). In der Atomistik den Anfangspunkt zu gewinnen, fällt Australien als Meteor hernieder (aus dem Weltraum), und das Leben durch Meteorsteine (in den kühlen Spalten derselben).

Nach dem Systema Theosophorum besteht der Mensch aus einem göttlichen Funken, einem Astral-Geist und dem Leib (1745).

„Weil nun diese Leute Vernunft und Natur und deren Licht mit der meistens ausserordentlich und in dem innersten und trefflichsten Grunde der Seele gesuchten Offenbarung vermischet, sie auch Alles, was nach dem gemeinen Lauf des ersten erkannt wird, für menschliche und irdische Grillen und Thorheiten gehalten, sich aber einer Göttlichen Weisheit gerühmet haben, so haben sie den Namen Theosophici (Gottes-Gelehrte) angenommen" (heisst es im Lexicon Universale).

Il y a encore quelques Théosophes, parmi nous, ce sont des gens à demi-instruits, entêtés (zu Diderot's Zeit); ils regardaient en pitié la raison humaine (XVII. Jahrh.). Il est impossible de méconnaitre les nombreuses analogies qui existent entre l'état mental d'un grand nombre d'aliénés et celui de la plupart des mystiques et des théosophes (s. Moreau).

In seiner Jugend einen „spiritual guide" in Iran, Turan, Rum, Hindustan suchend, ohne die Bedingung einer Glaubensänderung (wie von Moslimen, Hindu, Guebren, Christen und Juden gefordert), fand ihn Farzanah Kushi (Verfasser des Bazm-Gah) in Azar Kaivan, der (in sipasischer Secte), als Zu-l-ulum (Master of Sciences) von Kum nach Patna gekommen, in den Systemen der hervorragenden Weisen aus dem Alterthum sich gründlich unterrichtet hatte (the distinguished philosophers of Hindustan, Greece and Persia having appeared to him in a vision), nach dem Berichte seines Schülers Farzanah Bahram (1638), „learned in all theoretical and prac-

ascetic, who founded a new sect on the ancient Parsi tenets (s. Mulla Firuz ben Kaus), speculirte in gleichen Börsengeschäften (mit theosophischen Wechseln).

Das Gesetz Hom's, als Ersten Propheten (unter Jemshid) wurde durch Zardusht erneuert, mit seinem Feruer im Feuer (oder Azar) bei den Azar Hoshangiern (Mahabadiern oder Yazdaniern). Nomen Azari-Behram sonat Ignis Martis, quasi Pyreum denominatum ab Igne erumpente et rubente ignesve Planeta Marte (s. Hyde).

The pious Sabjani (the father of the Durvish) dwells in the Kohistan (the mountainous country of the Afghans or Kafirs) and the like (in order to remain unknown to men); every one, who sees him, would take him for a divine being (1636 p. d.). The Ismailah of Iran (unterschieden von den westlichen) established themselves in the strongholds of Kohistan (Khorassan) and in Rudbar (in Irak).

Die Sufi (scattered among all nations of the world) oder Vezhaderun (Rouchen-dil oder Yekana-bin) heissen (bei den Hindu) Atma-jnanis (Rakhischer oder Tapisher) oder Gyani (im Dabistan). According to the Kashef-ul-mahjub (the revelations of the veiled being) there are 4000 saints in the world walking separate from each other upon the ways of God (nach Ali Osman Ben Ebil-Ali El-Ghaznavi). Of the perfect Yogis or Siddhas (Gorakh's unter den Naths) several are still upon the surface of the earth (s. Wilson), als Mahasiddhas (bei Atma Rama).

Unter den (tibetischen) Einsiedlern (Galpo oder b. Dagsrung) oder (mong.) Dajantshi bilden die Rikhrodpa die Bergbewohner (s. Köppen) oder Dzañ-sroñ (als Rishi).

The dwelling of Kabir is on the peak of a mountain (nach den Sakhis) bei den Kabir Panthis (s. Wilson). The Hatha-Yogi should reside in a solitary cell (nach der Hatha-Pradipa). The chief priest at Kedar (Rawal) resides at

Sankara (von Malayalam zum Himalaya ziehend) established maths or monasteries for his disciples, the Sringeri-math on the Tungabhadra in Mysore by the South, the Jyotir-math (Joshimath) near Badarinath to the north, the Sarada-math at Dwaraka to the west, and the Vardhana-math at Puri in Orissa to the East (s. Atkinson).

Es ist überliefert (nach Sankara), dass die Vorfahren (wie Vyasa u. A. m.) mit Göttern und Rishi Verkehr pflogen (in Folge hervorragender Verdienste), und durch Yoga wird Herrschaft über die Natur verliehen (nach den Yogasutras).

Sankara Acharya's Lehre gilt als „the code of the Jnanis", von denen Chur Vapah zu den Naga-Brahmanen (in Guzerat) gehörte (im Dabistan).

Der Tummelplatz der mit Astralleibern begünstigten Mahatmas (bis Butan hin, von Butan her) führt auf das Operationsfeld rothmützigen Lamaismus, der bereits aus dem Norden (über die Mongolei) so vielerlei Hokuspokus aus sibirischem Lamaismus aufgenommen hatte, dass Tsongkaba, bei der Reform der Gelbmützen in Tibet, solchen Ausschreitungen umsomehr entgegenzutreten sich veranlasst sah, weil sie sich (in Siva's Verehrung als Pasupati) mit sivaitischem Tantrismus (in den intriguantesten Formen indischer Mythologie) verquickt hatten, seit Matsyendra Nath die Parvati ertheilten Lehren belauscht, in Aryasamgha's (oder Asangha Bodhisattwa's) Schule der Jogatschara, „in welcher gelehrt wird, wie man zu ganz irdischen selbstsüchtigen Zwecken wundersame Kräfte (Siddhi) erlangen" (s. Köppen) und Trinkgeschirre (eventuell also auch „Theetassen" für Picnics in Simla) mit Milch oder Wein füllen oder durch die Luft herbeifliegen lassen kann, wie Maffio Paolo an Kublai's Hofe es sehen und dazu noch hören musste, dass, weil die Missionäre der westlichen Religion solcher Zauberwerke nicht fähig oder kundig seien (wie die Philosophen Yunan's zu Secander's Zeit in Persien nach dem Dabistan), sie den Bonzen gegenüber nicht in Betracht kommen könnten. Das hatte statt im XII. Jahrhundert, und jetzt, nachdem wir sieben Jahrhunderte in der Cultuararbeit weiter gekommen sind, wird auf Grund noch stümperhafterer Jämmerlichkeiten ein „Neuer Glaube" proclamirt, in der Theosophie. Im Anschluss an thierische Instincte wird auch die Seele bereits herausgeschnüffelt (auf der Jagd), wie durch die Hexenriecher der Bantu, und Marville vermochte durch ein Vergrösserungsglas zu erkennen, dass die Ausdünstungsstoffe derer, denen er gewogen war, sich mit den seinigen vereinigten, die der Gehassten dagegen, wie mit scharfen Nadelspitzen zurückstiessen (s. C. J. Weber).

Die in Indien mit dem Ezour-Vedam in der Ausgabe durch „le grand prêtre de l'île Cherengham" (s. Voltaire) begonnenen Amalgamationen und Combinationen (zwischen Krischna und Christus), setzten sich für die Missionen fort, als nach Raja Ram Mohan Rai's Atmya-Society (1815) Debendra Nath Tagore (1839) die Tattvabodhini Sabha gegründet, „incorporated with the Brahmo-Samaj" (1843), der (1858) Keschab Chandra Sen zutrat (s. Slater).

Dann mit Amalgamen von allen Seiten, in allen Arten entstand auch hier ein „Convolut lächerlichen Aberglaubens" (s. Männlingen), ähnlich dem in „denkwürdigen Curiositäten derer sowohl Inn- als Ausländischer Albertäten" (1713).

Numerous and argent requests have come from all parts of India, to adopt some plan for bringing the matter contained in „Isis Unveiled" within the reach of those, who could not afford to purchase so expensive a work at one time, aber vielleicht: The Secret Doctrine" (im Theosophist). Des conceptions telles, qu'il semble, que le cerveau seul d'un aliéné puisse en produire semblables (s. J. Moreau). Collatis membris ut turpiter atrum, desinat in piscem mulier formosa superne (s. Horaz). Credibile quia ineptum (credo, quia absurdum).

In der „Theosophical Society" krönte sich die Olla podrida zwischen alter und neuer Welt im Spiritismus (bis zur Controverse mit den Astralleibern); und für Deutschland im Rausche colonialer Weisheit (mit dortigen Zweiggesellschaften und deren Vorsitz).

There was no secret to be concealed; nothing to be disguised; the Mahabadian religion is as open as its temple, the vault of heaven, and as clear as the lights, flaming in their ethereal attitudes; its book is a sort of catechism of Asiatic religion; its prayer a litany of Oriental devotion, in which any man may join his voice (s. Troyer).

In der somnambulisch-spiritistischen Verzückung meint Du Prel, dass „der Zukunftsmensch seinen Schatten vorauswirft" (1884), während vielmehr dann der Nachschatten aus den Instincten halbthierischen Naturzustandes wieder seine schwarzen Fittiche über das Zeitalter sogenannter Aufklärung zu breiten beginnt. Solch' positive Vorgänge psychischer Thätigkeit mögen unter der Controlle wissenschaftlicher Experimente (wie von Braid, Velpeau, Czermak, Heidenhain u. A. m. ausgeführt), beim Studium ethnischer Zustände (wie durch die Beispiele des Völkergedankens geliefert) wichtige Aufklärungen gewähren, aber Rückkehr zu ihnen zu empfehlen, wäre die Narrheit Dessen, der aus Hochachtung gegen die Vorfahren in den Wald laufen wollte, Eicheln zu essen (was freilich zu Rousseau's Zeit in Mode zu kommen nahe war).

He, who is strong in the Yoga (meditation) is able to introduce his soul by means of the Yoga into the true nature of existence (s. Schlagintweit) im Yogacharya-System (mit der Alaya, als Gemeinseele). „The internal changes of the atoms" erklären das Neuwerden (für die Vaisheshikas). Unter den Wundern der (Yoga ausübenden) Dandi (Sankara's) wird (wie in den Zauberbüchern bekannt) Einführen von Eiern in Flaschen, Durchschneiden von Knochen mit Haaren u. dgl. m. aufgeführt (im Dabistan). Zu den Atisayas (super-human attributes) des Jina gehört „the raining of flowers and perfumes" (his language, which is Arddha Magadhi, is intelligible to animals, men and gods). Zu den Wunderkräften des von Fani

produce food and wine etc.). Die tibetischen Bakshi, die Trinkgeschirre des Kaisers, ohne Berührung, mit Milch, Wein u. s. w. füllend, liessen sie von zehn Schritten Entfernung her durch die Luft zu ihm hinfliegen (und Albert. M. bewirthete im magischen Garten). Les mots ὕδωρ οἶνον γεγενημένον, „l'eau devenue vin", ne comportent pas d'autre sens que celui d'une transformation miraculeuse auf der Hochzeit zu Cana (s. Godet).

In Aryasamgha's (in Purushapara oder Pischawer im Reiche Gandhara), Schule Jogatschara ist das sivaitische Zaubersystem (der Shiddhi oder magischen Kräfte) in den Buddhismus aufgenommen (mit dem Tantra), für die gelben Lamen (neben den rothen), durch Tsong kha pa jedoch beschränkt auf die Person des Tschoi tschang in jedem Kloster (dem Exorcisations-Pater in bayrischen entsprechend).

Die Yoga-Sastra (Patanjali's) lehrt die Erlangung der achtfachen Kräfte; a yogi, imagined to have acquired such faculties, is, to vulgar apprehension, a sorcerer, and is so represented in many a drama and popular tale (zu erlangen durch die mit Athmenunterdrückung verbundenen Exercitien). By such exercises, the adept acquires the knowledge of every thing past and future, remote or hidden, he divines the thoughts of others, gains the strenght of an elephant, the courage of a lion and the swiftness of the wind, flies in the air, floats in water, dives into the earth, contemplates all worlds at one glance and performs other stronge feats (s. Colebrooke), wie Zaubern von Broschen, bei indischen „dinnerparties" (wie von Sinnet bezeugt).

Der Jati (durch Farzana Kushi gesehen) „by the power of incantation set stones into motion", als Maha-atma (im Dabistan). Fani hörte (von dem Brahminen Hansa Radja) aus alten Büchern, „that Brahmans used to fly in the air and walk upon the water, when on account of having polluted their lips by eating flesh, they lost this power" (s. Shea).

The person or subtile frame termed linga (linga-sarira

or Sukshma sarira) is unconfined, too subtile for restraint or hindrance, and thence termed „ativahika", surpassing the wind in swiftness (in der Sankhya); Anusthána-sarira (bei Kapila) is the vehicle of the subtile person (s. Colebrooke).

Der Mobed Sarosh, Schüler Farzanah Bahram's (Schüler Azar Kaivan's) hatte die Macht „to produce food and wine without any visible means" (s. Fani).

Die Wunderwirkungen Azar Kaivan's[1]) und seiner Schüler, wie Farzanah Karrad (1620 p. d.), Farzanah Farshid, Farzanah Khiradmand, sind im Bazimgah-i-Durveshi Khushi (the Durveshi banquetting room) beschrieben (wie den Körper nach Belieben verlassend). Kaivan's geistige Verbindung gleich „the relation of the body to a loose robe" gestattete den Leib je nach Wunsch zu verlassen und wieder anzunehmen (nach Farzanah Bahram). Mobed Sarosh (1627) possessed power over men's mind, (appearing at the same time in places far distant from each other). Agrippa von Nettelsheim versetzte sich in wenigen Minuten auf weite Distanzen (wie er im Augenblick des Schlusses einer Vorlesung in Freiburg eine andere in Pont-à-Mousson begann). Sulabha verliess ihren Leib bei Lebzeiten zeitweilig (wie die Uhane Ola in Hawaii).

„Aehnlich den Dervishen beider Klassen ist eine dritte

---

1) They both came one day into the presence of Azar Kaiván, and lamented the hardship of their forlorn state; on this Azar replied: „Proceed with a small stock to the quarter of sunrise, traverse the eastern borders, and dispose of it with speed towards the descending sun, as your condition, through this depressed site of difficulty will be changed into the means of affluence." Nearly at the period of giving these instructions, Azar Kaiván having withdrawn from this earthly tabernacle, hastened to the resting-place of the spheres, and these two Jupiter-like stars, the unrivalled splendor of the world, set out as directed. At length, through the efficacy of Kaiván's enlightened spirit, the state of these pilgrims continued to obtain an ascendancy, until they became possessed of great opulence (im Dabistan).

Secte, die Mahá-átma; sie haben die Kleidung und das Aussehen der Jatis, nur rupfen sie ihr Haar nicht mit Zangen aus, sondern schneiden es. Sie sparen Geld, kochen ihre Mahlzeit in ihren Häusern, trinken kaltes Wasser und nehmen zudem ein Weib. Farzáneh Khushí sagt: Ich sah im Guzerat des Panjeb einen S'rivara und bat ihn, er möchte mir ausführlich berichten, was von den Leuten seiner Secte als unzweifelhaft wahr geglaubt würde. Er sagte folgendes: „Die Menschen meines Glaubens können in Zurückgezogenheit leben oder Geschäfte treiben. Sie thun Niemandem ein Leid an. Aber viele sind eifrig in der Wissenschaft und viele ohne Kenntnisse." Einer der Maha-átmas war ein Gelehrter, das Weib eines Reichen trat in seinen Dienst; eines Tages beklagte sie sich über die Unfreundlichkeit ihres Mannes. Der S'rivara gab keine Antwort, worauf die Frau sagte: Ich will dir nicht dienen, da du kein Interesse für mich hast. Der S'rivara erwiderte: Selbst wenn dein Besuch mir angenehm wäre, würde es dir nichts nützen. Er hob dann ein Büschel Gras auf, blies darauf, gab es der Frau und sagte: „Ziehe ein reines Kleid an, zerreibe das Gras und streue es auf das Kleid, bis dein Mann dich lieb gewinnt." Die Frau kehrte nach Hause zurück, zerrieb das Gras auf einem Steine und wollte es eben auf das Kleid streuen, als der Mann ins Zimmer trat, weshalb das gemahlene Gras auf dem Steine blieb. Zur Nacht schloss sie die Hausthür. Der Stein sprang fortwährend von seinem Platze, polterte gegen die Schwelle und fiel zurück. Das Weib und ihr Mann waren erstaunt. Der Mann fragte die Frau nach dem Grunde und sie gestand ihm denselben aus Furcht. Der Mann stand auf und öffnete das Haus, der Stein bewegte sich und rollte bis zu dem Hause des Maháátma. Manche andere ähnliche Geschichten werden von den S'rivaras berichtet. Kushi sagte, dass er den eben erwähnten Jati gesehen hätte, welcher durch die Kraft des Zaubers Steine in Bewegung setzte; er rühmte ihn, erklärte aber, dass dieser Mann in Wirklichkeit ein Jati und nicht ein

Mahá-átma wäre" (nach dem Dabistan). In Allahabad polterte es mit Klopfen bei Anwesenheit theosophischen Secretariats (gen. fem.).

The Gosain is the chief priest and spiritual guide of the main Shastra and of its several branches, his office is hereditary (s. Hunter) in Assam (oder bei Ehelosigkeit durch die Bhakat erwählt). Der erste Gosain (Gosain Onirud) der Moamaria (in Muttuk) zog von der Insel Majuli nach Kutia Patta (bei Jorhaut). The Dasnami Gosains were founded by Sankara's disciple (s. Atkinson). Die Sanyasi (Datateri's) zerfielen in Dandaheri und Avadhutas (im Dabistan). The Paramatmas (Paramahansas) bilden die höchste Klasse der Sanyassi (neben Kulichara, Bahudaka und Hansa). Unter den Gurus (to exercise authority) wird (im Siva-Pirakasam) als Erster genannt Nantikesuran, the lord chamberlain (or guardian minister) of mount Kayilâsam (s. Hoisington). Als Priester werden sie den Todten predigen und als Könige werden sie die Widerspenstigen beherrschen und regieren (s. Mühe), die heiligen Menschen der ersten Auferstehung (im Priester- und Königsamt), bevorzugt gleich den Dämonen-Seelen des goldenen Zeitalters (bei Hesiod).

The Kanphata-Jogis (Gorakhnaths) hold in veneration a plain near Dwaraka (a cavern etc.), the Saiva-temple of Nepal, those of Sambunath, Pampatinath and others, belong to the same system, although local legends, attached to them, have combined in a curious manner the fictions of the Bauddha with those of Brahminical mythology (s. Wilson). Siva (as Sweta) resided on the Himalaya and taught the Yoga (mit Sankara identificirt). The Kanphatas (Goraknath's) may be of any caste (or ascetics).

Wenn seinem Sheik (Murshid) vorzuführen, wird der Murid fast entkleidet (deprived nearly of all his dothing) bei Einweihung in den Dervischorden (der Bektashih); the rope is put around his neck and he is led into the hall of the Tekkich by two Terjumans or spiritual interpreters, „en service" inside of it (s. Brown).

„Weder nackend noch bekleidet" wird der Lehrling zum Meister in die Loge (der Freimaurer) geleitet, „mit einem Strick um den Hals" (s. Fallon). Einlass wird auf Anklopfen gegeben (mit drei Schlägen). Each Sheik establishes a particular sign, by which members of his own Tekkieh may be recognised when knocking for admittance (bei den Dervischen). Der Murid knieet (nach dem Vorbilde Ali's), his knees touching those of the Sheikh (wie bei Meisterzeichen in Berührung). The Math is under the entire controul of a Mahant or Superior with a certain number of resident Chelas or disciples (s. Wilson). Die Lamas und Chelas (Neophiten) stehen unter dem Gelung (in Tibet). Great numbers of Maths or monasteries of the Vaishnava sect are scattered over India (s. Johnson) unter Mahant or superiors (bei Wilson). Die Schriften der Saivas „are not in the popular tongue" (der Mehrzahl nach). The Vaishnavas sects have always been democratic (the Bauddha-Vaishnavas believe that all castes should eat together on religious occasions). Als Mahant (real Gosains) wurden die Reisenden nach Mansorowar durch die Scyanas dem Deba (in Daba) vorgestellt (s. Moorcraft). Bei (Burk's) Gnaden- und Freudenbeichte der Pregerizianer wurden die Lieder des alten Gesangbuches nach lustigen Volksmelodien gesungen (s. Palmer) und das Kind in Hallwangen ermordet, ihm die Wonne der Seeligkeit zu schaffen (1809). Der Götze des Nandi-Districts (auf Viti-Levu) sprach mit quiekender Stimme (s. Kleinschmidt) des Bauchredners (wie bei Schamanen).

Die mystische Verzückung, wie in der Versenkung einsam wandernder Eremiten gesucht, verknüpft sich in den Oeden des Himalaya mit sturmgöttlichem Rudra (in sichtbaren Zeugungen Siva's), während der im Ceremoniell der Veden die Welt ordnende Brahma der daraus gelernten Weisheit seines fünften Hauptes vor der tiefsinnigeren des (enthauptenden) Rudra oder Siva zu entsagen hatte. Daneben wandte sich in den siegreichen Erobererstämmen die (politische) Verehrung den Heroen, als Vorfahren königlichen Geschlechtes zu, in den zu Hülfe des Menschengeschlechts herabsteigenden Avataren Vishnu's, bis auf den (im Mahabharata seinerseits auf Siva's und Uma's Verehrung hinweisenden) Krishna, welcher, als (trotz Auflauerung der Kindesgeburten) aus den Nachstellungen des (mit seiner Mutter durch einen Dämon gezeugten) Kansa oder Kalanemi errettet und herangewachsen, wieder in Gegensatz zu Siva trat, dessen Cultus mit Entthronung Ugrasena's (in Mathura, als Kansa's Vater), an die Stelle Rama's gesetzt worden war (in Rivalität der Secten).

Auf Geheiss Adi-Buddha's kam der Lokeswara Padmapani als Matsyendra (-Nath) herab, um in Fischform Siva zu überhören, wie er Parvati in der Yoga belehrte (s. Hodgson). Von Adi-Buddha gesandt, belauscht Aryasangha in der Matsyendra (in Fischform) die von Siva an Parvati mitgetheilte Geheimlehre (für die Kauphata-Jogi der Felsentempel). Von Narendra-Deva (Raja von Bhatgong) eingeladen, kam Abjapani oder Padmapani (von den Siva Margis verehrt) nach Nepal (s. Wilson), als Matsyendra Nath (bei Kirkpatrick).

Nach dem Minu-Sar oder Bist-Lad (Feroden Fero), als Abstufungen des Minu (oder blauen Himmel's) folgt (nach den Mahabadier) Lim Sar (der Wohnsitz droben), mit der Stufe des Mondes, dann der Sonne, (als Pirah-i-Yazdan oder Gottesschmuck) und weiter hinauf durch die Glanzhimmel bis zum Schleier, hinter welchem (von Engeln umgeben) das Licht des Lichtes weilt, im Minuivan Minu (Himmel der Himmel).

Unter den Orten der Qual (bei den Mahabadiern) ist der schrecklichste Puchan-i-Puch (Hölle der Höllen), wo der religionslose Philosoph gepeinigt wird (in Gewissensqual ohne Zuflucht). Siddha-purusha implies that his person has obtained an interview with his guardian deity, and that he can perform, whatever miracle he pleases (s. Ward). Von den Mahasiddhas und Jogi (von Udinath bis Chandrakapalika) sind Verschiedene noch im Dasein (nach Atma Rama's Hacha Pradipa).

Nach dem Kasikhanda kann im Kaliyuga kein Joga erlangt werden. Ekanta Ramaya (Basava's Schüler) wandelte fünf Tage mit abgehauenem Kopf umher (die Jainas zu bekehren) im Seitenstück des hlg. Dionys. „Die Alchimia ist von Gott gesetzt, als eine rechte Kunst [1]) der Natur" (s. Paracelsus).

Die Gottesmenschen (in Russland) lehrten die Gleichheit, Einheit und Einerleiheit Christi mit den Auserwählten (nach Dobrotworsksi), und die Einigung in der Verzückung wird bei psychischer Trainirung gezeugt (für die Revivals). Daumer unterscheidet das „gemeine Ich" von dem „mystischen Ich" (im Doppel-Ich). „Nach genugsamer Prüfung handelt die Weisheit mit ihren Suchern und Liebhabern nicht mehr als mit Fremdlingen, oder erscheint ihnen misstrauend und abgewandt, sondern sie lässet die wohlgeläuterten Geister in ihr geheimes Zimmer zu sich ein und mehr erfahren, als sie ausser demselben Anderen entdecken können oder dürfen; deswegen sie auch nur einige geheime Liebesblicke, Kräfte und andere erquickliche Bezeigungen solchen bewährten Freunden und reinen jungfräulichen Liebesgeistern als gewisse Unterpfänder zu Theil werden lässt" (s. G. Arnold).

Der Gott spricht durch den Mund der Dichter, wie die Wahrsager und heiligen Propheten (bei Plato). Auch den Nihilisten fehlte nicht „die Grösse der Aufopferungsfähigkeit," mit nicht weniger Standhaftigkeit, „als mit welcher vordem

---

[1]) „Kunst ist Niemand gram, als der sie nit kann." Ars non habet osorem nisi ignorantem. Der Brahmana in Madras appeared to sit in the air (1829). Das Fatum mathematicum (s. Aug.) begründet sich auf der Astrologie (der Chaldäer). Dharunu, Dhyanu und Sumadhee (bei Patanjali) are distinguished by one name, Sangyuma, that is the restraining of the mind from all visible objects (s. Ward). Angelus potest esse in aliquo loco, puta pedali; faciat igitur se in extremis hujus loci, non exhibendo se praesentem medio, quia non est ibi ut forma, nec aliquo alio modo, qui videatur necessario requirere praesentiam totius, igitur erit in duobus locis continuis (s. Duns Scotus). Der „Hagel von Wurfgeschossen" im Hause der Sorbonne dauert fort, trotz polizeilicher Ueberwachung, „Tag und Nacht" (1849).

christliche Märtyrer in römischen Arenen und protestantische Opfer spanischer Autodafé's glorreich gestorben waren" (J. Scherr). Eva bezeichnete sich, Winter und Appenfeller als das Ebenbild der heiligen Dreieinigkeit, und während sie die eheliche Gemeinschaft für sündhaft erachteten, erklärten sie kraft göttlicher Offenbarung die fleischliche Verbindung mit ihr für einen heiligen, Gott wohlgefälligen Act (unter Zertrümmerung des Ovariums) in der „Butlarschen Rotte" (s. Sachse).

In der versprochenen Wiederkunft (zur Gründung einer neuen Kirche) offenbarte sich der Herr in Person seinem Diener (Swedenborg), das Gesicht des Geistes eröffnend, und in die Geisterwelt einführend, wie es in dem an Ludwig IX., Landgraf von Hessen-Darmstadt, gerichteten Briefe heisst; und in dem Brief an Pastor Hartley (1769), eröffnete der Herr in Person „das Gesicht in die geistige Welt" (1743), bei der Offenbarung an Swedenborg, ein „Sonntagskind", wie sein Vater auch sich selbst bezeichnete (1729), und als die Seele „aufgethan" war, vermochten die Geister darin zu lesen, und er sie zu verstehen (für die „Arcana coelestia").

Als Davis die Schrift auf der „hellweissen Rolle" des als Quäker nahenden Schäfer's unterzeichnet und dieser sie mit einer „edlen Verbeugung" (s. Besser) wieder in Empfang genommen (nach dem Zusammenrollen sich entfernend), strömten „mächtige und heilige Wahrheiten aus den Tiefen des Geistes" (1884).

Nicht aus Kunst singt der Dichter, sondern durch die Kraft des Gottes, der aus ihm unbewusst redet (s. Plato). Die Macht der Erinnerungsbilder und Phantasie-Vorstellungen ist auch beim Genie, ähnlich wie bei Träumenden oder Geisteskranken oft eine so starke, dass sie den unmittelbaren, realen Eindrücken gleichkommt (s. Radestock).

Die Yatis (oder Jati) werden (neben Vairagis oder Udasis) zu den Tapasya gezählt, mit der Macht „to attract whomever they like and to render him obedient to their will, to give information of whatever is concealed and to reveal the secrets of the heart" (im Djoti mandalam), auch auf Bergen oder in Wüsten lebend (nach dem Dabistan). Seine Macht, auch die Seelen der Franguy zu beherrschen, erklärt der Fakir Covindasamiz aus Wegfall der Kasten im Himmel (s. Jacolliot) und die Zauberkraft der Marschallin d'Ancre lag in Beherrschung schwacher Seelen durch eine starke (wie bei Herrschaft der Civilisation über Wilde). Unter den wandernden Heiligen (gleich den Vairagis) individuals are constantly appearing in some new form with regard to the deity, they worship, or the practices they follow (s. Wilson).

„Wenn der Somnambul Arst sein Phantasiebild in die Gestalt eines Schneidergesellen kleidete, wenn Bendsen's Somnambule nur eine Taube sah, in welcher sich ihre Anschauung offenbarte, oder Gott den Herrn als die reinste Sonne im höchsten Glanze, so sahen die katholischen Somnambulen Heilige und Engel, die mit ihnen reden" (s. Kieser). Da die Medien die Tradition der spiritistischen Kreise kennen lernen, bevor sie über physikalische Manifestationen oder Gedankenlesen hinausgelangt sind, so wird es erklärlich, dass gewisse Figuren in den Productionen ganz verschiedener Medien ebenso stereotyp wiederkehren, wie Arlequin, Pierrot, Colombine u. s. w. in der Harlekinade; sie nennen sich John King, Katie King u. s. w., und werden ergänzt durch die Orientalen mit Turban (s. v. Hartmann).

Nach Ulrici können (um die Willensfreiheit zu bewahren) „die spiritistischen Erscheinungen in letzter Instanz auf der Initiative der göttlichen Vorsehung beruhen" (1879). Der Körper liegt regungslos da (s. Lesser) bei (magnetischem) Hochschlaf („unter Verzückung in übersinnlichen Regionen"). Les grands phénomènes psychiques qui de tout le temps ont paru inexplicables à la science ou qui ont été attribuées aux puissances de l'enfer, sont plutôt du domaine du Spiritisme (s. Guistiniani).[1]

---

[1] Die spiritistischen Erscheinungen der psychischen Kraft (s. Cox), „bei relativ zu grosser Selbständigkeit der niederen und mitt-

Wie Prakriti dem darin eingehüllten Purusha vorangeht, tritt das Weibliche auf in Lalai (zu Hawaii); oder, gleich Papa, mit Wakea's Nachfolgern in steter Verjüngung vermählt, bis (unter Ole) als Greisin erkannt (in Haii), dauert Indrani (Paulomi oder Satchi) fort, in Vermählung mit nie alterndem Indra, also mit all seinen Nachfolgern, in Satchipatti (Herr der Kraft), und gebiert Chitragupta, als Kuh (durch Uma's Fluch), im Beginn der Schöpfung (aus parsischem Urstier).

Für das transcendente Wissen, wie nur dem hervorragenden Asketiker (Hertasp) verständlich, ist das Buch Pertu Estan (mansion of light) verfasst (im Desatir). An der Kulah oder Filzmütze (Arakich) des Murid (als Novizen) wird vom Sheikh die Terek genannte Rose oder Gul (mit achtzehn Zacken und Salomon's Siegel im Centrum) befestigt (im Derwisch - Orden der Kadirih). Die Jatadhari (Maheswaras oder Siva-bhagavatas) tragen das Haar als Turban aufgewickelt (rolled round the head like a turban).

Im Amizesh-i-Fahrang (institute of the Abadiyeh Durveshes) wurde am Textbuch Abad's festgehalten (nach Fani). The Paiman-i-Farhang (code of Mahabad) wurde durch Buzurg Mihr übersetzt (für Nurshirvan).

Sufism, according to the Dabistan, belongs to all religions (s. Troyer), it remained confined to the precincts of schools and societies (divided into three classes, the „attracted", the

---

leren Nervencentra gegen das höchste reflexhemmende Centrum der bewussten Selbstbeherrschung" (s. E. von Hartmann) führen auf einen instinctiv niedern Seelenzustand (bei den Naturstämmen zu studiren). Seinem positiven Gehalte nach charakterisirt sich der Spiritismus als primitivster Geisterglaube, wie er sich sonst nur noch bei Naturvölkern oder diesen nahestehenden Menschen findet (s. F. Schultze). Die „Spirits" wirken durch den Perisprit (als halb-materielle Wesen). Der Hypnotische unterscheidet sich von dem Normalen dadurch, dass der Schwellenwerth des Reizes ungewöhnlich hoch liegt (s. Heidenhain). Puysegur's Somnambulismus (1807) ergab sich in Braid's Hypnotismus als „subjectiver Natur" (1841).

„travellers" and the „attracted travellers"). The belief of the pure Sufis (the same as that of the Ashrakians or Platonists) geht (nach Imam Koshairi) zurück auf die Tabayun or „followers" (bei Mohamed's Tode), „and the followers of the orthodox doctrine, in order to preserve the purity of their faith and the strenght of their piety assumed the name of Sufis" (seit 815 p. d.), welchen Ghazali beitrat (IX. Jahrh. p. d.).

Der Desatir[1]) enthält die Lehre Abad's unter 15 Propheten Persiens (mit Zoroaster als dreizehntem) von Mahabad bis zum fünften Sasan unter Khusro Parvaez (nach Mulla Firuz bin Kaus).

In die durch Hushang durchgebildete Religion Kayomers war die Mahabad's aufgenommen (nach Jones). The Sipasi

---

1) According to the Dasatir, God created primitively immediately, and singly the supreme intelligence, this produced the second intelligence, with the primitive soul and body; the second intelligence brought forth the third, and the corresponding heavenly sphere, with soul and body; and so down to the tenth intelligence, to wit that for human reason. The modern Orientals kept the first-born supreme intelligence," which to the Muhammedans was sanctified by the verse of the Koran, saying: „The first being which God created was intelligence, and established a double series of descending intelligence and ascending heavenly spheres, as follows, according to the ancient and modern system. The difference between the system of the Dasatir and the modern Orientals consists only in this: that the first enthrones the first supreme intelligence, or reason, above all nine heavenly spheres, and assigns to the second intelligence with its soul body the ninth sphere, in which the latter system

(adorers) folgen dem Gesetzbuch Azar Hushang's (im Dabistan). Azur (ignis) seu Azar est Mars, igneus ille ferocis naturae Planeta, qui (fausti omnis ergo et successus in bellis) ab Assyriis primus omnium deus agnitus est, idque sub forma columnae. God (bei Fani) sent Abad a code called the Desatir, in which are formed all languages and sciences (s. Shea). Azar Kaiwan (mit dem Stammbaum bis Mahabad zurückgeführt) war von Shirin (aus Nurshivan's Geschlecht) geboren (im Dabistan).

Der Desatir wurde auf Zertusht Veranlassung für Sekander (Sohn Darab's) verfasst (in späterer Ueberreichung). Erskine meint (betreffs des Desatir), „that the whole of the peculiar doctrines ascribed to Mahabad and Hoshang, is borrowed from the mystical doctrines of the Persian Sûfis, and from the ascetic tenets and practices of the Yogis and Sanyasis, of India who drew many of their opinions from the Vedanta-school". The Yazdanian (godly) who are also called Sahi kesh (flourishing faith) and Sipasi (adorers) maintain that the most exalted of the prophets, the mightiest of kings and the sire of the human race which exists in this cycle was Mahabad, whom they also call Azar Hushang „the fire of wisdom (im Dabistan).

Die Urtraditionen der Hindu verrathen (in der Kosmogenie) eine Ahnung von der Wissenschaft eines Cuvier, Buckland und Berzelius (s. Björnstjerna), allen andern Völkern in der Anwendung der höhern Astronomie vorangegangen (1843).

Als unter den Nachfolgern Mahabad's (der von Gott das Buch Desatir erhalten) Gilshah (Sohn Yasan Asam's) aus der Einsamkeit, worin er sich für Ergebung an den Gottesdienst zurückgezogen, bei Zunahme feindlicher Uebel auf Erden, zur Bekämpfung derselben, auf seinen Thron zurückkehrte, als Kayomors oder Abul Bashr erhielt er eine neue Offenbarung im Paiman-i-Farhang, die mit dem Farhang-Abad übereinstimmend, fortdauerte unter den Sipasiern bis zu Zardusch's Reform (im Dabistan). Die Begründung des Sufismus wird auf Abu Hashim in Kufa zurückgeführt (s. de Tassy), als die der Wollenen (soof oder Wolle).

Every daireh or „mystic Circle" has its Tevejjuh, that of the Tâlib, who seeks the right path, is called „of the Heart". When once attained, its possessor can perform spells over the feebler wills of others, especially of females. When he reaches the Daireh of the Spirit, he can bewitch men and lovers, on reaching that of the „Mind", he can bewitch aged persons, the „Ulema" (doctors of law), the Fuzela (pious), the Zâhid (the devout). By the Secret Circle, he can enchant the learned, poets, and those, who spend their lives in the pleasures of love. By it, also, he can esorcillate Sheiks, people in a state of ecstatic fervour, the Tasavvuf and even the Ehli Sulook (Dervishes). In the Circle of the Jelâl (name of the deity) these powers are used for purposes of revenge, in that of Jemâl (beauty) for purposes of kindness and all of these are known to the Ehli Hâl (bei den von Ibn Isay gestifteten Isavees in Tripolis).

Akbar begründete seine Religion (der Ilahi) als Khalifah Ullah (Stellvertreter Gottes).

Der Lehre Zardusht's ging die ältester Religion[1]) (der Abadier) voran im Farhang Kesh (Huschang's), und die Abadiyischen Derwische bilden die Amezish-i-Farhang oder Mezchar genannten Vereinigungen, in denen jeder als Mit-

---

1) Die Weisen (bis spätere Zeit) heissen in Persian Zirek, and Farzanah; in Hindi Budhvan, Badisher, Set mat, Set pati, Kianisher, Chater, Pah danter, and Jami; in Greek Filsofi; and in Arabio Hakim (nach dem Dabistan). The distinguished men of that class divide themselves into two sorts; the one are the Oriental, the other the Occidental; as to the religions customs of the Orientals, let it be known, that they are also called Ravakin, and in Persian Keshish, „the religious". Pertavi, „the splendent" and Roshendil, „the enlightened", and in

glied zugelassen ist, ohne Rücksicht auf sein Glaubensbekenntniss. So fand sich durch Farzana Bahram (zu Fani's Zeit) der christliche Franke Antun Bushuyah Wavaraj (nach längerem Verkehr mit den Derwischen) zum Beitritt veranlasst, und „assumed the profession of a Kalander" (im Dabistan).

Die Heiligen (gleich Kharrad, Farshidwird, Bahman und Khiradmand in Patna) „were to such a degree enabled, to divest themselves of corporeal elements, that they quitted the body at pleasure, also that they had acquired from the court of Heaven the knowledge of all sciences whether known or occult, and consequently had the power of exhibiting wonderful works. Bei Mahab's Sklavenstand, Farhang (resting his head on his knees), directed his heaven-contemplating attention to the subject (und augenblicklich sah das Gewünschte).

Aus den Geheimnissen dunkler Welt beginnt die Erlernung der Wunderkräfte, vom Tischklopfen an oder vom hundsgemeinen Steinwerfen in den Spukhäusern (und am Poltcrabend). Der, als Mahatma, von Kishi gekannte Yati setzte durch seine Sprüche Steine in Bewegung (nach dem Dabistan). Von somnambulischem Brieflesen und (Cumberland's) Gedankenlesen hat es allerlei Variationen (zum Erheitern und Verschönern). Yazdan Sitai (the disciple of Mobed Sarosh) used to lay on the breast of a person plunged in sleep something of such a nature, as to make him return an answer to every question proposed to him (und dass er die Lulis oder Tänzerinnen nackend auszog, erzählt Mobed Hushyar). Unter den Inanis (Sankara-Acharya's) als der Derwisch nach Licht verlangte (1635), Chatur Vapah „directed his looks to the field, and an immense torch burst forth, lighted from the mysterious region" (im Dabistan). Par l'exercice des rites mystiques la Bikchouni en arrivera à conjurer les démons ennemis de l'homme, et elle acquerrera sur le monde extérieur une puissance surnaturelle (s. Summer), in die Luft auffliegend, wie Kalasaka's Schwester

(s. Speir), aber „ces extases et ses crises nerveuses n'ont pas donné au Bouddhisme une sainte Thérèse" (s. Foucaux).

Fani traf (1638) Aisha Girda (in Kaschmir); Ferzanah Khushi says, that he kept his breath during three watches, or nine hours and he found Maden Kir equal to him. This was a man skilled in all sorts of magic and sleight of hand, whenever well disposed, he scattered bread and salt about, brought milk from bones, cut bones in two with a hair, and passed birds' eggs through the narrow neck of a bottle, and exhibited such like tricks (s. Shea). That the Sipasi philosophers (im Dabistan) „knew the most wonderful powers of nature" (s. Jones) may fairly he doubted; they appear to have condescended to practise the common tricks of conjurors and to have been mere ordinary jugglers (1820).

Azer Keiwan's „scholars though some one of them were certainly men of talent and learning, have in general far too much the air of conjurors and jugglers" (s. Erskine); their knowledge (both visible and secret) was acquired by them in the ninth heaven (nach dem Dabistan). Im Buddhismus beginnt es zu zaubern, mit dem Himmel der jenseits des Yama's liegt (über das Todtengericht hinaus).

Von den Veli oder Heiligen (mit Wunderkräften) residiren die sieben Abdal, unter dem Akhyar (bei El-Ghaznavi) über die sieben Zonen (nach Mahi-eddin Muhammed). The Gushtaspians (in Persien) had such power that, when they pleased they left the body" und (wie Sekander sah) „there was no such class of man in Yunan" mit Nurakhi-Sprache).

As the holiest part of the holy, Kedar Khand abounds with places of pilgrimage, and here in the Adha-Margashirkh-uprant all the gods, and goddesses are said to assemble and engage in sports of various kind, and the noise of their talk and laughter is heard for miles around (s. Atkinson).

Wie die Magnetiscure durch Einfluss auf die Somnambulen, liess Hansen die von ihm in Operation Genommenen Kartoffeln gleich Birnen schmecken und ähnliche Geschmacksersetzung mehr an sich erfahren. Die bacchantischen Mädchen schöpfen Milch und Honig aus dem Fluss, wenn unter Dionysos' Einfluss (s. Plato), und die Muse wirkt in dem Inspirirten gleich dem Stein von Heraclea oder (bei Euripides) Magnet (im animalischen Magnetismus).

Durch die Steganographia (1621) konnte Tritheim, was seinem Gemüth sich darstellte, einem 100 Meilen Entfernten mittheilen, und zwar ohne Wort, Zeichen noch Winke, bei Erfindung der Weltsprache (aller Welt verständlich), als „allgemeine Weltsprache" (des Magnetismus) 1822 (bei Wesermann).

Der Magnetiseur hat es in seiner Gewalt, (durch Fascination oder Verblendung der Sinne) „auf den von ihm Behandelten beliebige Gedanken oder Vorstellungen zu übertragen, welchen letzteren gegenüber sich diese gerade so verhalten, als wären es reale Objecte" (s. Du Prel).

Darashuko (Shah-Jehan's Sohn) nach persönlicher Bekanntschaft begierig, „obtained the object of his wish, so that, whatever was established as certainty among the theological propositions, which he found for the benefit of the travellers on the vast desert, he sent it to Kachmir, where the lord Mulana-Shah keeps his residence (als Schüler Shah Mir's in Lahore). Any questions of every one who interrogates, are asked from him, although they may fall from the tongue of the asker, and the hearing of every thing solicited comes from the asker, although he himself may not know it (im Dabistan).

Der „höhere Zustand", worin Andrew Jackson Davis (der Seher von Poughkeepsie) seine Schriften verfasste, war der „statuvolische Trance-Zustand" (nach Wittig). Nachdem der Geist Alles mitgetheilt zu haben schien, was er zu sagen wünschte, und als er im Begriff schien, die Controle aufzugeben, versuchte ihn Fahnestock die Dame in demselben Zustand zu verlassen, in welchem er sie gefunden, als er die Controle übernahm, und diese Bitte bewilligend, schied er (in Cincinnati) bei Statuvolence (1878). „Als führe der Blitz des Lichtlebens, die Erleuchtung und Neuschöpfung durch die sieben Geister Gottes in ihm," erschien es Michael Hahn, bei der Vision der „Central-Anschauung" (s. Palmer).

Das Denken beginnt in Selbstsetzung des Ich, als Zwei, wie in menschlicher Gesellschaftswesenkeit ermöglicht, und mit der so herausgerechneten Drei führt es nun hinaus in die Unbegrenztheit der Zahlenreihen. Mit dem Auftreten des Widerspruchs (dem Zweifel in Zeruane-akarene) setzt die Entwicklung ein, mit dem „Etwas sein" und „Ein-Anderes-werden" (bei Hegel).

Soweit das Thier zählt, ist dies ein mechanisches Zertheilen des unbewusst (im psychischen Wachsthumsprocess schon) empfundenen Nacheinander der Zeit, während der Zeitbegriff erst im Menschen Platz greift, mit Verwirklichung der Auffassung und ihrer Assimilation, woraus dann wieder, aus physischen Keimen, ein geistiger Organismus sich entfaltet zum Blüthestadium der Ideale).

Innerhalb des (materiellen) Körperleibes oder Sthula-Sarira steckt (dreizehnfach) der Seelenleib, als (zeugende) Linga, umhüllt durch ihren (die Ichheit der Ahankara vorspiegelnden) Leib, als Linga-Sarira, mit drei Scheiden (Kosha) in einander. Die äusserste derselben (als Prāṇamaya) begreift die Organe (des Lebens), zunächst die (fortpflanzende) Zeugungsfähigkeit mit dem Ernährungsprocess, die Bewegungsthätigkeit der Hand und des Fusses (der oberen und unteren Gliedmaassen) nebst der Stimme, als (fünf) Handlungsmotoren, sowie dann die fünf Sinne, zu welchen Manas als sechster tritt, und also 11 im Ganzen. Im Uebergang hindurch bildet sich die zweite Scheide Manomaya für die innerste oder Vijnānamaya mit Buddhi und dem (primär umwandlungskräftigen) Tan-matra, und diese Buddhi nun strebt zur Befreiung in Mukti, einem Jenseits angehörig, gleich dem $\xi\xi\omega\vartheta\epsilon\nu$ zugetretenen $\nu o\tilde{\nu}\varsigma$ (bei Aristotl.). Aus den Handlungen der Linga-Sarira (wie in Manas reflectirt) ergeben sich deren Folgen, (böse aus den Verschuldungen der Sinne oder gute, wenn davon abstrahirt), und so entsteht (bei nothwendiger Verknüpfung von Ursache und

Wirkung) die Karana-Sarira, oder der Umhüllungsleib moralischer Verantwortung. Aus dieser gestaltet sich (unter den drei Guna) die Hypostase der Rajas, während wenn Satya (im Satyadhi als Inbegriff der Tugenden) überwiegt Bhakti erlösen wird (in Mukti), wenn Tamas dagegen die Existenz zur Qual zurückversinkt in Andhatamasa, die (endlose) Finsterniss verdunkelnder Unwissenheit (in Avidya).

Bei den Madhu Acharis oder Brahma Sampradayis führt die (in Mukt) befreiende Erlösung zu (Vishnu's) Seeligkeitshimmel Vaikunth, wenn die Wesenheit als männliche oder weibliche eingeht, indem, wie der Körper, die ihm zugehörige Seele von Uranfang her in männliche und weibliche Form geschieden ist (gleich Dsogbe in Mawu's Nodsie), wogegen in Rupa-Terrassen (des Abhidharma) das weibliche Geschlecht sich zum männlichen vervollkommnet.

Die Sankhya (in ihren 25 Tatwas) rechnet noch die Materialitäten (Aether, Luft, Lichtfeuer, Wasser, Erde) für die Sinnen-Substrate (Laut, Getast, Gestalt, Geschmack, Geruch) zu den übrigen (13) hinzu, und dann die Wurzel des Ganzen in Mula-Pakriti, sowie das Endziel in Purusha, wenn eben die in Pakriti aufgewickelte Buddhi sich aus der Umdüsterung loszumachen strebt, zum klaren Schauen (wie Tane aus Rangi und Papa's Umarmung, nachdem er die Glorie erblickt).

In den (buddhistischen) Nidana concentrirt sich das Ganze (unter Absehen von imaginär zusammengeschlossenen Seelenleibern) aus der Gedankenthätigkeit, wenn im ersten Regen derselben, in Avixa, die Khanda (durch vorangegangene Karma bedingte) Neugestalt gewinnen, und aus fortdauernder Tanha wieder ein Ankleben (in Upadana) eintritt, weshalb die Aufgabe darin liegt, diese Quelle des Schmerzes (Dukha) zu vernichten und so die Seeligkeit (Sukha), nicht des Sukhavati-Himmels nur, sondern dauernder des Nirvana zu gewinnen, wenn im methodischen Cursus der Meditation das Verständniss (in Bodhi) erwacht ist für Dharma, als **Asangkhara-Ayatana**.

In den Träumen erlebt die Seele die Abenteuer, wie sie (in Birma) dem herumschweifenden Leipya begegnen mögen, (bis zum Erschrecken durch einen Belu), während im Tiefschlaf die Seele bei Brahma weilt (in Abraham's Schooss), und wenn Brahma aus dem Schlaf erwacht (bei Ablauf des Cyclus): „Magnus ab integro sacculorum nascitur ordo" (s. Virgil) bei Welterneuerung (nach der Zerstörung).

Termination of pain (duhkhánta) or deliverance from evil, is twofold, one is absolute extinction of all ills, the other is acquisition of transcendent power and exercise of uncontrolled and irresistible will (bei den Pasupatas unter den Maheswaras). Das Letzte begreift „energy of sense" (drik-sakti), als vision (darsana), sravana (perfect hearing or sound), manana (intuitive knowledge), vijnána (certain and undoubted knowledge), sarvajnatwa (omniscience), fünffach (s. Colebrooke), neben „energy of action" (kriyá-sakti), as the possession of swiftness like thought, the power of assuming any body, and the power of exercising all faculties even without a body (s. Cowell.) Der Träger (âçraya) der Seele mit ihren Organen (Indriya, Manas, Prâna) bildet (als materielle Basis) den feinen Leib (Sûkshmam çarirâm) oder (bei Sankara) Deha-vîjâni bhûta-sûkshmani (die Feintheile der Elemente, welche den Samen des Leibes bilden) für spätere Wiederneubildung des Leibes (aus den Keimtheilen der Elemente). Der feine Leib hat einerseits Ausdehnung (tanutvam) und dadurch Locomobilität, andererseits aber Durchsichtigkeit (Svaçchatvam), „vermöge der er beim Auszug auf kein Hinderniss stösst" (s. Deussen). In Ling-Purusha (visional body) bezeichnet sich Linga-sarira als Ativa-hika (surpassing the wind in swiftness).

Als reinste Umhüllung (der Seele) ist Vijnánamaya aus Tan-mátra und Buddhi zusammengesetzt (in dem Vedanta), dann folgt Mano-maya, sowie weiter Prâna-maya und diese drei Scheiden (kosa) bilden den Sûkshma-sarira oder Linga-sarira, die Seele in den Transmigrationen begleitend, mit dem innersten Ueberrest, als Kárana-sarira oder Anandamayakosa (consisting of the primeval ignorance with the quality of goodness predominant), und in solchen Seelenwanderungen belebt sich dann der Grobkörper (Sthúla-sarira).

Ausser dem Bhuta-âçraya (als elementarem Substrat) hat die Seele (im Vedanta) noch ein moralisches Substrat (Karma-açraya), „in moralischer Bestimmtheit" (s. Deussen), so lange Karman noch seine Sühnung verlangt (bis zum Abgleich). Die Gruppe von Citta (atman) und caitta steht als Adhyatmika der Gruppe Bhautika gegenüber (im Buddhismus). Sukhsma-sarira oder Linga-sarira als Seelenkörper der Wiedergeburten besteht aus drei Kosha oder Scheiden (Tanmatra, Buddhi und Manas), oder Linga mit einem Körper umhüllt (als Linga-Sarira), unter Einbegriff von Ahankara (mit 11 Theilen) und Buddhi. Die Seele bewegt sich (im Vedanta) zwischen den Zuständen des Jagaravastha (Wachens), Svapna-avastha (Träumens) und Susvapna-avastha (Schlafens).

Der innere Leib, der den äussern formt, wie der Künstler seinen Marmorblock, ist der wahre eigentliche Leib des Menschen, er vermittelt den Zusammenhang zwischen dem sichtbaren Leib und der unsichtbaren Seele (s. H. Werner).

Nicht weil aus den früheren Existenzen einem in Wiedergeburten wandernden Seelengespenst, als loses Reisepäck anhängend, kommen in der neuen die Geistesresultate (aus angesammeltem Vorrath des Denkens) zur Wieder-Erinnerung, sondern weil Geist und Welt, Mikrokosmos und Makrokosmos, in tieferem Ursitz verbunden oder zusammen wurzeln, als seelisches Princip in Atma (Jivatma und Paramamatma). So entfaltet es sich (als Tad) in Entelecheia, erst unter körperlichen Abscheidungen aus der Dynamis, und dann im Reindenken mit zunehmendem Verständniss des Selbst (beim psychischen Wachsthumsprocess organischer Gesetzlichkeit).

Im Mittelzustand zwischen Abudiyet (frommer Ergebenheit) und Rububiyet (des Göttlichen) drängen (nach Nagori's Sharh-i-ark bei den Sufi) die Hadis, (die heiligen Offenbarungssprüche der Inspiration), hervor (gleichsam in embryonaler Vorbereitung eines Phaya aloun), und wenn sie als

Sphota (Brahma's) ausplatzen, kommt (durch den Logos aus schöpferischem Wort) der Schöpfungsgedanke zu seiner Verwirklichung (im Dasein der Welt).

So unter Wiederholung, bei aller Buntheit einförmig gleichartiger Maskirungen, dreht es sich innerlich stets um denselben Kern (psychologisch), im Deismus, ob mehr nach der Richtung eines Monotheismus oder der des Pantheismus zum Ausdruck gelangend.

Im organischen Emporblühen oder Pua (auf Hawaii) entwickelt sich Buddhi aus Prakriti, während (bei Fichte) das Ich sein Nicht-Ich setzt, und dann in nothwendig bedingter Wechselwirkung die Harmonie sich herstellt (aus Dharma), wie beim Ueberblick der Völkergedanken dargelegt (comparativ und genetisch aus den Gruppirungen der ethnischen Thatsachen in der Induction).

Bei Plato geht die ideale Welt vorher, als $\varkappa \acute{o} \sigma \mu o \varsigma\ \nu o \eta \tau \acute{o} \varsigma$ (bei Philo), und so in der Kosmogenie der Hawaiier, welche die Complemente geistiger Bedürfnisse des Menschen früher erschaffen sein lässt, als diese selbst. Die in der Geisteswelt des Lichts (Noor) präexistirende Seele Mohamed's wurde von Gott in ein Gefäss gesetzt von der Form der Kulah oder Mütze der Mevlevih (unter den Derwischen), und der Seelenfänger stülpt die Mütze über (in Madagascar). Before the world was created as an abode for man, another one existed, known as the Alem-i-Ervah or spirit world (nach den Mevlevees oder tanzenden Derwischen). Der Seele, aus dem Licht (als dem herrlichsten) gebildet, gegenüber, bezeichnen sich die Leidenschaften mit Dunkelheit (nach Jamasp). Die Seele (bei Xenophon) $\beta \alpha \sigma \iota \lambda \varepsilon \acute{v} \varepsilon \iota\ \acute{\varepsilon} \nu\ \acute{\eta} \mu \tilde{\iota} \nu\ (\ddot{\alpha} \varkappa \varrho \alpha \tau o \varsigma\ \varkappa \alpha \grave{\iota}\ \varkappa \alpha \vartheta \alpha \varrho \grave{o} \varsigma\ \acute{o}\ \nu o \tilde{v} \varsigma)$.

Ursprünglich war der Tod undenkbar, für die Abiponen (s. Dobrizhoffer), und so, da die wandernde Traumseele verirrt sein mag, wird der Todte[1]) (bei Alfuren und In-

---

1) On the islands of the extreme west, except from sheer old age or some very ostensible cause, no one is ever believed „to die all

dianern) angerufen, sie zurückzurufen oder (bei den Kasya) zurückzuführen. Animamque sepulcro condimus et magna supremum voce ciemus (des Polydor).

Wenn indess das Missverständniss als geschehen, im Geständniss der Tamanachier (s. Gily), nicht länger geläugnet werden kann, wenn es selbst als nöthig erscheinen mag, wie bei den Eskimos am Cumberland Sound (s. Kumlien), um den Nachkommenden Raum zu geben, (den die im Erdbeben Schüttelnden auf Timor zurückverlangen), dann verknüpfen sich die Vorstellungen des Lebens und Sterbens mit dem (auf Viti schöpferischen) Monde, das Symbol der Erneuerung (bei Hottentotten), oder als Empfänger der Seelen (der Pitri), diesen auch nachstellend.

Kundui's (des Mondes) Gatten Moyang Birtang sitzt unter einem Baum in den Mondflecken, zum Fangen der Menschen Schlingen drehend, die eine Maus zerbeisst (nach den Mintira).

Auf die Frage nach den ersten Menschen, den Pflanzen, Thieren, der Sonne, Mond, Regen, Blitz, Donner, der Sekay „répond toujours: tida tao (ne pas savoir, je ne sais pas, on ne sait pas)" 1883 (s. Lias).

Vergangenheit heisst (im Birmanischen) She-thau-bhawa, die voran liegende (vor uns liegende) Zeit, Zukunft dagegen Noung-thau-bhawa, die zurück (rückwärts) liegende Zeit, indem jene durchblickt wird, diese dunkel ist (im noch Unbekannten).

Denkend schafft Brahma durch „Gedankenkraft" (bei Wipprecht), und Ennemoser bezieht auf Ymir's schöpferischen Schweiss Hufeland's Vitalisirungs-Vermögen in der Hautausdünstung (bei Stieglitz), mit riechbarer Seele (Jäger's). Mit Abavanabavanasty (de nihilo nihil fit) erklären die

---

out". True it is, that all the outward and visible signs of death are there, speech, motion, sensation and respiration have ceased, the fountains of life are stopped, and life is fled, the man is „cold as a corpse", but what of that? Is not it well known, that he got a „blast"? (s. O'Donovan) oder Sidhe (bei den Iren).

Adouitam (neben den Douitam, welche Gott die Materie durchdringen lassen), Alles für Maya (bei Unmöglichkeit der Schöpfung sowohl, wie ewiger Materie).

Kraft der Imagination kann ein Fluch wahr werden, wenn aus dem Herzen kommend (nach Paracelsus).[1]) Der Archeus (lebensregierende Gnade der Urkraft) wirkt als "magische Kraft" (nach Helmont) im Menschen, bis zum Abbild Gottes (durch das Wort schon wirkend). Als Radya Brahil die (von Tuhan Allah erhaltene) Essenz der Welt (in der Grösse einer Arecanuss) durch Zaubersprüche erweitert und der (heilige) Vogel Simerani die Erde (ob nicht mehr weich) geprüft hatte, wurden die Menschen geschaffen. Am jüngsten Tage wird die Asche der Sünder (nach dem Ausbrennen) in dem Kain Kasoh genannten Tuch gewogen werden (bei den Mintira der Malacca-Halbinsel), und Michabo erweitert das Sandkorn zu der durch den Wolf ausgetretenen Erde (magisch schöpfend).

Deshalb dann zur Begütigung die Todtenbeigaben überall, damit dem Abgeschiedenen seine justa gewährt seien, und zunächst ein Abschiedsmahl (wie bei den Esthen u. s. w.). Die Ci genannte Bewirthung wird den Ahnen dargebracht, zur Andauer der Kindesliebe (nach dem Li-ki) für "guten Namen, Eintracht und Frieden" gefeiert (nach Gregorius Lopez), als χαριστεια (der Oromatua). Jenseits der vierten Generation werden die Ahnentafeln aus den Wohnungen nach dem Cung-miao genannten Gebäude (zur Aufbewahrung) gebracht (nach dem Kia-ly). Auf der Ahnentafel ist Shin-Goei (Sitz des Geistes) geschrieben, neben Shin-Chu (Bild des Geistes. Der Ahnencult wird nach dem von Cu-su verfassten Buche Chum-jung verrichtet. Confucius wird im Ven-Miao verehrt. Neben dem Kopfgeist (Aharika) unter-

---

1) Εἰ γὰρ ἕλκει τὸν θεόν (τοῖς κυμβάλοις ἄνθρωπος εἰς ὃ βούλεται)

scheidet sich (bei den Jainas) die Körperseele, als Andarika oder (wechselnd) Vaikarika, mit feinerem Körper, als Karmana (der Leidenschaft) und Taigasa (der Geisteskraft). Ἡ εἰωθυῖά μοι μαντικὴ ἡ τοῦ δαιμονίου (bei Socrates), τὸ τοῦ θεοῦ σημεῖον (s. Plato), quiddam divinum (bei Cicero).

Von den irdischen Ueberleibseln bewahren die Knochen wunderbare Kraft, wenn von Heiligen oder (am Congo) von Fetizero herrührend, nach dem Reinschaben als Reliquien getragen (s. Owen). Weil bei der Fundamentirung des Baues für Tiberias (durch Antipas) Knochen gefunden waren, wurde die Stadt, als unrein, von den Juden gemieden (während später der Grund zum Bau christlicher Kirchen durch die Knochen der Reliquien geweiht wurde). Vigilantius bezeichnet die Christen als Cinerarios oder Aschen-Sammler (wegen der Reliquien-Verehrung).

Bei wohlwollender Stimmung wachen die Oromatua über Einigung in der Familie, und neben Hülfedienst im Kriegshandwerk, wie von den Ahnengeistern der Bantu (oder bei den Szeklern) geleistet, mögen auch andere Functionen von den Verstorbenen[1]) versehen werden, wie die Pflege der Saatfrucht (in Melanesien) oder auch das Richteramt (aus den Geheimbünden). Die Egoungoun (verkleidet mit künstlichen Stimmen redend) sind „lês ames des morts" (bei ihren Sprüngen und Gaukeleien von den Begegnenden geflohen), in Todesfällen die abgeschiedene Seele zu sich rufend (an der Sclavenküste). Egoungoun exerce la police dans le cercle de la vie privée, Oro est le grand policier de la société, quand la justice a exigé le mort d'un coupable, on dit qu'il a été livré à Oro (s. Bouche). In den heiligen Hainen wohnen die Heroum Animae (bei Servius), schreckend als Cerriti des Cerus Manus (im salischen Liede).

---

1) Manalem lapidem putabant esse ostium Orci (s. Paul.) am Cereris Mundus (bei Fest.). Der Dillestein der ist enzwei, die töten sint ûf gewecket (Dietr. drachenk.), als „Götter der Unterwelt" · (s. Grimm).

Im Edro ist der Genius dem Menschen mitgeboren (in Guinea), und aus dem Sternenlauf kommt als Geburtsdämon der Astralgeist (bei Cornelius Agrippa), im σῶμα ἀστεροειδές (αὐγοειδές), der, wie dem Menschen höheren Geistern eignet (nach Hierokles), denn der Geist in den Gestirnen entspricht dem der Engel und der Menschen (s. Tatian), und alle Himmelskörper besitzen mit der Seele auch Erkenntniss (nach Ben-Maimon), so dass das Fatum mathematicum (bei St. Aug.) in die Intelligenz eintritt (aus dem Weltgesetz).

Bei mangelnder Wieder-Erinnerung wird dann in mystischer Verknüpfung der Gott gesucht zum „spiritus familiaris" und „the Hindoos are careful to conceal the words of initiation", um Fremden zu verheimlichen, „what god they have chosen for their guardian deity", weshalb die Worte der Gayutree (Savitree), nachdem der Priester das Opfer vollzogen hat, vom Vater flüsternd gesprochen werden, bei der Oopunnyunu (in Anlegung der Poita). Die Viju-Mantra (bei der Einweihung für die gewählte Gottheit, als Ishtu) generally consists of a single sound, as when it is to be taken from the name of a god, a consonant is taken out of this name and a vowel added to it (s. Ward). If the children do not choose their father's Guru, he curses the family (und so die Rivalitäten in den Vedas schon). No one but a divine Guru is regarded as allowed or able to teach, (bei den Tamulen), das Siva-Gnana-Patam (mit der Ravurava-Agama) über Pathi (deity), Pasu (Soul) und Pasam (Matter) handelnd (s. Hoisington).

Beim Tode mag dann der Polynesier mit seinem Atua, der ihm in Gestalt des heiligen Thieres erscheint, wieder vereinigt werden, durch Absorption in der Gottheit, und beim Tode der Pandja-Fürsten heisst es, dass sie, das Heiligthum im Tempel des Mula Linga betretend, mit der Gottheit vereinigt wurden (a contrivance of the priests to get rid of those princes of whom they were tired). Die Bewohner Rotuma's „croient seulement à un être ou génie suprême, qui leur donne la mort en les étouffant, aussi appellent ils la mort Atoua" (s. Lesson).

Das nach dem Absterben seelisch Zurückbleibende bewahrt sein Verdächtiges im unheimlichen Spuk bei quälender Erinnerung in Mehrzahl der Fälle, um Nachstellungen fürchten zu lassen. Die Vampyre (s. Demelius) sind zwar todt anzusehen ratione animae rationalis, auch sind sie nicht mehr am Leben ratione animae sensitivae, weil ihre Corpora keine sinnlichen Empfindungen mehr haben, sie leben aber noch ratione animae vegetativae (1732).

Hat sich das Interesse auf heilige Reliquien concentrirt, folgt consequenterweise bei Entfernung (oder Beraubung) die Befürchtung drohender Gefahren (und andererseits der Wunsch, durch Translationen Schätze zu gewinnen). Bei Ausgrabung des auf Yap angeschwemmten Beil (der Göttin Isserie) würden die Ulithi-Inseln untergehen (s. Tetens). Die Angel, mit welcher Mathikethik (nebst seinen Brüdern) die Insel Fais auffischte, wurde durch einen Eingeborenen in Fallalep gefunden, nach Yap gebracht, und dann nach der Insel Gassapar, deren Häuptlinge den Untergang von Fais in der Hand haben (s. Tetens).

Als in alter Rivalität mit Tegea, durch dessen König Euchemus (als Vorkämpfer der Pelopiden) Hyllus im Zweikampf erschlagen war, Sparta vom delphischen Orakel die Verknüpfung des Sieges mit Orestes' Gebeinen erfuhr, wurden diese, als Lichas das Geheimniss ihrer Vergrabung entdeckte, durch List beschafft und übergeführt (s. Herodot).

Zur Abwehr dämonischer Mächte, die schreckend rings umgeben (in den wandelnden Formen der Zeitmasken),[1] zieht sich der magische Bannkreis, mit dem geweihten Faden, den die Talapoinen um Bangkok's Mauern legen, und schützend umgeben die Formeln heiliger Sprüche. „Unversehrt, wirst

---

[1] Viele Individuen fürchten sich jetzt ebenso vor der Polizei, wie man sich ehemals vor den Heroen und Dämonen fürchtete (s. Esquirol) in der Dämonomanie (1838).

du nicht sterben, nicht sterben wirst du, fürchte nicht, hier sterben die Leute nicht (leben nur), nicht gehn sie in die tiefe Finsterniss, Alles lebt da, Rind, Ross, Mensch, Vieh, wo dieses Brahma wird vollzogen, als Schutzwehr für das Leben," heisst es (mit Pûtudru) im Atharvan-Veda (s. Ludwig), wie im Haus des Flamen (dem Schattenreich gegenüber).

Aehnlich gilt es, für den Lebensunterhalt, der Hut der Saaten, wie in Melanesien gerne den Abgeschiedenen anvertraut, oder zugleich durch kräftiges Gotteswort zu wirken, bei Verfluchung des Ungeziefers etwa, gleich der des Bischof von Lausanne. „Tödtet den Tarda (Getreidewurm), den Samanka, den Maulwurf (Maus), schneidet, Asvina, das Haupt ab, zerschmettert die Rippen, das Getreide sollen sie nicht fressen, verbindet ihnen den Mund" (im Atharvan-Veda).

Auch Festungen werden gebaut, (dämonisch gleich asurischer Dreistadt), und schon der Stadtpfeiler erhält (in Siam) seine Verehrung (wie der Grundpfosten jedes Hauses). Zum Schutz der Stadt wird in dem Tempel Chim-Hoam oder Mauer (Chim) und Graben (Hoam), Verehrung dargebracht (in China), unter der Inschrift Chim-Hoam-Shin (bis von den Bonzen eine Statue zugefügt ist).

„Nachts hört man zuweilen aus dem Walde hinter der Umzäunung eigenthümliche Laute oder ein dumpfes Stampfen des Bodens; die jungen Leute sagen dann, der Teufel ginge im Walde um, und ein Jeder, der sich jetzt hinter die Pallisaden begebe, müsse sterben" (s. Fischer), und in diesem als „Miko" (verboten) geltenden Pallisadenzaun wird neben der Trommel (bei Aufnahme unter den Männertanz) geheimnissvoll das Ngathi genannte Saiten-Instrument aufbewahrt, das bei Todtenfällen gespielt wird (wenn die Msuka oder Geister schwirren). Der gegen den Wald gerichtete Zaun hat das Dorf (der Wapokomo) gegen die dämonischen Angriffe zu schützen, wie der durch das Bo-Boil genannte Thor geschlossene auf Halmahera (s. Indonesien, Lfg. I, S. 2).

Die Kraft der Bezwingung, wenn nicht direct vom

Bösen selbst, im Uebergang des Ganga zum Endoxe (in Loango) gelernt, wird dem vor solchem Fall Bewahrten durch göttlich eingesetzte Mysterien [1]) geschafft (wie im Talisman der Seefrau von Guyana), in Verbindung mit den Himmelsbesuchen (für das Wai-Ora bei den Maori).

Die Schrecken unnahbarer Geheimnisse, denen auch in den Mysterien der Candidat zitternd nur naht, treiben zu Klagen und Jammern (auf Ceram und Guinea) die unein-

---

1) Διόνυσος ἐν κυβέλοις ὑπὸ τῆς Ῥέας τυχὼν καθαρμῶν καὶ διαθεὶς τὰ τελετάς καὶ λαβὼν πᾶσαν παρὰ τῆς θεᾶς τὴν διασκευὴν ἀνὰ πᾶσαν ἐφέρετο τὴν γῆν (nach dem Scholiasten). Der geheimnissvolle Eindruck des Wunderbaren machte reineren Vorstellungen Platz, im Fortschreiten der Epoptie (s. Guigniaut), quibus explicatis ad rationemque revocatis rerum magis natura cognoscitur, quam deorum (bei Cotta). Zu physischen Reinigungen traten dann psychische (als moralische). Hoc oportet intelligi, quum multum animus corpori praestet observeturque, ut casto corpore adeatur, multo esse in animis id servandum magis (s. Cicero). Mit den Mysterien wurde Alles umgestaltet zum Gottesreich und im Exorcismus (unter den vier ordines minores) wurde (bei der Taufe) nach der Exsufflatio (des unsauberen Geistes) der heilige Geist (durch Insufflatio) eingehaucht (unter der Renunciatio oder Abrenuntiatio). Nihil melius illis mysteriis quibus ex agresti immanique vita exculti ad humanitatem et mitigati sumus, initiaque (ut appellantur), ita re vera principia vitae cognovimus, neque solum cum laetitia vivendi rationem accepimus, sed etiam cum spe meliore moriendi (s. Cicero). Der Trieb der vernünftigen Natur zum an sich Wahren und Guten ist auf ein Dasein an sich, auf ein vollkommenes Leben, ein Leben in sich selbst gerichtet (s. Santlus), auf ein Ziel (in Zweckerfüllung). „Es ist keine physische Nothwendigkeit oder natürlich nothwendige Verknüpfung, zwischen dem Zweck oder Ziele des Bemühens und der Bestimmung der Mittel zu dem Ziel. Es folgt nicht necessitate physica, ein Thier muss gewisse Geschicklichkeiten haben, wenn es sich und sein Geschlecht erhalten soll, also hat es auch dieselben nothwendig von Natur. Das ist blos eine necessitas logica-moralis, eine solche nothwendige Verknüpfung, die eine Bedingung guter Absicht und reiffer Erkenntniss der besten Mittel voraussetzet, nämlich, wenn Einer den Zweck ernstlich will zur Wirklichkeit gebracht haben, so muss er auch die tüchtigen Mittel einsehen, wählen und danach bestimmen" (s. Reimarus).

geweibten Frauen (über das Loos ihrer Kinder), aber zu lernen gab es dorten nicht viel, wie gleich Lessing, auch Aristoteles wusste (s. Synesius), indem es sich bei den Weihen nur um Gefühlserregung handele ($\pi\alpha\vartheta\varepsilon\tilde{\iota}\nu$ $\varkappa\alpha\grave{\iota}$ $\delta\iota\alpha\tau\iota\delta\tilde{\eta}\nu\alpha\iota$).

Wie neben dem König[1]) gegen die handgreiflichen, als Schützer gegen die unsichtbaren Feinde, hatten die Priester zugleich die Gaben der Natur zu reguliren, als Festordner (der Irokesen) im Cyclus (Siam's), durch (magische) Thiertänze für die Jagd, oder Ackerbau-Ceremonien für die Ernte, $\dot{\varepsilon}\pi\varepsilon\iota\delta\grave{\alpha}\nu$ $\gamma\grave{\alpha}\varrho$ $\dot{o}$ $\mu\varepsilon\tau o\pi\omega\varrho\iota\nu\grave{o}\varsigma$ $\chi\varrho\acute{o}\nu o\varsigma$ $\ddot{\varepsilon}\lambda\vartheta\eta$, $\pi\acute{\alpha}\nu\tau\varepsilon\varsigma$ $\pi o\upsilon$ $o\acute{\iota}$ $\ddot{\alpha}\nu\vartheta\varrho\omega\pi o\iota$ $\pi\varrho\grave{o}\varsigma$ $\tau\grave{o}\nu$ $\vartheta\varepsilon\grave{o}\nu$ $\dot{\alpha}\pi o\beta\lambda\acute{\varepsilon}\pi o\upsilon\sigma\iota\nu$. $\dot{o}\pi\acute{o}\tau\varepsilon$ $\beta\varrho\acute{\varepsilon}\xi\alpha\varsigma$ $\tau\grave{\eta}\nu$ $\gamma\tilde{\eta}\nu$ $\dot{\alpha}\varphi\acute{\eta}\sigma\varepsilon\iota$ $\alpha\grave{\upsilon}\tauο\grave{\upsilon}\varsigma$ $\sigma\pi\varepsilon\acute{\iota}\varrho\varepsilon\iota\nu$ (s. Xenophon), und dass die zur Hut und für Wohlergehen umgebenden Götter, wenn mit Dankgefühl und Wahrheitssinn behandelt, sich als zufrieden erweisen werden, findet Socrates in voller Ordnung (des Weltgesetzes).

Weiter gewähren die Gottesmänner Antidote, gegen das Gift, das mit Ahriman) die Welt durchdrungen, in Begründung heiliger Mysterien (wie durch den Ersten Menschen der Indianer und andere Cultusheroen gelehrt). Wie die Kurnai (s. Howitt), glaubten die Mara (am Lake Condah), „the spirit of the deceased father or grandfather occasionally visited his descendants in dreams and imported to them charms (songs) against disease or witchcraft" (s. Stähle). Euxenippus liess im Tempel (Athen's) träumen, für Rathschläge zum Besten des Staates in der Volksversammlung (s. Hypereides). „Was du essest, was du trinkst, Korn des

---

1) Als dux ex virtute (bei Tacitus). Chez les hommes, comme chez les animaux, les troupeaux, formés par l'identité des impulsions, n'ont pas de véritables rois, mais de simples guides designés par l'acuité de leurs sens, par la promptitude de leur coup d'oeil, par l'audace, qui en est la conséquence (s. Brocher de la Flêchère). Bei Verschiedensprachigkeit der Stämme (am Murray) wird der Verkehr durch den Ngalla Wattow (Postmann) vermittelt (s. Beveridge), und der Aelteste des Stammes ist Häuptling (weil am Meisten aus seinen Erfahrungen erzählungskundig).

Ackerlandes, Milch, was essbar und was nicht essbar, alle diese Speisen mache ich dir frei von Gift" (im Atharvan-Veda), wie bei den Benedictionen (comestibilium). Wie der Ganga im doppelten Sinne der Pharmakeia, Arznei und Gift verabreicht, werden die Aerzte (als Charasp im Hebr.) des Tödtens der Kranken beschuldigt in Spanien (1885) bei Cholera, wie in Paris (1832), und bei Epidemien die Vergifter der Brunnen verfolgt (im Mittelalter). Die Verehrung Vishnu's, als Madhusudana, Erschütterer oder Tödter des (Dämon) Madhu, befreit von Yama's Hölle, wie das (bei den Maori) durch Tawhaki gebrachte Lebenswasser (Wai Ora) von Reinga (in der Unterwelt). Die Götter sind stets umher, Uebel abwehrend und Wohlergehen gewährend, sowie Zeichen gebend, wenn ihrerseits mit Dankgefühl und Wahrheitssinn behandelt (s. Xenophon). Wie Rowkoula, als der Geist Eatua während des Tages nur (von Auf- bis Niedergang der Sonne) die Welt beherrscht (unter den Maori), gilt der Nachtgeist, Rockiolia, zugleich als „Ursache des Todes, der Krankheiten und solcher Unglücksfälle, die den Menschen während seines Waltens überkommen" (s. Edwardson).

„Um sich der Dämonen zu erwehren, bedurften die Christen Mittel magischer Art. An das Dasein der heidnischen Götter glaubten sie freilich nicht, aber statt der Götter traten ihnen nun in der heidnischen Welt überall Dämone entgegen, deren Vorstellung den vielfachsten Einfluss auf das christliche Leben hatte; der christliche Dämonenglaube erzeugte eine Menge abergläubischer Vorstellungen und Handlungen; wodurch das Leben der Christen selbst wieder ein heidnisches Gepräge erhielt" (s. F. Ch. Baur), indem nun die Theurgie, (im Cultus der Götter), durch Goetie (zum Zauberkampf mit dämonischen Feinden) umgestaltet war. „Das ganze Christenthum ist Nichts, als die durch Christus vermittelte Herabführung der Mysterien in die Welt, durch welche diese mit dem Reich des Lichts bekannt gemacht, versöhnt und verjüngt werden soll" (gnostisch) in der πίστις Σοφία (s. Köstlin). Die Christen werden dadurch widerlegt, dass sie nicht Gott und nicht einmal einen Dämon, sondern einen Todten verehren (nach Celsus), und als Shah Abbas auf der Pilgerfahrt zum Grabe Hossein's in Kerbela ankommt, räth ihm Tasab, statt eines todten, einen lebenden Imam zu wählen (nach den Vahadiern).

Den (bis auf Bjelinski zurückgeführten) Nihilismus (in der Person Bazarow's bei Turgenjew) erklärt Herzen „als die absolute Freiheit von allen fertigen Begriffen, von allen überkommenen Hemmnissen und Störungen, welche das Vorwärtsschreiten der abendländischen Intelligenz mit ihrem historischen Klotz am Fusse aufhalten und hindern", wie in Tschernyschewski's Roman, als „Lehrbuch des Nihilismus" (s. J. Scherr) ausgeführt, im Gegensatz zu der Solidarität menschlicher Interessen (bei Leroux), und der contemplative Orient dehnt die Wesenseinheit weiter aus, so dass die Dadu-Panthis Verbrennung vermeiden, weil „in a funeral pile insect life is apt to be destroyed" (s. Wilson). Animals such as the cow, ass and horse, which were made to labor when young, were maintained by their masters in a state of case, when they grew old, the quantity of burden, which each animal was to carry, was defined, and whoever exceeded that limit received due chastisement (unter den Mahabadiern). Dann in der Weltseele bewahrt sich die Einheit, von Jivatma zu Paramatma, $\psi v \chi \dot{\eta}$ $\vartheta \epsilon i \alpha$ $\tau \epsilon$ $\varkappa \alpha i$ $\dot{\alpha} v \vartheta \varrho \omega \pi i v \eta$ ($\pi \tilde{\alpha} \sigma \alpha$ $\psi v \chi \dot{\eta}$). Die Physis begehrt Gott (bei Aristoteles). Gott ist allein im eigentlichen Sinne Zweck, weil er es in unbedingter Weise ist, die Physis hingegen nur der bedingte Zweck, unvollendet, ($\zeta \eta \tau \epsilon \tilde{\iota}$ $\tau \epsilon$ $\tau \acute{\epsilon} \lambda o \varsigma$), während Gott die $\varphi \acute{v} \sigma \iota \varsigma$ $\tau o \tilde{v}$ $\dot{\alpha} \varrho \acute{\iota} \sigma \tau o v$ $\tau \epsilon \tau v \chi \eta \varkappa v \tilde{\iota} \alpha$, ohne Streben ist (s. Hardy). „Das Gute als Prius aller Bewegung im Grossen wie im Kleinen, im Freien wie im Unfreien, ist der aristotelische Begriff der Physis", und so manifestirt sich das Streben nach normaler Gesundheit in der Sprache der Philosophen, wie in religiöser unter Hingabe an den Glauben.

Samedi 13 juillet. — La sainte Vierge nous avait protégés d'une manière toute particulière jusque-là. Nous avions eu des souffrances et nous devions surement en avoir encore; nous avions à tour tous été malades; mais ce n'était pour nous qu'une preuve de plus que Dieu nous bénissait et que Notre-Dame d'Afrique nous couvrait de sa protection. Aussi demandions-nous chaque jour à cette tendre mère de continuer à nous protéger et a nous bénir. Le samedi surtout était specialement consacré à honorer Marie. („Missionaires d'Alger dans l'Afrique Équatoriale").

Mit gern gewährten Sympathien wird man diese frommen Ergüsse eines gläubig frommen Gemüths lesen und sich freuen im Interesse der aufopferungsbereiten Missionsaposteln, dass es ihnen möglich ist, die Schwierigkeit ihres Weges sich aus eigener Ueberredung zu erleichtern und verschönen.

Aber, wie wenn es nun zu Argumenten käme mit den Eingeborenen, deren Land im militärischen Ansturm genommen werden soll („à l'assaut de l'Afrique", wie der Titel des Buchs besagt), nach Art einer „salvation's army"! Mongou mbaïa, (dieu est méchant), Gott ist böse, (so böse und schlecht, dass ihn die Sambaer mit der Lanze zu durchstossen suchen), und welch' Entsetzen über solche Antwort: Gott ist böse! Er, der gute Gott, als gütig Guter. „Je m'efforce de lui faire comprendre, que loin d'être méchant, il est infiniment bon" und (in gewöhnlicher Unterordnung des Schwarzen unter den Weissen), il finit par avouer que dieu est bon („notre vieux Manangoua"). Und solch logisch wacklige Bekehrungen schlagen dann um in doppelt gefährlichen Unsinn (wie bei den Pai-Merire der Hau-Priester unter den Maori).

Wer in das harmonische Walten des Alls sich hineindenkt, wird in Ergebenheit entgegennehmen, was das Geschick ihm bringt, in der Ueberzeugung eines Besten, weil mit Nothwendigkeit Gerechten, (sive vivimus, sive morimur, Domini sumus), und der mit dem Schleier (oder Hajab) des Jenseits (in der Finsternisse Dunkel sowohl, wie in blindblendender Lichtesfülle) verborgenen Ursächlichkeit mag auch für das Dasein Dank gebracht werden, obwohl in anderer Stimmung wieder dieses verflucht werden kann oder pessimistisch betrauert, wie durch die Trausier, die das Neugeborene mit Thränen begrüssten, beim Eintritt in dies Jammerthal der Welt.

Und so pflegt der Neger zu denken, wenn ihn während des Lebens nur Feindliches rings zu bedrohen scheint, was im Cultus Bekämpfung oder Sühnung verlangt, der blutigsten oft (in der Opferscala), oder was in skeptischer Apathie ein ägyptisches Tafellied intonirt: „Lasst uns essen und trinken, denn morgen sind wir todt" (ehe der „Appetitus intellectivus" geweckt ist, um weit weniger flüchtige, schönere Genüsse zu versprechen).

Desshalb in diesem Pesthaus des Lebens, mit den Menschen als Kranken (nach der Vedanta), wenn „the world is the abode of deseases and human beings are the patients" (im Dabistan),[1]) hat der Tathagata, (der zur Mahabodhi gelangte Weise), seine Heilsworte gesprochen, vom Schmerz und der Erlösung davon (in den vier Wahrheiten), bei Gleichgültigkeit gegen die Specialform cultureller Ceremonien: As the creator is not manifest and the comprehension of mankind cannot attain to any certain knowledge about him, why should we submit to the bondage of an object, doubtful, imaginary, if even wished for, not to be found? (meinen die Charvaka). Statt dessen dann die Lehre normal gesunder Erziehung, in psychischer Diät, (wie mit der Fassung des Abhidharma für passive Rassen adaptirt, in den Aryâni satyâni).

---

1) If they acquit themselves in the most perfect manner of their prescribed duties, and strenuously avoiding what ought not to be done, they attain the state of health, the most elevated degree of which is liberation from this depraved body and union with the ambrosial sweets of paradise (nach der Buda-Mimansa) in Mukti (s. Fani), so dass es sich um die normal gesunde Entwicklung handelt (psychischer Diät), wobei, wenn noch ein selbstbestehender

Ob freilich solch enthaltsame Diät zusagt, wird von Prädilectionen abhängig bleiben müssen, und wer ein anderes Loos sich zu erwürfeln vorziehen sollte, hat den Recurs zu den Tempeln, oder zu den Vedas, offen vor sich, mittelst des Apurvam, als neugeschaffenes Verdienst in den Opfern wirkend (nach der Mimansa). Durch hundert Asvadmedha's (Pferde-Opfer) schon ist die Stellung Indra's zu erlangen, eines Götterkönigs im Himmel, was nicht eben allzu theuer erscheint. Dass es indess auch diesem Indra, oder Phra In, nicht an Plagen fehlt, ist aus den Puranas bekannt genug, und in Indo-China kommt die Unannehmlichkeit hinzu, dass es auf seinem Marmorsitze plötzlich oft zu brennen beginnt, so heiss empfindlich, um rasches Aufspringen zu veranlassen, — und zwar aus schierer Bosheit der bösen Menschen, welche wieder in Ordnung zu bringen höher gebotene Pflicht von ihm verlangt, und in solch drastischem Aufstacheln zu fühlbarer Kenntniss in Erinnerung bringt. Bei fromm waltender Tugend dagegen (und Tagesfütterung der Talapoinen) geht Alles gut im Gemeinwesen (bei Hesiod).

Was im Allgemeinen Jedem am nächsten liegt, zeigt die weite Verbreitung des Phallusdienstes auf der Erde (bald in geschlechtlichen Orgien, bald im jungfräulichen Cult), und nachdem Uma (Devi κατ' ἐξοχην) die auf den Gatten, (Siva oder Mahadeva) geworfene Verachtung ihres Vaters Daksha (Sohn Brahma's) im Feuertode gesühnt, kehrt sie (mit Verehrung des Lingam) zurück als Parvati (bei Kama's Pfeilschuss). Die Wahrnehmung (Pratyaksham) kann das Brahma nicht erfassen, weil es keine Gestalt, die Folgerung (Anu-mânam) nicht, weil es kein Merkmal (lingam) hat, und so bedarf es (bei Sankara) der Çabda, um Isvara zu kennen (als Herr), während sich dann in Siva der populäre Weg erleichtert, durch Setzung des Merkmals (im Phallus oder Linga, als Grundprincip des Lebens).

Die Charvaka spotten über die brahmanische Triade, nichts anderes darstellend „than the sexual organs" (veretrum cum duobus testiculis), im mystischen Dreifuss, vierarmig im „complexus venereus" Mahadeo's, ein Ausfluss des Ganges-Wassers (veretrum, urinam vel semen emittens), und Brahma „an emblem of the birth of children" (s. Shea).

Und dann von den Indriya (in den Shad-Indriya), — durch deren Vollendung Indra's Rang zu erreichen, — aufwärts, mag die zeugende Schöpferkraft eine verfeinerte Darstellung erhalten, wenn die „Sphota" ausplatzen (im Logos). If the mind wishes, it forms the image of a town, it becomes then Brahma, who has as much as created it, as long as the mind wishes, it perserves its works on which account it becomes Vishnu, who is its guardian, further, if it wishes, it throws it off, in which sense the mind becomes Mahadeo (im Vedanta). Wer nun die „eigene Seele kennt, kennt Gott" (im Bhagavat), und so im Rausche der Deificirungen mag es zu allerlei Wunderthaten verlocken (zu Majazat und Kiramat), zumal wenn man lästige Vorübungen nicht scheut. From the nightfal until sunrise, the Mobed Paristar gave himself up to the Saráist, which in the celestial language, or the Desatir, they call Faró, or „downward": this rite, according to them, consists in elevating the feet in the air, and standing on the head; which position is called in Hindi Kapal Asan, (head-seat). In Korinth hatte solche Vorstellung (für profane Zwecke freilich) kein Glück (nach Herodot's Bericht darüber). Simeon Stylites, der im Fleisch die Lebensart der Engel nachgeahmt (s. Euagoras), wollte auf seiner (bis zu 40 Ellen erhöhten) Säule dem Himmel allmälig näher kommen (s. Theodoret).

Seitdem das erste Verbot, von der Baumfrucht der Erkenntniss, (in Unterscheidung von Gut und Böse), zu essen, vom Menschen übertreten, folgt (in Gottheitserstrebung) die Strafe unendlichen Sehnens, dem auf dem Wege des Forschens zu genügen verdächtig erscheint, für „Philosophia occulta" (Agrippa's von Nettesheim), denn: Nihil homini pestilentius contingere potest, quam scientia („de vanitate et incertitudine scientiarum"). Da Bischof Desiderius „nugas saeculares litteras" getrieben (in grammatischen Studien) wurde ihm das Pallium verweigert von Gregor M., der die heidnischen Schriftsteller in der Kapitolinischen Bibliothek verbrennen liess (nach Joh. Sal.). Horaz, Virgil und Cicero stehen auf der Seite Belial's (bei St. Hieronymus). Was hat Athen und Jerusalem gemein? (frägt Tertullian).

Im engen Horizont, unter Bescheidenheit der Bedürfnisse, begnügt sich die Seele auf dem Weg der Ahnen zu folgen, auf dem Pfade, worauf der Erste Mensch (bei den Indianern) vorangegangen, auf dem Pitriyana, wie von dem (zu Brahma führenden) Götterweg (Devayana) unterschieden (im Vedanta), und dann sind bald alle Menschen den Höllenstrafen Yama's verfallen, ausser denen, die in Verehrung Vishnu's oder Madhusudana's (in der Vishnu-Parana) Erlösung erlangt haben, wie sonst in (eleusinischen) Mysterien gewährt (oder bei den Maori durch das Wai-Ora der dritten Himmelsterrasse). Die Erlösung auf dem Devayâna (neben dem Pitriyâna der Seelenwanderungen) wird erst vollständig, „indem dem durch das niedere Wissen in das Sagunam brahma Eingegangenen dort die universelle Erkenntniss, das Samyagdarçanan, zu Theil wird" (s. Deussen). Die Bewohner von Devachan (Ngyanlo oder Tsingtu) oder Sukhavati „are endowed with the faculty of assuming human forms and descending upon earth, although when doing so, they are not subjected to a repetition of births, but rise again to the region they have left" (s. Schlagintweit).

Nach der Brihadâranyaka (der Upanishad) gehen die Wissenden auf dem Devayâna in das Brahman ein, die Werkthätigen steigen auf dem Pitriyâna zum Monde hinauf, und nach empfangenen Lohnen wieder herab, um Menschen zu werden, (während die weder Werkthätigen noch Wissenden sich in Würmer, Vögel und sonst thierische Formen verwandeln).

Für Emporführen zur Brahman-Welt (im Praçna-Upanishad) lehrt sich (bei Sankara) die Stufenerlösung (Kramamukti), als $\kappa\lambda\iota\mu\alpha\xi$ (bei Joh. Schol.), und Befreiung wird verlangt (nach der Bhûma-vidyâ im Chandagoya-Upanishad) in der Unbeschränktheit (Bhûman). In Upasanam (Meditation) strebt sich die Erkenntnis an, im Schauen des Atman (wenn Gott und die Seele nicht länger verschieden, sondern Eins geworden). Nach der Absorption in Gott sieht der Insichzurückkehrende sich selbst als Ayin vayud (a real being) bei den Sufis (im Dabistan). Der Heilige, dem die rechte Erkenntniss aufgegangen, weiss sich als den ganzen Willen zum Leben (s. Deussen); das Christenthum sieht den Kern des Menschen im Willen, der Brahmanismus in der Erkenntniss (dass man nicht Individuum, sondern Brahman ist, der Inbegriff alles Seins). The soul of the heaven above the crystalline firmament is called „llayavi manavi", the true soul (im Dabistan). In Asari erscheint die absolute Wesenheit in körperlicher Form, in Afaali mit seinen Attributen (farbig), in Sifati lebendig, in Zati unter Schwinden des Bewusstseins (nach dem Gulshen raz).

Nimburka (Nimbaditya), um die Sonnenbewegung zu verzögern, ordered him to take up his abode in a neighbouring Nimb tree, till the meat was cooked and eaten (s. Wilson). Die polynesischen Priester bedienen sich einer geweihten Schlinge, um die Sonne festzuhalten (wenn der Reisende für Verlängerung des Tages bezahlt).

Indra bewegt die Sonne von Westen wieder nach Osten (den Mond viertheilend). Die Sonne bewegt sich bei Ali's Befehl, und die Ulviah deshalb: call the sun Ali Alla and the fourth heaven Daldal (im Dabistan).

Das Zu- und Abnehmen des Mondes ist bedingt durch das Hinaufsteigen der Verstorbenen zum Monde, wo sie die Frucht ihrer Werke geniessen, und das Wiederherabsteigen derselben zum neuen Erdenleben (in der Vedanta), beim Trinken des Soma durch die Götter (s. Deussen). In Neu-Britannien füllt und entleert sich der Mond mit den Seelen, wie bei den Manichäern (s. Tyrhon) mittelst eines Schöpfrades (der Seelen). s. Der Papua, S. 265.

Nach dem Chandagoya Upanishad dienen die Frommen auf dem Monde zur Speise der Götter, (im gegenseitigen Genuss sacramentaler Götterspeisen). In Tahiti werden die

Seelen vom Atua gefressen, und der Gott vom (schwarzen) Mensch in den Weihen des Braffoo (Guinea's).

Von Kasteiungen und Selbstmarterungen, wie bei indianischen Festen mit stoischer Apathie ertragen (s. N. B. d. Ps. S. 117), steht indischen Heiligen ein reiches Menu zu Gebote, von den rationell periodischen Fasttagen an bis zu den ekelhaften Schlemmereien der Atilia oder Akhori, die „having mixed their excretions and filtered them through a piece of cloth, drink them" (unter den Yogi). Immerhin begnügen sie sich mit ihrem eigenen Schmutz, während die durch infallible Dogmen in Verdumpfung versumpfte Vernunft selbst das Schlucken der in Lhassa als Reliquien vergoldeten Pillen zuzulassen sich erniedrigt hat.

Die Sirdasp dagegen (im Unterschiede von den Tipasbud) „seek good without mortifying their bodies in devotion" (im Desatir) und so scheidet sich Sakyamuni von den brahmanischen Asketen für populäre Ausbreitung seiner, die Kasten und das Studium der Veda (in Anbahnung zur esoterischen Lehre der Upanishad), negirenden Predigten. Auch hier führen fanatische Einseitigkeiten zu Uebertreibungen, wie in Ausdehnung der Ahinsa bis auf Conservirung des Ungeziefers oder filtrirtes Trinkwasser der Elephanten (bei den Jainas), während sich in Zindbar nur das Tödten unschädlicher oder nützlicher Thiere, (des Pflugsthiers auch in hellenischen Erinnerungen), verbietet, und „the slaying of ravenous animals is laudable" (nach dem Desatir), im Kampfe zwischen Ormuzd's und Ahriman's Schöpfungen. Weil unversehens eine Mücke zerdrückt war, setzt sich Macarius in einem Sumpf den Mückenstichen aus (für sechs Monate). „Humanity to harmless animals" steht an der Spitze der guten Werke, (für Mahabadier), und besonders wenn duldende Menschenseelen sich einschliessen (wie in Apulejus' Esel). Wie auf dem Füllen der Eselin, wünscht der Herr auf der Jungfrau Eustochie zu sitzen, (der Beichttochter des heiligen Hieronymus), und Salviana empfiehlt mit sanftem Gang den heiligen Geist zu tragen (wenn als Reiter aufgestiegen). Die Gelehrten zur Zeit des Gregor Naz. hielten den heiligen Geist „theils für eine Kraft, theils für ein Geschöpf, theils für Gott", weder ihn verehrend, noch ihn verachtend (s. Schröckh), bis seine Anbetung festgestellt wurde auf der Synode von Constantinopel (381 p. d.). Die Kuh dankte knieend dem heiligen Martinius, der dem sie in ihrer Wildheit reitenden Teufel abzusteigen befohlen hatte (s. Sulpicius).

In Symbolen (eines Edro), findet sich jeder mit dem Merkzeichen (Mahs) seines Geschickes gestempelt, und „the saints are men, who in a former existence have brought affliction upon other men, and on that account do penance in this world" (nach Piranah Kohely), mit der Welt topsy turvy im schwindlichen Drehen (der Mevlevih im Sem' Kaneh).

Unter all solch verwirrendem Wirrsal bleibt nur der Entschluss zu rettender Flucht, fortzuziehen aus den Herbergen hier unten nach ewigen Behausungen, wie die Aegypter in den Gräbern vorbereiteten (s. Herodot). Whatever is formed from an union with the elements is unstable, for we are come here as to a market (nach dem Desatir), to acquire what may be useful and then depart (s. Mulla Firuz ben Kaus).

Für einen Compromiss zwischen Manistar (the Governor of Souls) im Revambud und Tanistar im Tenambud (Governor of bodies) mag eine zeitweis doppelte Buchführung zulässig sein, und von den zwei Behausungen (in Tibet) fällt die irdische dem die Geschäfte übernehmenden Sohn, die andere dem geistlichen zu, (when the body of the father and mother become weak and tottering from age, it is the worldly son, who tenders them his services, but when the soul of the parents separates from the body, it devolves upon the son, who is a durvesh to serve them).

Indess als Pilger zum Tempel Barmianek, tragen die Lamas Rosenkränze aus Fingergelenken und blasen auf menschlichen Armknochen, denn „we are dead, and dead men have nothing to do with the things of the living" (im

Dabistan), während der Flamen gegentheils den Lebenden angehörte (im praktischen Volk der Römer), s. Der Papua S. 254.

Die (unter ihren verschiedenen Formen) ersehnte Seeligkeit, im Mukt, kommt von Apavarga (nach der Tarka-Shastra), und Mukt steigt durch Svami - prema, Sara - prema und Svayukti auf zu Jivatma, in Einigung mit Paramatma (als Inanam-uttamam). Tajeli (manifestation), als „vision" (of God) consists of manifestation and occultation (bei den Sufi). Obwohl Brahman ohne Unterschiede (viçesha) für die Bestimmungen (Upadhi) aufzufassen, kann doch nur durch Erkennen dieser die Buddhi, in der Kopfader (mûrdhanyâ nâdi) aufsteigend, dazu (in der Erkenntniss) erzogen werden (nach Sankara).

A hundred and one arteries issue from the heart, one of which passes to the crown of the head; by that passage, the soul of the wise issues and meets a solar ray, by which it proceeds to the realm of fire and by several other stages to the moon, thence to the region of lightning, and higher up, through Varuna's watery region, to the realm of India, so as to reach at last the abode of Brahma. Nach Ersteigen der Himmelsstufen (durch die Gestirne) bis Falekatlas (auf Barak) folgt Aalem-i-jabrut; hence proceeds the sense of ghaib al ghaiyub, „evanescence of evanescences", the mysterious hidden (im Dabistan). Durch Jamash (union) erlangt der Vali (saint) Ghaib (s. Shea) bis zu Gaiyib-al-Ghaiyub oder „la disparition de la disparition" (s. De Sacy).

In der Mertebah (der Sufi) „the seventh degree is Ghaiyib-al-Ghaiyub", which is fana (annihilation) and Baka (eternal life), farbenlos (colorless), wie die aus ihrer (auf den mexicanischen Himmelsterrassen gleichfalls schmückenden) Buntheit erbleichenden Farbenhimmeln des Buddhismus (beim Weltuntergang).

Miyan Bayezid Ansar stieg auf durch die Stufen Sherial (external law), Hakiket (reality), Marîfet (true knowledge),

Kurbet (proximity), Vasalet (union) und Sekunat (dwelling in God), als Miyan Roshen (im Panjab), von den Tajik verworfen (im Makhan Afghani), mit Anhängern unter den Yusefzei (als Wegelagerern). Die Jogi unterscheiden yama (religious restraint or obligation), niyama, asana, pranayama, pratyahara, dharana, dhyana, samadharana (für Joga oder Einigung), und bei den Buddhisten reguliren sich die Entzückungszustände (in den Dhyani) nach den Elementarbetrachtungen (und Vorübungen). The exalted rational spirit is without an habitation, and without being in the body is connected with it in a manner similar to that of a lover with his mistress (im Dabistan). Gott-Vater schickt den Engel Gabriel mit dem Brief seiner Liebeserklärung (bei Damianus). Hinc the scilicet noveris osculum accipisse, quod te concepisse noveris, wird (bei Bernhard Cl.) die liebestrunkene Seele angeredet im „incendium amoris" (bei Bonaventura, als „Doctor seraphicus").

Der an Gottes Einheit Gläubige bleibt in geistiger Extase versenkt, „so that he may never fall back into the disgrace of brutishness and fear and hope belongs to the state of brutishness (nach Abu Ali Sina), wie das Betreten der Megga vor tieferem Fall (bis in die Naraka) bewahrt (in erlösender Gnade).

Niyama (der Yogi) beginnt mit Tapasa im Ausbrennen (durch Selbstpeinigungen), während Ormuzd statt Fasten gute Ernährung verlangte (s. Anquetil), und Saluk (der Sipasier) „consists not in extreme suffering, which they hold to be an evil and a retribution inflicted for previous wished deeds" (im Dabistan). Nanac, in allmählicher Verminderung der Nahrung, lebte schliesslich nur von Luft, als Pavana-Haris (Wind-Esser), Paul von Latra dagegen von Eicheln (den Schlaf vermeidend).

Für Ardai Viraf's „Divina Commedia" (gleich der des Pamphilier's Hero) füllte sich der Becher mit geweihtem Wein und Mohamed trank im Bang den Rausch der Beni Hashem (für heilige Sprüche). Dazu dann Musik und

Tanz¹) in Halmahera u. a. a. O. s. Afrika's Osten (Berlin 1885), S. 32.

Wie Nagardschuna aus der Schlangenweisheit, schöpfte Arjasanga seine mystischen Lehren des Mahayana aus Erleuchtung durch Maitreja, und während Surjagupta die Uebereinstimmung zwischen Beiden nachzuweisen suchte, wurde Tschandrakirti, in Nachfolge des Buddhapalita (als Erklärer Nagardschuna's) durch Tschandragomin (den Anhänger Arjasanga's) aus dem Kloster Nalanda verdrängt (nach Konkana), und bald darauf erschienen dann „sowohl in Magadha, als im Osten und im Süden, die Tirthika unter der Anführung des Çamkarâtschârja, Kumâralila und Kanâdaruru" (s. Wassiljew), und in Bangala entflohen die buddhistischen Geistlichen vor Sankarya's Herausforderung (nach Taranatha), bis durch Dharmakirti besiegt in den Erklärungen zum Pramânasamutschtschaja (des Dignâga im Tandjur). Im geheimnissvollen Dunkel der Mystiker zeigte sich die Gottheit ganz unumwunden (incircumvelate). Totus Ineffabili conjungetur (s. Dionys. Ar.). Aus Unterredung des Evangelisten Johannes mit der Mutter Gottes²) lernte

---

1) Revolving round and round the Sema Khaneh of sinful abandonment and spiritual isolation, they free themselves from all unworthy passions and are detached from all the subtile minutial and associations of religion (die Mevlevees) nach dem Shekaik Numanieh (s. Brown). The Alem-i-Misal (world of dreams or assimilations) is also a state of ecstaticism (bei den Bektashih) und der Pietismus ein „malum religiosum" (bei Löscher). Je höher der Schwärmer seine Einbildung verehrt, desto mehr muss er die gesunde Vernunft und seine 'Sinne verleugnen (s. Duttenhofer). Gleichwie der Saame des Todes, so liegt auch der Saame des Aberglaubens und der Schwärmerei tief in dem Menschen (s. L. Meister).

2) Bei der Feldarbeit der Cisterzienser-Mönche erschien (in Gesellschaft der heiligen Anna und der heiligen Maria Magdalena) die Mutter Gottes, um ihnen den Schweiss abzuwischen und mit ihren Rockärmeln Kühlung zuzufächeln. Proklus nennt Maria den schauderhaften Weberbaum der Menschwerdung, auf welchem das Kleid der Vereinigung auf eine unausprechliche Art gewebt wurde. dessen Weber der heilige Geist, die künstliche Gehilfin die überschattende

(in einer Vision) Gregorius Thaumaturgus seinen Glaubensbegriff, wie Matsyendra-Nath aus Parvati's Belehrung durch Siva (im Belauschen).

Ueber der Lehre vom groben Nicht-Ich des Pudgala bei den Auserwählten (der Sravaka und Pratjeka) steht (bei den Madhjamika-Sautrantika) die vom Nicht-Ich des Dharma, allein fähig, die geistige Verfinsterung zu vernichten, so dass die Arhant (obwohl die Verfinsterungen der Eitelkeiten vernichtend) das Nirvana noch nicht erreichen können (s. Wassiljew). Nach der durch Buddhapalita (im Madhyamika-System Nagarjuna's) ausgebildeten Prasanga-Schule (oder Thalgyurva) mit Chandrakirti's Commentaren (IX. Jahrh.), führte (in den zwei Pfaden) Tugend zur Seeligkeit des Sukhavati-Himmels, Erkenntniss zur Befreiung im Nirvana.

Der von den Weisen an Asuri gelehrte Erlösungsweg wurde von ihm an Panchasikha mitgetheilt, und dann veröffentlicht durch Isvara Krichna niedergeschrieben (in dem Sankhya). Hic piscis non est omnium (im Monopol der Theodidacten). Haec autem cave, ne quis profanus audiat (bei Dionys. Areop.). Der Veda lehrt die Aussprüche im Dharma und Brahma (nach Madhusudana) mit Mantra und Brahmana (bei Apastamba) für das Veditavyam (im Brh. Ar.). The Purva Mimansa deals with the Purva-Kanda or ceremonial part of the Veda, while the Vedanta treats of the Uttara-Kanda or the theological (s. Cowell). Die Secte der Mahapurushya's (Vishnu, als Krishna verehrend) wurde von Sankar gestiftet (als Schüler Chaitarya's). In der Swetswatara-Upanishad wird eine Vermittlung zwischen Sankhya und Vedanta eingeleitet. Kanada unfolds the „way of duty" (Dharma). Bei den Sarvastivadin (Rahula's) werden die Mahasanghika von Kâçyapa abgeleitet (die Sammitiya von Upâli und die Sthavira von Katyâyana).

Kraft aus der Höhe, die Wolle das alte Fell Adam's, die Färbung das Fleisch der unbefleckten Jungfrau, oder die unermessliche Gnade, der Künstler das Wort war (s. Schröckh).

Unter den (nach Ananda und Kasyapa unterschiedenen) Schulen (des Hinayana) entstand die der Vaibhashika (neben der Sautrantika), als die sämmtlichen Abhidharma in der Vibascha zusammengefasst wurden (in Kashmir), dann unter der Revision durch Vasubandhu als Textbuch eingeführt, indem die vier Wahrheiten durch die zwölf Nidana ersetzt wurden (oder diese jenen zugefügt, in der Erweiterung) zum Niederschreiben durch Asvagoscha (unter Kanishka), bei Bekehrung durch Arjasanga (und Nagarjuna oder Nagasena im Verkehr mit dem König Milinda). Aus den durch Kasyapa von dem Concil in Rajagriha Ausgeschlossenen bildeten sich die Mahasanghikas (nach Hiuen Thsang). Im Hinayana folgen die Sautrantika den Sutra, die Vaibashika dem Abhidharma (Jivanmukti). Vasubandu (Schüler Asanga's) wirkte in Nalanda. Im Mahayana wurde die Madyamika-Schule unter Bumapa (besonders im Prasanga-Zweig Buddhapalita's) durch Nagarjuna (1 cnt. p. d.) begründet, (auf der den Nagas durch Sakyamuni mitgetheilten Lehre), die Yogacharya-Schule dagegen durch Aryasanga, der (5 cnt. p. d.) durch Maitreya (künftigen Buddhathums) unterrichtet wurde (in der Champai chos nga). Deva oder Aryadeva (in Bekämpfung der Vetulliya-Lehre auf Ceylon) disputirt mit seinem Lehrer Nagarjuna (s. Hiuenthsang). Der Brahmane Rahula-Bhadra, durch Krishna zum Buddhismus bekehrt (in Nalanda), erhält von Ganescha die Sutra und Tantra der Mahayana (s. Taranatha) und sein Schüler Nagarjuna (Gründer der Madhyamika-Lehre) ging beim Tode zum Himmel Sukhavati (Amitabha's).

Das in Tibet und Kashmir (1028 p. d.) eingeführte Kala Chakra (Indien's) oder Dus Kyi Khorlo (aus Sambhala oder Dejung) begründete sich in den Dharanis (Zung) und Tantras (Gyut) im Cult Adi-Buddha's (*Chogi dangpoi sangye*).

Die Yoga führt zur Einigung (Yoga) mit Iswara, als Höchstem (bei Patanjali). Im tamilischen Werk Gnân-Pothâm findet sich die Mystik brahmanischer Philosophie auf Siva übertragen. Seit der Zeit des Arya-Asanga bis zur Zeit Dharmakirti's lebten grosse Mantra-Zauberer, aber der Anuttara-Yoga (als höchster) wurde nur den Würdigen mitgetheilt (nach Taranatha). Dann jedoch kamen die Tantra's der Anuttara-Yoga mehr und mehr in Gebrauch (in den Yogatantra's), während die Ausübung der Kriya-tantra und Caryatantra in den Hintergrund traten (s. Kern), so dass unter den Pala (850—1050 p. d.) viele Mantra Vajracarya (Meister der Magie) erstanden (mit Siddhi oder Zauberkräften ausgestattet). Im Jog-bashest (nach Visvamitra's Belehrung an Ram-Chandra) hört der Rakhaisher (Rakshasa) Sakha-daiv oder Sahadeva die (nach dem Wunsch höchster Wesenheit im Brahma geschehene) Schöpfungsgeschichte seines Vaters Baias oder Vyasa (in der Höhle des Berges Alburz oder Kaf) am Hofstaate Mithila's durch Raja Janaka bestätigt (in Erlangung von Mukht unter Befreiung von körperlichen Anziehungen). Die Seele in Baroz (apparition) "accumulates excellence upon excellence, and an overflow takes place, so that by beatific vision it becomes visible", was zugleich (für Eintritt in einen Körper) geschehen kann, nach längerem Verweilen in der oberen Welt (s. Fani). Das "duplum", als (ägyptischer) Doppelgänger (s. Maspero), entspricht dem Kama-Rupa neben Linga-Sarira oder Seelenleib (und Lebensprinzip sowie materiellen Körper), wie Augenzeugen (auf Olcott's Autorität) bestätigen (in America). Beim Tode bleibt die Seele (Nephesh) bei dem Leibe, während der Ruach (Geist) zum Paradies entflieht (nach dem Midrash Ruth Haneelam).

Jabilka is Aalemi-misal, "the world of images", because on the East side the spirits emerge into existence, und (unterschieden von dem Zwischenzustand) "Barzakh is on the west side of the material world" (gegenüber von Jabilka), neben Jabilsa (the world of similitude) für "wicked deeds and manners" (bei den Sufi). Die in die Höhe gefahrene Seele fällt als Regen zur Erde, von den Pflanzen aufgesogen (bei Vyasa). Proklus zog Regen vom Himmel (durch Theurgie) und Sopater fesselte die Winde (s. Eunapius).

Im Commentar Gulshen-raz wird der Satz aufgestellt, dass die Seele nicht ohne Körper sein kann. Wird sie vom ursprünglichen Leibe getrennt, so erhält sie einen schattenhaften Körper im barzakh, d. h. für den Zeitraum zwischen Tod und Neuschaffung eines Menschen; er heisst „der erlangte Körper". Der barzakh, in den die Seele nach ihrer Trennung von dieser Welt gelangt, ist ein anderer, als der zwischen Geistern und Körpern. Der erstere heisst ghaib imkani, „mögliches Verschwinden", der letztere ghaib maháli, „scheinbares Verschwinden" (im Dabistan). All those who experience the possible disappearance, become informed of future events (s. Shea). Beim Tode wird der seelische Geist ($\tau\grave{o}$ $\pi\nu\epsilon\tilde{\upsilon}\mu\alpha$ $\psi\upsilon\chi\iota\varkappa\acute{o}\nu$) mit dem Menschen, ohne Bewusstsein, begraben, während der himmlische Geist, der bei der Taufe empfangen ist, zu seiner Natur (bei Christus) eingeht (nach Aphraates).

Im Bardo, dem Zwischenzustand der Seele zwischen Tod und Neugeburt, bestrebt sich dieselbe (wenn ihrer Sünden wegen länger darin zurückgehalten), eine vorläufige Stätte zu gewinnen, durch Einfahren in einen von seiner Seele bereits besessenen Körper durch Doppelung derselben in Besessenheit (nach den Tibetern).

Dann aber zum Unterschied von Sahu[1]), wenn die in Meditation versunkene Persönlichkeit in unsichtbarer Welt weilt, vermag die Seele im Khala genannten Zustand den Körper nach Belieben zu verlassen oder dahin zurückzukehren, wie die Traumseele überall, mit daraus fliessenden Gefahren bei plötzlichem Erwecken (unter den Tagalen

---

1) Unter dem höchsten Zustand, als Nivah-i-chaminah oder Melkat Khalabaden (Prapura parokscha) mit der Macht der Seele den Körper zu verlassen und wieder aufzusuchen, findet sich der Zustand Susvapna (Sukhasvada oder Samadhi) oder (im Geheimniss) Ghaib (mit den Binab genannten Visionen), und bei der Hoshwazhen (Jagrat oder Pratyaya) oder Sahu genannten Verzückung (der Sinne) wird in den Visionen (Binab oder Mainah) die Wirklichkeit erblickt (im Dabistan).

u. s. w.). Der Seelenschlaf der Gerechten wird (bei dem arabischen Bischof Georg) als ein süsser Schlaf geschildert (s. Ryssel), „im zukünftigen Leben tiefer, als in diesem Leben" (bei Luther), als Tiefschlaf (der Brahmanen).

The Rijail-i-Ghaib or the unseen men (bei den Dervischen) „wander over the whole world, by divine command, to superintend the affairs of mankind" (s. P. Brown), wie Yama's Boten (zum Aufschreiben in Indonesien). „Spirits see each other, though not with the eyes, we may see, in our dreams, persons whom we have never seen in our lives and know them distinctly" und so würde der Kadirih, obwohl er niemals seinen Pir gesehen, aus den Visionen, „know his portrait among a thousand others" (unter den türkischen Dervischen).

Nicht alle Haarduftsorten sind zur Humanisirung zu verwenden, da manche nur von verhältnissmässig wenigen Personen deutlich empfunden werden, während es andere giebt, die auf eine ganz ungewöhnlich grosse Zahl der verschiedensten Menschen ihren Eindruck nicht verfehlen (s. Jäger). Nicht nur die Farbe der Haut, sondern auch die Beschaffenheit der Haut-Ausdünstung ist bei einem Quinteron ganz wie bei einem Europäer, doch soll ein Quinteron noch etwas specifischen Neger-Geruch haben; überhaupt nimmt das Eigenthümliche des Geruchs so allmälig ab, dass die Indianer in Peru durch den blossen Geruch entscheiden können, ob der Gewitterte eine Beimischung von americanischem oder africantschem Blute habe (s. Schnurrer). Kaiser Theodosius zog das beschmutzte Kleid seines verstorbenen Bischofs über, um von dem süssen Geruch des Heiligen an sich zu haben (s. Duttenhofer). In seiner Zelle zu Glastonbury zwickte der heilige Dionysos den höllischen Versucher mit glühender Zange an seiner Nase (s. Hume). „Heiliger, sehr wohlriechender Nasen, welche den Geruch der heiligen Salben Christi angenehmst riechen", erfreuten sich Petrus und Paulus, in Niceta's Lobrede (auf die Apostel).

Tanasokh oder Wanderung findet statt (nach Said

Muhammed Nurbaksh), wenn die abgeschiedene Seele (im vierten Monat der Schwangerschaft) wieder von einem Embryo Besitz ergreift (zur Maad oder Auferstehung), wogegen Baroz (Erscheinung), wenn eine vervollkommnete Seele, nach der Abtrennung, in oberer Welt weilend, von dort sich für das Beste der Menschheit später dann wieder mit einem Körper vereinigt (ebenfalls in einen Embryo einfahrend). Dabei lässt sich noch für die (stets körperlich verknüpfte) Seele im Barzokh ein Zwischenzustand setzen (am Halbweghaus geistiger und materieller Welt), entweder in Schattenform (Ghaib imkani) oder als Ghaib mahali (illusive disappearance). In dem vom Buddhismus ausgebauten Universum sind in den drei Welten (Kamaloka, Rupaloka und Arupaloka) jeder Seele die in Erhöhung oder Erniedrigung, (eigenem Betragen gemäss), zufallenden Oertlichkeiten angewiesen, aber auch die seeligsten Himmel der Rupa-Terrassen schützen noch nicht vor einem Rücksturz in Naraka, bis die zum Nirvana abführenden Pfade betreten sind, obwohl es auch dann im Belieben des Sammatu-Buddha fortverbleibt, sich nochmals zum Wohl der Menschheit, in neuer Menschwerdung, zu opfern (vor seinem letzten Eingehen). Solchenfalls wird er bei seiner Epiphanie bereits mit dem Rüstzeug der Wunderkräfte versehen sein aus den oberen Rupa-Himmeln, (von denen der Kama-Welten und ihrer Blendwerke oder „Praestigia" nicht zu reden), und vor Erreichung von Ghaiyub al Ghaiyub führt die sechste Stufe (Mertebah) zu Aalemi jabrut (world of power), „like a black light" (bei den Sufi). Leo dit, que la divinité était séparée et distincte au moment, où le Christ souffrit et que la divinité remplissait son corps quand il faisait tous ses miracles (in der Controverse mit Dioskoros), wogegen der Buddha die Einheit bewahrt (der Monophysiten), innerhalb schöpferischen Weltgesetzes (als Dharma). In Masnavi haben sich die Sufi zur Einheit der Personen zu läutern (s. de Sacy), im Jama (unterschieden von Ferk). Nach dem Gulshen Raz (the Mystery of the Rosebower) „the divine spirit is the revelation of truth in the circus of multiplicity" (nach Mahmud Shebisteri), zurückführend auf Einheit (bei Plotin). Adam, nachdem er das göttliche Ebenbild verloren, wurde in mystischer Theosophie unterrichtet (s. G. Arnold). Quemadmodum nunc calliginem illam subeuntes, quae superat intellectum, non solum in sermonibus brevitatem sed etiam in silentium omnino vacationemque intelligentiae incidemus (s. Dionys. Ar.), und in der Schöpfungsgeschichte Nukahiva's lagert auf dem Anbeginn Mutuhei (das Schweigen), wie Chaos aus Caligo hervorgeht, die Nacht zu zeugen (Po in Polynesien).

The Sikhs say that Nanac, in the same manner, had been without a real body, but visible by the power of his individuality, and they believe that, when Nanac expired, his spirit became incarnate in the person of Angad, who attended him as his confidential servant. Angad, at his death, transmitted his soul into the body of Amara-das; and thus Curu, in the same manner, conveyed his spirit into the body of Ráma-das; whose soul transmigrated into the person of Arjunmal: in short, they believe that, with a mere change of name, Nánac the First became Nánac the Second, and so on, to the Fifth, in the person of Arjunmal. They say, that whoever does not recognise in Arjumnal the true Bábá Nanac, is an unbeliever; they have a number of tales about the founder of their sect, and assert that Bábá Nánác, in a former world, was the Radja Janak (im Dabistan). Aus Mohamed's Körper entstand bei höherer Vollendung der Mahmud's (nach den Vahadiern) in Gilan (1203 p. d.). Adelma von Vay meinte schon im XIV. Jahrhundert gelebt zu haben (unter den Hexenverfolgungen).

Gustav Jäger entdeckte die Seele, indem er „einen ganz bestimmten chemischen Bestandtheil des Körpers als Seele denunzirte, nämlich jenen Stoff, bezw. jene Stoffe, welche die völlige Specifität des Ausdünstungsstoffes und des Fleischgeschmackes bedingen" (1884). In Tonga schwebt die Seele als Duft über der Blume, also gleichfalls riechbar (und in Alexandrien wurde die Seele beim Leichenzug gerochen). „Der Geruch, sowie die anderen Sinne, täuschen die Geisteskranken". (s. Esquirol), und böser Zauber wird in der Hexenriecherei ausgeschnüffelt (bei den Bantu). Die Geruchs- (und Gehörs-) Wahrnehmungen haben „für die meisten Thiere eine ähnliche Bedeutung, wie für den Menschen die Gesichtswahrnehmungen" (s. G. H. Schneider), und auf niederen Stufen überlebselt Manches aus dem Witterungsvermögen (unter den Naturstämmen).

Tsongkapa, dessen Mutter (in Amdo) durch Niederfallen auf einen mit heiligen Zeichen Buddha Sakyamuni's beschriebenen Stein empfing, gilt für eine Incarnation Amitabha's (auch Mandschusri's und Vadschrapani's) oder „selbst des Mahakala" (s. Köppen), und der Pantschhen Rin po tschhe (in Taschilumpo) für eine Verkörperung Amitabha's (als Dhyani-Buddha der gegenwärtigen Weltperiode), oder auch des Bodhisattwa Mandschusri (Dscham d'Pal) und Vadrschapani's (Phjag na r dor dsche oder Lag na r dor dsche), sowie „für die übernatürliche Wiedergeburt des Reformators oder Stifters der Gelbmützen bei Tsong kha pa; der Dhalai-Lama von Lhassa dagegen immer für die Incarnation des Bodhisattwa Avalokiteswara" (ss Pjan rass g Sigss) oder Padmapani's (Aryapala's), als des Beschützers des Schneereiches (gegenüber dem incarnirten Buddha in Teschilumpo).

Brom Baksha, Schüler des Pandit Atischa, gründete (gegenüber der Schule Padma Sambhawa des Ssa ss kya in Tsang) die Secte der Kahdampa (von Tsongkapa in den Gelbmützen erneuert). Nach Vertreibung der Shammar (Rothmützen) im Khumbauck begründete sich der Sitz des Pantschhen Lama (in Teshu Lumbo). Von den Rothmützen ziehen die Dukpa in Zelten umher (s. Turner), als Brugpa (in Bhutan). Neben dem Abt des Klosters Galdan (als Einkörperung Tsongkapa's) festigte sich der Dalai Lhama in Lassa seit Sod-nam-Dschamtso (Nachfolger des Gedum Dschamtso).

In Vertretung Sakyamuni's (bis zur Erscheinung Maitreya's) incarnirt sich Padmapani (Avalokitesvara) in Dalai Lama (als Schutzherr des von ihm bekehrten Tibet). Amitabha ist der Dhyani-Buddha und Avalokitesvara Padmapani der Dhyani Bodhisattwa für Sakyamuni (als Manuschi-Buddha) in Vermittelung (für den Lama) durch Dorjesempa oder Vajrasattva, als Nachbild Vajradhara's oder Dorjechang's, des Ersten der fünf Buddha (neben Adi-Buddha).

Die Urgyenpa (im Unterschied von den Nyigmapa) verehren Amitabha als Padma Sambhava (aus Udayana) und bei Atischa's Erneuerung des (durch Lang Darma verfolgten) Buddhismus (in Tibet), begründete sein Schüler Brom Bakschi die Secte Kadampa (der Rothmützen) bis zur Reform (Tsongkapa's). Der Arhat Devaçarma (Tiposchemo) verneinte, der Arhat Gopa (Kiupo) bejahte das Ich und Nicht-Ich. Le Je ou Moi (Aham) c'est la personne, le Pudgala (s. Burnouf), und Alaya (für pantheistischen Reflex).

Wenn unter den fünf Königen (Ku nga gyalpo) der Gott Choichang in einen Lama des Klosters Garmakya sich incarnirt, vervielfältigen sich die Wunder. Statt Dharma Rinchen, Nachfolger Tsongkapa's im Kloster Galdan, nahm Gedun Grub den Titel Guelva Rinpoche (als Dalai Lama) an (s. Csoma). Im Dharma Raja (neben dem Deb Raja in Bhutan) wohnt die Avatare aus Dorpgein Sheptoon's Geist, wogegen in seinem Stellvertreter Lam Thepoo die dessen Körper (s. Eden). Auf den Lama Sheptoon La-pha (von den Tibetern als Dharma Raja in Bhutan eingesetzt) folgt der Lama Dorpgein Sheeptoon (aus dem Kloster Kain).

In Shambala wiedergeboren, wird der Patschhen zur Befreiung Tibet's erscheinen (s. Pallas), in Eroberung von China und Russland (bei Huc) mit den Glaubenskämpfern der Kelan (in b kra schiss Lhun po). Se eum esse, qui venturus est ad judicium mundi (erklärt Eon oder Eudo). Die Verehrung Siva's, als Sadashiu oder Pasupati wurde von Avalokitesvara (in Nepal) verkündet (für das Kal-Yug).

Neben dem Dharmakaya (beim Verschwinden im Nirvana) eignet (bei Dreiheit des Körpers) dem Buddha der Sambhogakaya (der Seeligkeit), sowie der Nirmanakaya, mit welchem (nach Eingeben auf dem Pfad der sechs Paramitas) zum Belehren der Menschen zurückkehrend (als Bodhisattwa). Nach Abwerfen des letzten Restes im Nirmanakaya erlangt Buddha den Körper Dharmakaya des (vollen) Nirvana (endlos ohne Rest). Indem bei den Mahajanisten (mit Ewigkeit des Seeligkeitskörpers oder Sambhogakaja) der Sravaka-Arhan vorausgesagt, dass sie einst Buddha's werden, stimmt das nicht mit der Idee der Ruhe (nach den Sravaka des Hinajana), dagegen mit der Erlösungstheorie (eines Messias), in Aufopferung des Bodhisattva (für die Lehre).

Der westliche Himmel Sukhavati oder Devachan (Ngvanlo oder Kio-lo) ist beschrieben (s. Schlagintweit) im Mani Kambum und Odpagmed kyi shing kod (construction of Amitabha's land); rebirth into a Padmaflower of this paradise is obtained by invocations of the Buddhas and more particularly of Amitabha (neben Nirvana oder Nyangan las Daspa). Amitabha oder unendliches Licht (abha) wohnt im Himmel Sukhavati, als Amitajhus (ajhu oder Leben) oder (bei Mongolen) Agusse.

Brahma wird aus dem von ihm selbst in die erstgeschaffenen Wasser hineingelegten Ei geboren (in der Dharma-Shastra), als Apava (in der Brahma-Purana), worauf bei Theilung in männlicher und weiblicher Hälfte Vishnu hervorging, und dann von ihm durch Viraj der Mensch, als Manu oder (in der Matsya Purana) Svayambhuva (von Satarupa geboren) als Selbstentstanden (ohne Zeuger). In Anosch (Mensch) liegt (hebräisch) Anuscha, als Anschluss oder Vereinigung, so dass zu Ish (Anaschim im Plur), als Mann, Insa, als Angeschlossene, tritt (in der Frau).

Im Goldkeim (Hiryangarbha's) überdauert ein Zeugungskeim aus früherer Weltzerstörung, welche das Paar Mahabad (wie im mexicanischen Tonatiuh ähnlich) überlebt (oder die nach dem Janaka Himmel zurückgezogenen Heiligen). Als beim Ablauf vorschöpferlicher Nacht die in den Vedas Gelehrten sich für die Neuschöpfung mit materieller Unreinigkeit zu durchdringen hatten (nach dem Vamana Purana) entstand die körperliche Form des fünfköpfigen Brahma's, und ebenso aus dem Dunkel der dreiäugige Rudra, der, nach Schöpfung Ahankara's durch Brahma, in Streit gerieth (und dann in Folge des abgehauenen Kopfes muss Siva oder Rudra rastlos wandern, zur Sühne, bis Benares und weiter.

Als beim Abwischen des aus dem Schweiss der Stirn entsprungenen Agni mit einem Holz, ein Blutstropfen ins Feuer fiel, und Rudra hervorsprang, begab sich dieser, (von Brahma zur Verehrung aufgefordert, nach der Quelle seines Daseins bei Siva, und als Brahma's fünftes Haupt, die (von den andern vier verkündeten) Vedas lehrend, mit unerträglichem Glanze die Sura und Asura zu belästigen begann, wurde es auf deren Bitte durch Siva abgeschnitten (nach der Padma purana).

Als vom Dämon (Mahesha) bethört, Brahma sich als selbstexistirender Schöpfer erklärte, lächelte (als Narayana) Kratu (Vater der Zwergweisen Balakhilyas) ob solcher Unwahrheit, und als in Brahma's Streit mit Vishnu (oder Narayana) von den Vedas als höchster Siva genannt wird, lässt dieser, den (durch Prana bezeugt) Brahma als Weinender (Rudra) aus seiner Stirn geschaffen zu haben meint, durch Bhairava das fünfte Haupt abschlagen (mit welchem Brahma nach dem Himmel geschielt, für seine Tochter Savitri). One being alone Mahakala (Siva) pervaded all space, who being desirous of creation, churned his left arm with his right forefinger, when issued a bubble, which increasing in size became an egg, resembling gold (s. Kennedy), woraus Brahma geboren wird (bei Theilung von Himmel und Erde). Als in Verehrung Bhava's (als Herren) durch Tapas dessen Geburt als Sohn gewünscht wird, erfolgt diese unter der Form Rudra's, aber Entfernung des fünften Hauptes (Brahma's oder Pitamaha's). Die Schöpfung aus Körpergeschwüren

rend dann auch die Ahnen jenseits dritter Generation, (wenn die Chinesen die Privatkapelle räumen), in Tritopatores übergehen, für meteorologische Processe (auf Tucopia).

Die Holzbilder (Te tin aitu) werden periodisch (durch die Rapakhan) erneuert, während die alten Götzen (Wai-soni) im Tempel aufbewahrt werden (in Mikronesien), in einer τεμένη, als der für den König zu seinem Gebrauch abgesonderten Ländereien (bei Homer), die demnach tabuirt, bei Spaltung des Priesterkönigthums, in rein priesterlichen Besitz übergehen.

Mit ernstlicher Ansammlung von Daten ist auf den meisten Studienfeldern der Ethnologie in allerletzter Zeit erst ein erster Anfang gemacht, in manchen Punkten indess mit derartigem Erfolg bereits, dass, bei gleicher Fortdauer auf einige Jahre länger, für ungefähr orientirende Uebersicht eine systematische Anordnung möglich und somit angezeigt wäre. In der Zwischenzeit dagegen wird der auf inductiven Aufbau[1]) bedachte Forscher seine Zeit mit dem Auffassen der oft flüchtig verschwindenden Beobachtungen vollauf beansprucht finden und den derartigen Handlanger-Arbeiten Abgeneigten ihr Hineinreden überlassen müssen, — wenn es bequemer passt, in Vorwürfen zu meistern, statt durch selbstthätige Handanlegung im Bessermachen zu helfen. Ein Jegliches hat seine Zeit, erst das Brot, dann die Kunst, erst die, oft genug, saure Arbeit der Materialansammlung, dann der Genuss in Ordnung und Glättung. „Ernst ist das Leben, heiter die Kunst" (wie der Dichter singt), aber die Kunst

---

1) Que d'enseignements pratiques, que de lumières pourraient jaillir de l'étude comparée des législations qui régissent les diverses sociétés humaines actuellement existantes sur toute la surface du globe (Brau de Saint-Pol Lias), und so in vergleichender Religionsschichte (für den Entwicklungsgang der Cultur). Die Psychologie, noch in den Windeln liegend (nach Spir), wäre zu bezeichnen als „das edlere wissenschaftliche Selbstbewusstsein der Menschheit" (s. Hauffe).

der Hypothese¹) bedarf vorher systematischer Ueberlegungen, um davon zu zehren, wenn sie grünen will an „des Lebens goldnem Baum" (statt in metaphysischem Grau zu verschwimmen).

Zu einer im Wirrwarr der überhastigen Theorien, die ohne gewissenhafte Ergründung auf der Oberfläche hingleiten, zu solcher in wirrer Verwirrung taumelnder Zeit, droht besonders beim allmählig erwachenden Geschmack für die Ethnologie hier die Gefahr vorschneller Hypothesen, ehe die Naturaussagen selbst gehört sind, aus dem objectiven Studium der Thatsachen; und so um die unermessliche Vielfachheit derselben zum Bewusstsein zu bringen, waren bei erstem Bahnbrechen manche unförmlich zusammengeleimte Conglomerate der Materialansammlungen in die Literatur hinauszuwälzen, damit die leicht beschwingten Ideen sich daran ihre Flügel abstiessen, um erst, aus substanzieller Nahrung ernährt, emporzuwachsen für gesunderen Aufschwung.

Von unruhiger Bekümmerniss über die Launen unberechenbar höherer Gnade befreiend, wurzelt die Karma, den Prinzipien unparteiischer Gerechtigkeit gemäss, im Weltgesetz (bei der Wiedergeburt), und so vermag der Mensch in diesem Leben schon das „fatum mathematicum" (bei St. Aug.) für künftige Bestimmung zu beurtheilen (wenn er ernstlich will, im Pflichtgefühl). Ἀνάγκη ἕν ἅπαντα εἶναι (s. Parmenides). Vom Schicksal und von den Thaten des Menschen hängt das Gelingen eines Unternehmens ab, das Schicksal ist aber offenbar nur die That des Mannes in einem frühern Leben, wie Yajnavalkya lehrt (s. Stenzler), doch Jeder

---

1) Die strenge Disciplin der inductiven Methode, das treue Festhalten an den Thatsachen, hat die Naturwissenschaft gross gemacht (s. Helmholtz). Les idées préconçues sont nécessaires, indispensables, nou ne fonde rien sans elles, il faut seulement savoir les abandonner lorsqu'elles n'ont plus de raison d'être (s. Claude Bernard), die Theorie in der Schwebe haltend (bei der Induction). Neque videre, neque flere, nec detestari, sed intelligere (Spinoza), sine ira et studio (objectiv zu forschen).

des eingeuen Glückes Schmidt. La doctrine de la réincarnation, c'est-à-dire, celle qui consiste à admettre pour l'homme plusieurs existences successives, est la seule, qui répond à l'idée, que nous nous faisons de la justice de Dieu à l'égard des hommes placés dans une condition morale inférieure, la seule qui puisse nous expliquer l'avenir et asseoir nos expérances (s. Allan Kardec), im Lande der Gallier, deren Seelen ebenfalls wanderten (bei Diod. Sicul.). Aber die Hoffnung leuchtet nur, wenn der zur Befreiung leitende Weg gefunden, in den Mcgga), während sonst, im unerbittlich gegeschlossenen Kreislauf, ein Schrecken der Schrecken, die Erinnyen jagen aus dem Gewissen (der Karma). Zum Elend des Daseins kommt ein neues hinzu mit der Unsterblichkeit (der Götter), weil jede Zuflucht entziehend, der Leiden ledig zu werden (s. Longin).

Hier ohnedem hängt die Auffassungsweise [1]) ab, je von dem (im buddhistischen System) über das All erweiterten Umschau, oder nach der Engherzigkeit des auf nächste Verhältnisse beschränkten Blick, wie im indischen Kastengeist, der die in Rupahimmeln angewiesene Belohnung der Byamha, solche im irdischen Leben schon die Zweimal-Geborenen (und unter ihnen, als Begünstigste die Brahmanen) materiell ge-

---

1) These sectaries hold, that pilgrims exercise the profession of cheats, wearing a garment marked with stripes, which they call the vest of Kerbálá; and that they practise but hypocrisy and deceit. When, according, to their low disposition, they descend to the state of brutes, they become animals, which the Hindus call Galhari, „squirrel"; and when transformed into vegetables, they become striped pumkins, or weak jujube-trees; when they undergo the transformation into minerals, they are onyxes. In this sense this sect interprets the mahs, or mark. Lawyers and governors, who wash hands and mouth, friends of white garments, become geese, which at every moment pluge their head into water; in the state of vegetables, they assume the form of sticks for rubbing teeth, of readingsticks, and of mats to cover the place of prayer; and in the state of minerals, they figure as hard stones, stones of sepulchres, and magnets. The glow-worms are torch-beares, who, descending by degrees, came

niessen lässt. Poverty, instead of exciting pity (in India) only gives rise to the reflection: „he belongs to a degraded class, he is suffering for the sins of a former birth, and is accursed of the gods" (s. Ward). In der buddhistischen Vorstellung dagegen spiegelt sich der Eulenspiegel, der beim Ersteigen des Berges lacht, beim Absteigen weint, indem die in dieser Welt an Gütern Gesegneten, diejenigen Freuden bereits geniessen (und, wenn in Wollust versinkend, leicht für immer verscherzen), wie sie dem Armen, der durch die Noth zur Frömmigkeit geführt wird, im nächsten Leben bevorstehen. Auch Gottes Züchtigungen sind Wohlthaten, und was man Glück nennt, ist ein gefährliches Eis (s. Hamann). Das vielfach gesonderte Einzeldasein, jede Individualität, involvirt eine $\dot{a}\delta\iota\varkappa\iota\alpha$, sie ist gewissermassen ein Eingriff in das Recht des $\ddot{a}\pi\epsilon\iota\varrho o\nu$ auf ungetheilten Fortbestand (und analog auch ein solcher in das Recht eines jeden Mitexistirenden auf dasselbe Dasein), sie fordert darum, wie jede Ungerechtigkeit eine Sühne, und dieser geschieht Genüge, wenn das $\ddot{a}\pi\epsilon\iota\varrho o\nu$ wiederum Alles, alle individuellen Gegensätze, in sich aufgenommen, gegenseitig ausgeglichen und zur ursprünglichen Bestimmungslosigkeit zurückgeführt hat (s. Hardy) in der Totalität aller Dinge (bei Anaximander). L'opinion de la

---

to take this shape. A dog, having been in his former state a Turk of the tribe Kazelbash, and his crooked sword having become his tail, betrays his Turkish origin by coming forth at the call khach: which in Turkish means „forth". These sectaries further say, that the iron by which a prophet or a saint has been killed, is that which acquires excellence (im Dabistan) The saints are men, who on a former existence have brought affliction, upon other men, and on that account do penance in the world (nach Pirahnah Koheli der Vairagis in Vizirabad). Die Akashmukhi halten das Gesicht zum Himmel aufrecht, bis der Nacken steif wird, die Urddhbahu halten die Hände aufrecht, bis die Nägel hindurch wachsen, die Maunidasi sind unter dem Gelübde des Schweigens (s. Sherring). Alles Vernünftige ist göttlich, alles Unvernünftige dagegen nur der menschlichen Schwäche eigen (s. Hankiewicz) in der Volksphilosophie (der Ruthenen).

Metempsycose est faite pour le climat des Indiens (s. Montesquieu).

In der brahmanisch-buddhistischen Controverse wiederholt sich (auf andere Scala umgesetzt) der pelagianische Streit, indem bei den Brahmanen die bereits vervollkommnete Seele sich als solche (durch Traducianismus) in den Nachkommen zu erhalten vermag, wogegen der Abhidharma (dem das Seelengespenst ausfällt) stete Neuschaffung (kraft der Karma, nach Verdienst oder Vergehen) lehrt (im Creatianismus), wie Mawu dem Eweer jedesmalig neue Seele schafft (neben dem fortschwankenden Schattengeist), und (bei Cornelius Agrippa) der Mensch seinen Astralgeist oder Geburtsdämon aus den Sternen erhält (s. Horst), während im Genialis lectus (unter den $\vartheta\varepsilon o i\ \gamma \varepsilon \nu \acute{\varepsilon} \vartheta \lambda \iota o \iota$) die Seele sich durch Wiedergeburt im Stamm fortpflanzt, gleich Bla in Guinea (neben Sisa und Gbesi).

Die Erste Seele geht zu Gott, die Zweite wird im Stamm wiedergeboren, die Dritte büsst in den Wanderungen und die Vierte geht mit dem Körper zu Grunde (bei den Karaiben). Alles Vergängliche ist nur ein Gleichniss (bei Göthe). Vom Körper getrennt geht die Seele, als Kiwuli (Schatten) nach Peponi (Wohnung der Geister) in Ost-Afrika (s. Horner).

Die Erzeugung der Nachkommenschaft wird empfohlen für die, den Pitri (im dritten Himmel) dazubringenden, Sraddhra, indem in dem gezeugten Sohn ein Theil des Selbst auf der Erde[1] verbleibt, (wie nach den Theorien der Couvade, als unter den Naturstämmen erhalten), und sich so die auch von Gautama gepredigten Vorzüge der Menschennatur bewahren, da nur innerhalb dieser (beim Begegnen eines Buddha) die finale Erlösung Statt haben kann. Nur wer einer solchen, nach dem Betreten der Megga, bereits sicher ist, darf sich

---

1) Die Vermählung der Töchter mit Kulinu-Brahmanen ist rathsam, um von der Heiligkeit einen Antheil in der Familie zu sichern (bei der Solidarität der Stammesseelen).

deshalb den in der Fülle ihrer Complicationen (in Nachwirkungen aus früheren Existenzen) undurchschaubaren Wechseln der (für das Böse in Gewissensbissen zwar fühlbaren, für das Gute[1]) jedoch, bis auf Seeligkeitsausbrüche, verborgenen) Karma ungescheut hingeben, da sie ihn vielleicht in erlösungsfähige Thierkörper, oder gar in (tartarische) Kerker der Naraka, wo jeder Hoffnung (nach Dante's Worten) zu entsagen, hinabführen mag, wogegen, wenn ein Erzeugter auf Erden verbleibt, derselbe in der ferneren Erlösung seiner Vorfahren, (wie durch Messen für die im Purgatorium befindlichen Seelen), wirken mag, in χαριστεια oder durch die Ci genannte Bewirthung der Ahnen (bei den Chinesen). Neben Andarika (als Körperseele) oder (wechselnd) Vaikarika (mit Karmana der Leidenschaft, und Taigasa), löst sich (bei den Jainas) der Kopfgeist (Aharika) ab (im Jenseits des νοῦς).

In der Unzerstörbarkeit des Seins hat sich, nach dem Gang der Karma, doppelt schwer der Selbstmord zu bestrafen, den auf Fiji solche untergehen, die (gleich den Anitu der Chamorro) durch das Greisenalter bereits in das Jenseits hineingewachsen sind. Selbst wenn von wilden Thieren gefressen, finden sich die Gebeine wieder zusammen (nach den Kirchenvätern), und auch aus dem Magen[2]) der

---

1) L'erreur se démontre, la verité ne peut que se présumer (s. de la Fléchère). Varuna scheidet von Rtam das Anrtam, die Wahrheit von der Lüge (s. Ludwig), und die Erkenntniss des Dharma erlangt sich selbstthätig (in Asangkhara-Ayatana). Die Physis repräsentirt die Ordnung (τάξις), die Gottheit den Ordner (στρατηγός) bei Aristoteles (s. Hardy) im ὕπατος μήστωρ (bei Hom.), οὐ γὰρ οὗτος διὰ τὴν τάξιν ἀλλ' ἐκείνη διὰ τοῦτόν ἐστιν (die Gottheit als verwirklichter Zweck, während die Physis Zweck ist im Sinne des Nichtseienden, als ein im Process des Werdens sich verwirklichender und darum ewig unwirklicher Zweck).

2) Es wird erzählt, dass Badih eddin Madar, als er nach Hindostan kam, ein Yogi wurde, den die Hindus in hohen Ehren hielten und der eine grosse Zahl Anhänger hatte. Madar hatte ein Haus; er schickte einen kleinen Knaben, Namens Jamen, trockenen Kuhdünger zu suchen, um damit Feuer zu machen. Dabei kam Jamen

von sinnlichem Hunger noch Gepeinigten, Dagegen fehlen die Gedärme in den Rupa-Himmeln und Lemendono (wie ein Mensch) flüchtet (unter Abwerfen des Bauches) in den Mond (auf Nyas).

Aus diesem Leben wird hinübergesiedelt in jenes, wo diejenigen, die auf der Wanderung voraus waren, bereits warten (s. August.), ad illud divinorum animorum concilium coetumque (bei Cicero), wo alle zu derselben Herberge gelangen (bei Basilius), aber freilich jeder zu zahlen haben wird bis zum „letzten Heller" (nach seiner Rechnung in Karma).

Das „Ausrotten" einer Seele in Israel entspricht cannibalischer Culturstufe bis (bei den Sadducäern) die Jahve gehörigen Seelen zu ihm zurückkehren (s. Lippert). Animae morte carent (s. Ovid). Das Glied, das dir abhanden, das weggekommen, Athem oder Hauch, der fort in den Wind

---

in eine Versammlung von Yogis, welche ihn für einen Muselmann hielten, den Knaben tödteten, in Stücke schnitten und verschlangen. Einige Zeit darauf, als er immer noch nichts zum Feuermachen bekam, machte Madar sich auf die Suche nach Jamen und fand die Jogis, zu denen er sagte: „Was habt ihr mit meinem guten, kleinen Jungen gemacht?" Sie antworteten: „Wir haben ihn nicht gesehen." Madar rief ihn laut bei seinem Namen und die Glieder Jamen's antworteten aus den Leibern der versammelten Yogis heraus: „Dam madar." Madar sagte dann zu den Yogis: „Soll ich Jamen aus euch allen oder aus einem von euch herausbringen?" Sie erwiederten: „Nur aus einem Körper." Als nun durch die Macht Madars die Gliedmaassen der Knaben zusammengebracht waren, ohne dass einer von ihnen es gemerkt hätte, und in den Leib des vornehmsten Yogi gekommen waren, fiel Jamen aus der Nase desselben, ohne dass die Nasenlöcher des Yogi vergrössert oder die Glieder des Knaben verkleinert waren. Darauf rannten die Yogis davon, Madar aber siedelte sich an dieser Stelle an, welche heute als Makaupur bekannt ist. Die Madarians kommen, so zahlreich als möglich, aus allen Weltgegenden einmal im Jahr an einem bestimmten Tage nach Makaupur,

gezogen, das sollen die Pitar, wenn du bei ihnen bist in einer Wohnstätte, Stück für Stück dir wiederbringen (im Atharvan). Die Haare sind gezählt (s. St. Aug.) und auch die Nägelabschnitte werden bewahrt (bei den Böhmen). Für den Naturforscher giebt es keinen unwichtigen oder geringfügigen Naturgegenstand, aus dem geringsten Werke der Natur kann er die grössten Lehren ziehen (s. Herschel). Hégésias prêchait ouvertement le suicide par ses paroles et par ses écrits, il fut surnommé l'apôtre ou le conseiller de la mort, πεισιθάνατος (s. Bénard). Bei den Chippewäern liessen sich lebenssatte Alte von den Söhnen tödten (s. Heckewelder), wie die Tschuktschen oder auf Viti (im Begräbniss). Bei gewaltsamem Tode bleibt die Seele (Dondi) übrig in Semangkat (unter den Batak). Erhängte wurden von der Göttin Ixtab nach dem vom Wunderbaume Yaxtche beschatteten Paradies gebracht (bei den Mayas).

Im Betreten der Megga gewährt sich die „certitudo salutis", aber „extra ecclesiam nulla salus" und „nulla vis sine materia" (im Nervus rerum). Im Gegensatz zum Buss-Ernst der Michelianer durch Michael Hahn († 1814) gegründet, entstand, im Charakter fröhlicher Heiterkeit, die Secte der Pregizerianer des Pfarrers Pregizer (zu Haiterbach), als Jean qui rit und Jean qui pleure (Democrit und Heraklit).

Erst nach dem Erlernen der ἀκούσματα oder Lehrsätze (in katechetischer Form) begann das Studium der Mathematikoi (in pythagoräischer [1]) Schule): Τοὺς μὲν ἐξωτερικούς τοὺς δὲ ἐσωτερικοὺς ἐκάλεσεν (s. Orignes), οἱ ἔξω und οἱ ἔσω τοῦ σίνδονος, im Schülerkreis des Pythagoras (wo die ἀκουσι-

---

1) Hermes trimegistus war Lehrer des Orpheus, dieser des Agla ophemus), dieser des Pythagoras, dieser des Philostratos, dieser des Plato (nach Marsilius Ficinus). Quels sont donc, demande Ramtchund, en commençant ses séances, les points de notre mystère sur lesquels vous voulez être éclairci? „C'est sur vôtre system en entier", répondit Mr. de Polier (XVIII. Jahrh.).

καί schweigend zuzuhören hatten). Die Sutras (als Gehörtes) pflanzten sich durch Memoiren fort (bis zur Niederschrift).

Most parts of the Koran have an hidden, inner or spiritual signification (Maance Batenec), in addition to the ordinary conception (Maanac Zahiree), und zu Philo's allegorisirender Erklärung des alten Testamentes fügten die Gnostiker eine solche des neuen (bis zur rationalisirenden im Verstande des mystischen Gefühlsstroms). In der Theopneustie der heiligen Schrift unterscheidet Origines den allegorischen Verstand (im alten Testament), den tropologischen (im neuen Testament) und den anagogischen (aus der oberen Welt). They who are seized with fits of falling sickness or the chorea Sancti Viti are immediately selected (as chosed by the demons[1]) themselves) in Patagonien (s. Falkner). Mohamed war Epileptiker (s. Sprengler).

Durch scharfen Kräutersaft werden die Augen der Candidaten (bei den Moxos) geklärt, als Seher oder Tiharoqui (helläugige), und beim Teufelztanz wird Reizsaft in die Augen geträufelt (in Savoe), während die Indianer beim Umschiffen der Fetischfelsen die Augen mit Pfeffer reiben (in Guyana). Die Δαιταλεῖς (δαιτυμόνες καὶ θιασῶται, καὶ συμπόται καὶ ὅλον συνδαιταλεῖς) feierten Tanzchöre (im Tempel des Herakles). Der „heisse Tanz" (Wadaddäschochatä) wird nackt, mit blossen Füssen, zwischen glühenden Kohlen aufgeführt (bei den Mönnitarris), unter Eingreifen in siedendes Wasser für Fleischstücke (s. Neuwied), im Anschluss (wie in Italien) an Ordeale (aus Ueberlebseln).

---

1) Tales Incubi, qui Italice Folletti, vocantur, Hispanice ducndes, Gallice Follets, nec exorcistis obediunt, nec exorcismos pavent, nec res sacras reverentur ad eorum approximationem timorem ostendendo, sicuti faciunt daemones, qui obsessos vexant (s. Sinistrari). Auf Befehl des Ersten Mysteriums in die Höhe schauend, erblickt die Πίστις Σοφία das Licht des καταπέτασμα des θησαυρός des Lichts (s. Baur), wie die Glorie in Wananga erschaut wird (bei Kosmogenie der Maori), und von Tane (unter der Achsel der Mutter hervorguckend), s. Inselgr. i. Oc. (S. 138).

Die mystischen Elemente der Religion sind für Staatszwecke verwerthbar (wie in Gottesgerichten, Hexenproben, beim Eide u. s. w.), und in Afrika werden die Fetische ohne Umstände zu eigenem Polizeidienste herangezogen, wie auch der chinesische Kaiser kraft höherer Macht die Schutzämter seiner Provinzen auf himmlische Würdenträger übertragen mag (und im Mittelalter die Heiligen belästigt wurden). Metus potentiarum invisibilium, sive fictae illae sint, sive ab historiis, acceptae sint publice, religio est, si publice acceptae non sint, superstitio (s. Hobbes), und so spielt es durcheinander mit Orthodoxie und Hetorodoxie (wie in Magia alba und Magia nigra). „Ein erleuchteter Mensch ist auch ein Priester der Natur, er kennt Segen und Fluch, und weiss, wie auch die Natur vom Fluch zu befreien ist" (Michael Hahn), oder die Natur zu schädigen (ohne Bileam's Eselsspruch).

Mictlam, als Todtenaufenthalt der Mexicaner, hiess (von seinen neun Abtheilungen) Chiucnauh-Mictlan, les Neuf séjours des Morts (s. Brasseur), und so zerfiel Reinga (der Maori) in neun Stufen (mit Verwesung oder Meto in zehnter und unterster). Unter den Krankheits-Dämonen (der Chaldaeer) bewirkt Idpa Schmerzen im Kopf, Outong auf der Stirn, Alal in der Brust, Gigim in den Eingeweiden (s. Lenormant), wie sich ein Begu findet für jede Krankheit (bei den Batta).

Der Saguṇa-vid (exoterisch wissend) Sterbende (s. Deussen) geht zu Brahman durch die Sinne, aber erst der die Seele Erkennende erlangt die Früchte (esoterisch) im Verständniss des unterschiedslosen Brahman (durch Mystik), ehe in naturwissenschaftlicher Psychologie verstanden (durch die Ethnologie), im $κτῆμα ἐς ἀεί$ (der Gedankenschöpfungen). Die Atmavidyâ (Brahmavidyâ) bildete den Vedanta, als Abschluss der Lehre, und die „Mittheilungen an den Antevâsin fanden in einer vertraulichen, d. h. (im Gegensatz zu parishad samsad) in einer Upanishad statt" (für die „Geheimlehre"). Die wahre Religion (bei Shaftesbury) verbirgt sich in esoterischer Lehre (s. Toland). In America (s. Brinton) „the teaching of religious tenets was twofold" (an esoteric and exoteric doctrine). The religion of Hushang (long anterior to that of Zeratusht) had continued to be secretly professed by many learned Persians (s. Jones), im ἱερος λογος (auf Hawaii).

„Es giebt (im Vedanta) zwei Wissenschaften von Brahman, die höhere Wissenschaft (parâ vidyâ), deren Ziel das Samyagdarçanam, und deren einzige und einartige Frucht die Erlösung ist, und die niedere Wissenschaft (aparâ vidyâ), die nicht auf die Erkenntniss, sondern auf die Verehrung (upâsanâ) des Brahman abzielt, und die als Frucht, je nach den Graden dieser Verehrung, theils Gedeihen der Werke (Karma-samriddhi), theils Glück (abhyudaya, als himmlisches, oder in folgenden Geburten), theils endlich Kramamukti (Stufenerlösung) bringt". Der Gegenstand der höheren Wissenschaft ist das höhere Brahman (param brahma), der der niederen das niedere Brahman (aparam brahma). Die Schrift (s. *Deussen*) unterscheidet zwei Formen (rupe) des Brahman (nirgunam und sagunam).

Von der niederen (exoterischen) Theologie (apâra saguna) wird (im Vedanta) die höhere (esoterische) unterschieden, als Nirguna vidya (parâ); die Lehre vom Devayana (dem Emporsteigen des Frommen zu Brahman) gehört zur niederen Stufe (aparâ vidya), noch nicht zum Samyagdarçanam (dessen, der das Param Brahman erkannt).

Bei dem Akamayamana (Nichtmehrverlangendem) des esoterisch Wissenden fällt der Auszug (Utkranti) der Lebensgeister (tasya) oder Seele fort (bei Einigung in der Kaivalyam oder Absolutheit) zur Vereinigung mit dem höchsten Atman (in der Unio mystica). Die Natur ist die Wahrheit der logischen Idee (s. J. Schaller). Neben Mah-Zand (der Mahabadier) findet sich Kah-Zand (Little Zand), „abounding in enigmatical and figurative forms of speech" (s. Faui).

Bei Aufnahme des Muried in die Takkieh sind die Geheimnisse der Ikrarnameh (Gelübde der Brüderschaft) zu übernehmen, und der Sheikh (als Murshid) flüstert die Emanet Ullah (Gottespflicht)¹) in das rechte Ohr (unter den Bektashis).

In den Upanishad dreht sich die Controverse, wie die der Brahmanen mit den Königen Ajatacatru und Açvapati (oder in der Belehrung der Schüler), um die nicht peripherisch in den Naturdingen — (wie durch den Cult indess magisch zu finden, und aus einwohnender Kraft zu verwerthen) — erkennbare Gottheit, da sie nur in der Innerlichkeit geistiger Wesenheit zu erfassen, kleiner als eines Hirsenkorns Kern (bei Cândilya) im Herzen wohnend, als Atman oder Jivatman, die sich in der Identität mit Paramatman (als Brahman) diesem zu vereinigen hat, und zwar, weil in ihm als nirguṇam die Unterschiede (viçesha) verschwinden, durch Intuition (anubhava) in unio mystica, wogegen eine naturwissenschaftliche Psychologie auf Grund ethnischer Beobachtungsobjecte im Völkergedanken durch logische Berechnung der Differenzen eben die Probleme objectiv vorher zu lösen, ehe subjectiv einkehrend im Selbst (zum eigenen Verständniss). Als für die empirische, neben rationeller Psychologie (bei Wolff), statt Selbstbeobachtung die Einführung einer natur-

---

1) Each chooses a particular rite and believes he derives from the frequent practice of the same supernatural assistance by Chod „to cut or destroy" the meaning of which is anxiously kept a profound secret by the Lamas, und den Eremiten in Tibet (s Schlagintweit). La Cabale et les livres hermétiques une fois acceptés comme l'expression de l'antique vérité, peu à peu oubliée et méconnue, toutes les sciences imaginaires, dont Agrippa s'est fait apologiste et qu'il a essayé de rattacher à son système philosophique, l'alchimie, l'astrologie, la magie en sortent naturellement (s. Franck), de occulta philosophia libri tres (1533). Le temoignage unanime de

wissenschaftlichen Methode verlangt war, begann die Ansammlung positiver Thatsachen für das Seelenleben, das aber erst, wenn bei der Gesellschaftswesenheit des Menschen vom Völkergedanken ausgehend, für inductive Behandlung befähigt sein wird.

Der Mensch ergiebt sich als die Summe der in der geographischen Provinz wirkenden Agentien (physikalischer Art) mit jedesmaliger Individualisirung nach den Eltern in der Abstammung, wogegen die Hypothesen einer Descendenztheorie von vornherein ausgeschlossen zu bleiben haben, da bei Unzugänglichkeit der „causes premières" der Mensch auf secundäre Ursachen hingewiesen ist (s. Cabanis), um bei den in Proportion gestellten Rivalitäten dem in den Formeln noch unbekannt Verbleibenden feste Werthe zu substituiren (durch logisches Rechnen).

Wenn im Jnanam uttamam die Seele (Jivatma) sich einigt[1]) mit Paramatma (im Vedanta), dann (gleich diesem Brahma), $\dot{\eta}$ $\psi\nu\chi\dot{\eta}$ $\tau\dot{\alpha}$ $\ddot{o}\nu\tau\alpha$ $\pi\tilde{\omega}\varsigma$ $\dot{\varepsilon}\sigma\tau\iota$ $\pi\dot{\alpha}\nu\tau\alpha$ und $'A\nu\alpha\xi\alpha\gamma\acute{o}\rho\alpha\varsigma$ $\psi\nu\chi\dot{\eta}\nu$ $\varepsilon\tilde{\iota}\nu\alpha\iota$ $\lambda\acute{\varepsilon}\gamma\varepsilon\iota$ $\tau\dot{\eta}\nu$ $\varkappa\iota\nu\nu\tilde{\nu}\sigma\alpha\nu$, $\varkappa\alpha\dot{\iota}$ $\ddot{\alpha}$ $\tau\iota\varsigma$ $\ddot{\alpha}\lambda\lambda\nu\varsigma$ $\varepsilon\ddot{\iota}\rho\eta\varkappa\varepsilon\nu$ $\tau\dot{o}$ $\pi\tilde{\alpha}\nu$ $\dot{\varepsilon}\varkappa\dot{\iota}\nu\eta\sigma\varepsilon$ $\nu\nu\tilde{\nu}\varsigma$ (s. Aristoteles).

Um zur Sicherung der Persönlichkeit, Jivatma von Paramatma zu unterscheiden (s. Wilson), the creed of the Madhwas is Dvaita (duality), und bei Ausentwicklung der

---

1) Ekam Evadwiyam (Einer nur ohne Zweiten) gilt in dem Vedanta, als Adwaita (Non-dualism), the universe exists but merely as a form of one eternal essence (s. Williams). In den Correspondenzen oder Entsprechungen (der constabilirten Harmonie) entspreche jedem Dinge (wie in niederer Sphäre existirend) ein anderes in höherer (für Swedenborg), bei Communicatio idiomatum (in Verbindung mit göttlicher Natur). $\varDelta\iota\acute{o}\varsigma$ $\alpha\tilde{\iota}\sigma\alpha$ repräsentirt das von Zeus bestimmte Schicksal (bei Homer). Im Pantheismus der Sufi („eine Art esoterischer Lehre des Islam") ist Alles Gott, ausser Gott selbst (s. de Tassy). Oft gehen die Gedanken des Magnetiseurs nicht in abstracter Form über, sondern nur der mit ihm verknüpfte Empfindungswerth (s. du Prel). Die Natur offenbart Gott und verbirgt hn (bei Jacobi).

Buddhi aus Prakriti bewahrt sich egotistische Selbständigkeit[1]) (in dem Sankhya).

Die indische Opferscala steigt auf bis zum Elephanten, als nächstem zum Menschen (wie der Affe im Hanuman des Ramayana), und aus dem Elephanten kommt die höchste Vollendung der Menschheit zur Incarnation des Buddha vom Tushita-Himmel herab, während bei der (gnostischen) Erweiterung des Mahayana im Jenseits idealistischer Welt noch der Dharmakaya (über menschlicher Verkörperung) drüberschwebt, und dem aus Abhassara niedergesunkenen Byamha gegenüber, das gemeine Volk aus Kräutern und Gras hervorwächst. So (in der Beziehung des Osiris zu Apis) steht an der Spitze der thierischen Schöpfung (im Bun-dehesh) der Stier oder Gaya-mereta, als sterbliches oder menschliches (mereta) Leben der Stierheit (Gaya) im König-Propheten Kayomars oder Gayomars, während, aus dem Samen, der Baum des Menschenpaares (Meshia und Meshiane) erwächst. Im Wechsel der Wachsthumsprocesse folgt stets dem Entstehen seine Auflösung nach, bis zum Verlauf im gähnenden Abgrund unergründlicher Nichtigkeit. Madhyumika started the opinion, that the vacuum, which remains at the general destruction of the universe, is God (s. Ward). Nach Suarez weilen die Seeligen im luftleeren Raum (s. Bautz), nicht herstellbar (s. H. Gerland).

---

1) The Mukti or Emancipation (in the Tarka-shastra) means striving to approach the origin of beings, not uniting, like the warp and the web, the threads of which, although near, are nevertheless separate from each other (im Dabistan), zum Gewebe eines Peplos (über den Weltenbaum gebreitet). Die einzelnen Seelen haben nach Platon ihr Prinzip in der Ideenwelt, nach Aristoteles in der Materie (s. Harms). The Vedanta affirms all spirit to be absolutely one, the Sankhya recognizes the diversity of persons as real; so that while the Vedantist escapes bondage, when he sees himself to be one with Brahma, the Sankhyan is free, when he knows himself as really separate from all blind and confused conceptions, all crude, intractable material in the natural order of experience (s. Johnson).

In dem aus der Wurzel des Schöpfungsprocesses Erwachsenen liegt, bei der „Unzerstörbarkeit des Stoffes", ein unzerstörbarer Keim, in den Knochen zunächst, als Reliquien heiliger Märtyrer, wie in indischen Sthupen gleichfalls begraben, oder unter Pagoden, wo Buddha Verehrung erhält, als „homage to exalted merit" (s. Ward). Das Orakel liess gegen Dürre in Böotien die Gebeine Hesiod's herbeischaffen, zur Eroberung von Scyros die des Theseus nach Athen, zur Bekämpfung des Gespenstes die des Actäon (in Orchomenos). In Goatjacoalco the bones were deposited in a convenient place, that the soul might resume them (s. Bancroft), im Stammesbegräbniss versammelt (bei Algonkin), unter Steinbauten (bei Kasya), s. Vlk. a. Br. (S. 12).

Die Seele als Ehecatl oder Wind (bei den Azteken), als (slavisches) Duch (s. Anton), Yulia oder Athem (bei Nicaraguern), Silla oder Luft (bei den Eskimo), schwebt (auf Tonga) duftartig (über den Blumen), und also riechbar (für Jäger) und auszuschnüffeln, gleich der der Hexen (bei Kafir). Der innere Mensch hat eine engelartige Gestalt, dem äusseren Menschen ähnlich (s. Makarios). Als exaedificatio materiae oder ipsius rei exaedificatio (s. Melanchthon) baut die Seele sich selber auf, in Entwickelung durch Erziehung (s. Lamettrie) oder Unterricht (mit dem Ernährungsmatesial in den Weltgesetzen wurzelnder Denkkeime). Alle Erzeugung in der Natur ist nur die Entfaltung von Körpern, welche zuvor in ihren Keimen gebildet existirten (bei Bonnet). Die abgeschiedene Seele bewahrt die Gestalt des Leibes (bei Irenäus), das Bild des auf der Erde getragenen Körpers (bei Tertullian), als Formprincip ihres äusseren Lebens („von Innen her gestaltend"), die Geberde des darin sich symbolisirenden Geistes (s. Fichte). Neben Ka, le double (der Aegypter) fand sich l'âme (bai), enveloppe à une parcelle du feu divin (s. Maspero). Das Blut ist die Seele (bei Moses), das $α\tilde{ι}μα$ $περικάρδιον$, als $τὸ\ νόημα$ (bei Empedokles) im Pulsiren (bei Caraiben), als „sanguineae animae" (bei Manil.). Die Seele des Menschen besteht in der richtigen Mischung des Blutes und der Säfte (s. Stosch). Im Blut (der Araber) lag (bei Massudi) die Seele (En-Nefs), dann als Todtenvogel oder El Hameh (wie in Böhmen), während die Seelen der Adligen in Singvögel übergehen (in Tlascala). Neben den (vier) Chatura-Bhut der Thái scheiden die Dakota ihre Seele vierfach, wie die Khond, die Karen siebenfach. „Statt einer Seele giebt die Phrenologie deren vierzig" (s. A. Lange). Indem der Nephesch (der Nervengeist), als der geistige Leib der entkörperten Seele, durch die unbewusst plastisch-realisirende Kraft der Phantome seine Ausgestaltung erhält, tritt ein stoffliches Element hinzu (s. Rudloff). Gioberti bezeichnet die Identität des Primum psychologicum mit dem Primum philosophicum als die Grundlehre des wahren und vollen Ontologismus (s. K. Werner). Neben den äusseren Sinnen liegt eine zweite Quelle der Ideen in dem inneren Sinne (nach Hutchinson). Leib ist wahrhaft nur die darin sich erhaltende und sie bewegende organische Identität (s. Fichte), oder grobmaterielle Stoffmasse (s. Thomasius), neben dem „Grundstoff", der „selbst geisterartig werden wird" („ohne deshalb aufzuhören stofflich zu sein"). Lamettrie acceptirt Locke's „Seele von Koth" (bei Pluche), weil Veredlung adelt (aus niederer Herstammung). In jeder psychischen Veränderung wechseln die Thätigkeiten des Vorstellens und Begehrens (s. Bilfinger). Die Seele der Welt wurde von Gott gebildet in Mischung der untheilbaren und stets gleichartigen Wesenheit mit der körperlichen und theiligen Wesenheit (bei Plato). Statt „immaterieller Substanz" ergiebt sich die Seele (bei Aristl.) als Bewegung in (Cicero's) $\dot{\varepsilon}\nu\tau\varepsilon\lambda\dot{\varepsilon}\chi\varepsilon\iota\alpha$ (zum Entwicklungsproduct des Denkens). Andere, die sich mit dem heidnischen Worte $\dot{\varepsilon}\nu\tau\varepsilon\lambda\dot{\varepsilon}\chi\varepsilon\iota\alpha$ keinen „Wurm ins Gewissen" setzen wollen, lassen die Seele, um doch auch etwas zu sagen, eine qualitas occulta sein, „weil nun ihre Seele eine qualitas occulta, so wollen wir ihnen selbe occultam lassen" (1713). Die Seele wird nach dem Tode mit einem dem irdischen ähnlichen Leibe bekleidet (nach Origenes). In einem jeden Menschen wohnen (bei den Mandan) vier

Geister, „ein schwarzer, ein brauner und auch ein lichtfarbiger, und dieser letztere allein kehre zu dem Herrn des Lebens zurück" (s. Neuwied). Galen unterscheidet das φανταστικόν, διανοητικόν und μνημονευτικόν (als innere Sinne). Die Dämone sind Geister böser Menschen, unter die Lebenden gefahren (s. Josephus). Gleichzeitig mit einem verstorbenen Bauer erschien die Seele seines Hundes (s. Vogel) und eine Hasenseele (in Belgien). Aehnlich wie der ewige Gott die Welt bewegt in ihrem vergänglichen Theil, bewegt die unsterbliche Seele den hinfälligen Körper (bei Cicero). Während die Verstorbenen, für vierzig Tage, auf der Erde wandeln, können sie als nebelartige Gestalten gesehen werden (in Ostpreussen) oder als graue Männlein ohne Kopf (in Tirol), besonders zur Mitternachtsstunde (s. Wuttke). Der zuletzt Gestorbene steht an der Kirchenthüre Wache (in Franken) oder auf dem Friedhof (in Irland), aber der Selbstmörder muss beständig nach dem Orte der That hin- und herwandern (in Schlesien), wie gewaltsam Getödtete spuken, wenn nicht (mit den auf dem Schlachtfeld Gefallenen) als Helden gefeiert, die im moslemischen Paradiese ihre Houri treffen, oder in Walhalla der Azteken mit den Frauen Reigen schlingen, denn Tugend und Tapferkeit sind systematisch durch den Genuss der schönsten Frauen zu belohnen (nach Helvetius). In den Somnambulen ringt der Geist Gottes, um die ihm gebührende Stellung in der Kirche wieder zu erlangen (nach Pfarrer Clöter in Illenschwang). Der Mensch behält auch nach dem Tode die feinere schattenhafte Leiblichkeit (s. Mühe), eine leibliche Gestaltung aus dem „Grundgepräge seines Leibes" als „die Ausprägung eines göttlichen Gedankens" (s. Splittgerber), schattenhaft reflectirt in Natub oder Seele (der Quichés). „Jesus wollte sich ganz und vollkommen in ihm ausgebären", sagen die Nazarener von Wirz († 1858), dessen Leben eine Parallele zu den Leiden bietet, bis zur Stigmatisirung (gleich St. Franciscus'). Wenn der „terminus peremtorius" (terminus gratiae peremtorius objectivus) überschritten, verbleibt in der Qual ewiger

Verdammniss der „Wurm, der nicht stirbt", wiedererscheinend aus Meto (bei den Maori). Der geistliche Leib (bei der Auferstehung) wird herausgehen in Himmel und Erde, mit Sonne und Mond zu spielen und seine Freude daran haben (s. Luther), und die Ahnenseelen der Eskimo spielen Ball (im Nordlicht), αἰών παῖς ἐστι παίζων, πεττεύων παιδὸς ἡ βασιληίη (bei Herakl.). The Saints will again receive their bodies, every joint being in its proper and perfect frame, and clothed upon with flesh, sinews and skin, like as we now are, the whole being immortal, no more to see corruption and clothed with a white robe of fine linen suitable for immortality to wear (s. Pratt). Den „seeligen Menschen der ersten Auferstehung" liegt ein „Priester- und Königsamt bei den abgeschiedenen Geistern" (s. Mühe) auf (wie dem „Ersten Menschen" der Indianer). Die Ahnen des ersten Menschenalters werden zu guten Dämonen, im Schleier gehüllt über die Erde wandelnd (bei Hesiod), wie die Seelen der Urbewohner oder die der Leiter und Stifter bei den Ansiedlungen (unter den Batta). Shasu-Hor (serviteurs ou adorateurs d'Horus) nennen die Aegypter „leurs ancêtres des premiers ages" (s. Pierret), als Νέκυες (bei Manetho). Da jeden Abend um 6 Uhr die Engel der Menschen Thaten vom vergangenen Tage vor den Thron Gottes bringen „im ordnungsmässigen Rapport" (s. Palmer), muss um diese Stunde besonders gebetet werden (auf Anordnung Wirz's). Unsere Leiber wird Gott so leicht und gelenk machen, dass wir wie Funken in die Höhe gehoben werden oder wie die Sonne am Himmel gehen werden, dass wir in einem Moment hier unten auf der Erde oder droben im Himmel sein werden (bei Luther). Paulus zieht die „Ueberkleidung" einer Entkleidung (beim Tode) vor, im „Grauen" (s. Splittgerber) davor, „im beraubten Zustand, ohne eigentliches Wohnhaus fortzuleben"

Das Lebensprincip des menschlichen Leibes ist die gottgeschaffene Menschenseele (bei Duns Scotus) in drei virtuell verschiedenen Potenzen (vegetativa, sensitiva, intellectiva), als Eins (s. Werner). Bei den nach dem im Magen vorhergegangenen Process in der Leber bereiteten Fundamentalsäften wird aus dem edelsten der vier im Herzen des Blutes der „spiritus vitalis" dargestellt und dieser in den Hirnhöhlen zum „spiritus animals" raffinirt (bei Melanchthon). Der Genius natalis des Menschen ist zugleich sein Genius fatalis, an welchen sich seine Fortuna, sein Fatum, die Qualität seines Temperaments, seiner Neigungen und seines Lebenslaufs knüpft (s. J. H. Krause). Genius generis nostri parens (s. Laberius) wurde als Genius natalis verehrt (am Geburtstage). In Attika gehörte Aphrodite Κωλιάς zu den Genetylliden. Nach Cornelius Agrippa erhält der Mensch seinen Astralgeist oder Geburtsdämon aus dem Sternenlauf (s. Horst). Maniam larvorum matrem aviamve putant (Paul. Diacon.), und Torgarnsuk's Grossmutter entspricht die des Teufels. Slade wurde von dem Indianer-Geist Owassoo geleitet (bis zur Verabschiedung).

Genius (bei Aufustius) deorum filius et parens hominum (s. Festus), wie Mavu die Seele[1]) aus Nodsie sendet (bei den Eweern). Deos immortales sparsisse animos in corpora humana (meint Cicero), und Jivatma gehört (im Pantheismus) zu Paramatma (der Weltordnung gemäss). Der Sonnengott Ra bezeichnet sich als Seele und ihre Doppelung, die Seele in Zwillingen zweifach (s. Tiele), wie Edro die

---

1) Dieu, en créant l'âme, a créé une substance qui a la propriété de s'unir au corps, d'agir sur le corps et par le corps, en vertu d'un certain rapport qui règne entre ces deux choses (nach Godart). Xenophanes dixit unum esse omnia et id esse deum (s. Cicero). θεός τις ἐν ἡμῖν (Anaxagoras). Die Schutzgeister wohnten in den Tepictoton genannten Idolen (bei den Tlascalanern). In den Schutzgeistern der Chaldäer begreifen sich die Mas (soldat, combattant) und (accadisch) Lamma oder (assyrisch) Lamas (s. Lenormant).

Seele reflectirt (in Guinea) als (persischer) Fravashi (im Genius).

Indem sich das für das Belebte Charakteristische (der Beseelung) bei dem animalischen Reich besonders (mit nächstem Anschluss an den Menschen) in der Ortsbewegung documentirt, werden die Bewegungen der Gestirne[1]) als Ausdruck der Weltseele gefasst, die, wenn im Paramatma dann die Jivatma einbegreifend, auf das Schicksal derselben durch ihre Erscheinungsweise Rückwirkung zu beweisen hat. Dadurch mag dann auch die unbelebte Natur in schöpferische Beseelung hineingezogen werden, indem (den für Masakh angelegten Köpfen) schon bei der Individualseele eine Einkörperung in mineralische oder vegetabilische Substanzen (als Fasakh und Rasakh) denkbar erscheint, unter den „Filsofi" oder Hakim (Zirek oder Farzanah). Oder es mögen sich

---

1) Agháto démón, or Shis, and Hermes al hermes or Idris, and the philosophers said, that the Almighty Auctor created the celestial bodies and the stars in such a manner that, from their movements, effects may be manifested in the nether world, that is to say, the events below are subject to their motions, and every constellation, and every degree of altitude has its particular nature; which being known by experience, and information having been collected about the qualities of the degrees, the celestial signs, and their influences, it is in this manner evident that they are near the all-just; and that the house of prayer, the Kâbah of truth, and the Kiblah of conviction is heaven. The wise men believe, that every master of fame worshipped one of the stars (wie Moses Saturn, Jesus die Sonne, Mohammed Venus). „It is stated in the Akhtaristan, that the Sipasian tenets were that the stars and the heavens are the shadows of the incorporeal effulgences" (im Dabistan). Every one of the fixed stars and planets becomes king and is each ruler by itself for one thousand years, and for other thousand years along with partners (im Desatir), und so die Sternenwelt (bei Sabäern). Niravarana taught, that what others call the soul is only something similar to light, diffused through the body, which is capable of depression or extension, and which dies with it (s. Ward). Die Nahuatl verweisen ihre Seele auf die Todtengebeine in Goatzacoalco (s. Herrera) zur leiblichen Auferstehung (aus Reliquien der Mumien).

dann aus den Elementen des Anfangs die Afrad (rudimental units) durch Vegetabilien bis zum Animalischen (Dabtahulares, „the reptiles of the world") fortentwickeln zum Menschen (nach den Mizan), in den Evolutionen einer Ascendenz oder Descendenz (wie beim hawaiischen Emporblühen oder Pua aus Kumulipo).

Unter den Einflüssen geographisch(-historischer) Umgebung gestaltet sich der Mikrokosmos in der Mitte seiner Wandlungswelt, deren Centrum er bildet mit den Projectionsbildern[1]) ringsum an der Peripherie (ethnischen Horizonts). The World is a Man and Man is a World (im Desatir), for they term the World the Great Man (Meh-merd), and the Vast Man (Mehin-Merdum), and the Vast World, and Man they call the Microcosmos or Little World (Kehin Jehan). Iman Kamil (the perfect man) is the reunion of all the worlds divine and natural, universal and partial (bei den Sufis). Der Mensch ist ein physisches Wesen und seine moralische Existenz ist nur eine besondere Seite der physischen (s. Holbach), beim Einklang physischen und moralischen Ge-

---

1) Aus der Rückläufigkeit der Empfindungsbewegung, die ein „Streben" (conatus) gegen die Objecte hin ist, erklärt sich die Versetzung der Empfindungsbilder nach Aussen (s. A. Lang) im Phantasma, „quod propter conatum versus externa semper videtur tanquam aliquid situm extra organum" (bei Hobbes). Ohne den Begriff der „genetischen Erzeugung" (Fichte) oder der „idealistischen Entwicklung" (Hegel) kann (bei der Einheit des Denkens) in der Kategoriontafel (Kant's) „von einem System nicht wohl die Rede sein" (s. Kirchmann). Der Materialismus bewegt sich fortwährend in dem Widerspruch, geistige Function als Thatsache gelten zu lassen, die er durch seine eigene Auffassung auch wieder vernichtet (s. Schaller) bei Mangel der Bausteine für die Induction (bis ethnisch beschafft). Locke's (durch Hobbes auf Bacon rückweisender) Sensualismus führt einerseits auf den Idealismus (Berkeley's) und kritische Skepsis (bei Hume), sowie andererseits auf den Materialismus (in Holbach's Schule). Die anthropologische Statistik (mit der Moralstatistik) käme auf Kant's pragmatische Anthropologie, in Betreff einer Wissenschaft von Menschen, als „frei handelndem Wesen", um in der Nothwendigkeit die Freiheit nachzuweisen (aus harmonischer Gesetzlichkeit).

setzes (im Dharma). Pallas Athene wird aus Zeus' Haupt geboren, "comme son énergie ou sa pensée divine" (s. Guigniaut), wie auf Hawaii (und in Mikronesien).

Aus dem Irdischen strebt es dann hinauf nach "gestirntem Himmel" droben (s. Kant), und die Seele ist unsterblich, weil stets bewegt, gleich allem Göttlichen, in Mond, Sonne, Sternen[1]) und dem ganzen Himmelsgewölbe (bei Alkmäon). The code of Mahabad (Paiman-i-Farhang) states, that, whatever occurs in this elemental world proceeds entirely from the planets (im Dabistan). The Bali or stellar astrology (jyotisha) schliesst sich (in Ceylon) an den Capua-Dienst an (s. Upham) in den Büchern Nawaggraha Suntiya (Warahamihira) oder Duwabreka (der Bali Sloka). Nach dem Jhwanas-safa treten bei der Schöpfung des Embryo die geistigen Kräfte der Gestirne hinzu (s. Dieterici) und so kommen die Attribute der mythologisch mit den Sternen verknüpften Götter bei der Astrologie zur Verwerthung (für den Menschen in all seinen Gliedern znuächst). Le ciel est habité par les dieux de premier ordre, par les femmes qui meurent en couches, par les guerriers tombés sur les champs de batailles. par les suicides et surtout par la classe aristocratique des chefs (auf den Marquesas). D'autres dieux, inferieurs aux premiers, habitent l'enfer (s. Radignet). Im aztekischen Sonnen-Paradies gehen neben den Seelen gefallener Krieger die der im Kindbett verstorbenen Wöchnerinnen ein, im Tanzesreigen zusammentreffend (am Zenith um Mittag) s. Cltrl. d. a. Amrk. II. S. 776.

Als Stationen des Devayana finden sich Agniloka, Vayu-

---

[1]) The possessors of Fardat and Fartab or those who are di- directed by inspiration and revelation, have laid down, that every star whether fixed or planetary, is regent during certain periods of several thousand years (nach dem Dabistan). Die Vorbilder stehen (in Peru) in den Constellationen gezeichnet (eines $\varkappa o \sigma \mu o \varsigma$ $\nu o \eta \tau o \varsigma$). Auch Thiere, Pflanzen und Mineralien haben ihren geistigen Leib oder ihr "Complement" (s. Friese) für die Spiristen (mit Perisprit), wie im Animismus der Vairua oder Kelah u. s. w. (pantheistisch).

loka, Varunaloka, Indraloka, Prajâpatiloka, Brahmaloka (in dem Kaushitakibrâhmana). Nach Agniloka schalten sich Tag, Monat, Jahr u. s. w. ein, nach Vayuloka Sonne, Mond, Blitz. „Daselbst ist ein Mann (Geist), der ist nicht wie ein Mensch, der führt die Seele[1]) zu Brahman" (s. Deussen), als Psychopompos mit Höllenhunden zum Todtenpfad führend (bei Eskimo).

In dem aus den vier Elementen des Weltkörpers gebildeten Leibe[2]) stammt von der Seele (wie ihr vernünftiger

---

1) Nach der Secte der Sipasier (im Dabistan) eternal souls are meant the spirits of Spheres (in der „Mahabadian Dynasty"). Authentic revelation is only obtained by the world of ecstasy or similitude, called Manistan (s. Shea) aus Mano (im Nam-Dhamma). Anima ex superiore Mundi parte ad inferiora haec delabatur, sc. per duos Tropicos Cancri et Capricorni, qui Solis Portae a veteribus vocantur; per has portas animae de caelo in terras meare et de terra in caelo remeare creduntur (s. Macrobius), im Kreislauf des κυκλος γενεσεως unablässiger Bewegung (bis zur Erlösung), motion essential to matter (s. Toland).

2) The whole world is an Individual: Its Body which is composed of all bodies, is called the Universe (Tehîm); Its Soul consists of all Souls and is called the City-of-Souls (Rewângird); And its Intelligence is composed of all Intelligences and is called the City-of-Understanding (Hoshgird). This is the Great Man. When you have contemplated this World so wonderful, still it is but a single one of His worshippers. If you open the eye of your heart you will perceive that the heaven is the skin of this great Individual; Kywân (Saturn) the spleen, Barjish (Jupiter) the liver, Behrâm (Mars) the gall, the Sun the heart, Nahîd (Venus) the stomach, Fîr (Mercury) the brain, the Moon the lungs, the fixed Stars and the Mansions of the Planets the veins and nerves, the fire the warmth of Iris motion in the way of God, the air his breath, the water his sweat, the earth the place on which he steps as he walks, the lightning his laugh, the thunder his voice, the rain his tears, and organised bodies the worms in his belly: while his Soul is composed of the Souls above and below, and his Intelligence of the Intelligences above and below. Man therefore should not rest satisfied with being a belly-worm; but ought to strive to become a Soul. The substance of what has been explained is contained in the Hânejtûr, which is a portion of the Desâtîr written in the Pimrâni tongue (im Desatir). Im Desatir (sent to Mahabad oder Mahabodhi) „is ex-

Theil von Gott), der begehrliche Theil von den gewordenen Göttern, den Gestirnen, so dass von deren Bewegungen das Schicksal des Menschen in Abhängigkeit verbleibt [astrologisch deutbar]. Bei Ueberwindung der Sinnlichkeit, kehren die Seelen zu dem seligen Leben auf den Gestirnen zurück, woher sie entstanden, wogegen sonst die nächste Geburt zu weibischer (und dann zu thierischer) herabsinkt [während auf buddhistischer Rupa-Terrasse die Frauen sich zu Männern vervollkommnen]. Nach griechischer Denkweise sieht auch Platon den Mann und nicht das Weib als den wahren

hibited a singular system of heavenly dominion maintained by every star, whether fixed or planetary during periods of many 1000 years", mit weiteren Berechnungen im Dabistan (und gehäuften Zahlenmassen im Buddhismus). Die grossen Zeiträume, die zwischen Untergang und Erneuerung, oder zwischen zwei Schöpfungen, d. h. zwei Morgenzeiten liegen, die Kalpa's, sind zurückzuführen auf die Dauer eines Tages, zu 12 oder 24 Stunden (s. Kern). The possessors of Fardat and Fartab, or those who are directed by inspiration and revelation, have laid down, that every star, whether fixed or planetary, is regent during certain periods of several thousand years (nach den Sipasiern oder Yazadiern). Im Advar (solaren Cyclus) und Ikvar (lunaren Cyclus) sind (astrologische) Combinationen zu finden, um zu prognosticiren (innerhalb der Berzasp genannten Umwälzung). Der grosse Cirkel (Mahun cherkh oder Jawrah-i-Kabra) kommt im Weltenlauf auf sich zurück (in the books of the Persian sages). In jeder der vier Kalpen, im Mahayuga (deren Tausend einen Tag Brahma's bilden) zusammengefasst, herrschen 14 Manu (im Manvantara). According to what is stated in the Timsar Desatir (the Venerable Desatir), the Almighty Creator has so formed the celestial bodies, that from their motions there result certain effects in this lower world, and without doubt, all events here depend on the movements of these elevated bodies (nach dem Dabistan). La nature a dû former un grand nombre de mondes pour qu'un milieu habitable so soit produit, çà ou là, par un heureux concours de circonstances favorables (s. Faye). Wie die Seele den Leib, so regiert der Papst die weltlichen Herren (nach Gregor VII.). Im „Système de la nature ou des lois du monde physique et du monde moral" (1770) sollte im „Rapport du physique et du moral de l'homme" (bei Cabanis) die Einheit physischen und moralischen Gesetzes gesetzt werden, wie (philosophisch) vom Buddhismus (im Dharma).

Menschen an, der der Endzweck der Natur ist, den sie in allen Formen und Arten der lebendigen Wesen, als den Grundtypus des Ganzen, zu realisiren strebt (s. *Harms*), im männlichen Menschen (statt des Ewig-Weiblichen im Lalai der Hawaiier), aus dem Androgynen gespalten (bei den Eweern), wie Isani von Ish (im Anusha). Either a man or woman wandering alone in the forest, is exposed to the enticements of the ghost Bohem Culleh to commit fornication with it (bei den Neesbenam), als zweigeschlechtlich (s. Powers).

Von der Speculation περὶ τῆς τῶν πάντων φύσεως führt Socrates (bei Xenophon) zurück auf das rein Menschliche (τἀνθρώπεια), auf eine Psychologie, die beim Einbegriff der ψυχή unter die Physis (bei Aristotl.) zwar das Studium der übrigen Naturwissenschaften, in ihrer Gesammtheit, ebenfalls erfordert, aber unter den objectiven Ergebnissen dieser in dem subjectiven Verständniss des Selbst das Ziel des Forschens aufgerichtet sieht. Discussions about antiquity, traditions, and duration and the evanescence or destruction of the world (nach Muhamed kuli) sind zu vermeiden (bei den Zadikiah).

Wie Confucius von dem Himmel auf die Erde verwies, sind vor τὰ δαιμόνια erst τἀνθρώπεια in Untersuchung zu nehmen (bei Socrates), denn mehr als das Forschen über Natur oder Gottheit vermögen οἱ τὰ ἀνθρώπεια μανθάνοντες durch ihre Lehren praktische Resultate zu erzielen (und dann durch die Induction für naturwissenschaftliche Psychologie).

Wirz erhielt (Charfreitag 1850) vom Himmel her ein Schreiben des Apostel Johannes, um den Bericht seines Collegen Matthäus zu berichtigen (s. Palmer), und dazu classische Geisterschriften in Paris, wie auch in den Berichten an die Academie (im Streit über Priorität). For the Kong-pit (descending of the pencil) or spirit writing, the Chinese use a twig from an apricot-tree. Alles Geschene ist nur Sinnesanschauung, da es draussen nichts Entsprechendes giebt (nach d'Alembert). Ein nach Art des delphischen Dreifuss erbautes Tischchen wurde befragt (s. Amm. Marc.). Durch dämonische Macht wurden Tische befragt (zu Tertullian's Zeit), wie von den Schamanen (beim Fliegen). Die Juden „machen mit Kishuph (Zauberei) den Tisch aufgehen" (s. Brentz) im Tischrücken (1610). In den Lederzelten eingeschlossen sitzend, setzen die Zauberer der Naskapit oder Naskopis (in Labrador) dieselben in drehende Bewegung, zur Beantwortung von Fragen (nach Arnaud).

En plein culte de la Raison les tricoteuses vont vénérer dans la niche du coin la sainte image à qui l'on chante des hymnes, l'on récite des prières, l'on fait des invocations pendant les banquets civiques, et les élèves de la patrie viennent annoncer à la Convention (séance du 28 nivôse), qu'ils ont choisi Lepellier pour patron à la place de S. Nicolas. En plein culte de la Raison, les enfants sont dressés, dans quelques écoles, à faire le signe de la croix au noms de Marat et de Lazowski. En plein culte de la Raison se récite le „Credo" de Marat, substitué au „Credo" superstitieux des fanatiques (s. Victor Fournel).[1]) Zu den Lehren der Buddhisten gehört (nach dem Vivekachintamani) „the art of causing clothes, jewels, women, and other desirable things to leave their owners and come into possession of the operator" (s. Foulkes), wie (im XIX. Jahrhundert) die Theosophisten verstehen, nach dem Document über das „Broachphenomenon" (in Simla). The body, to be transmitted, is supposed first to be disintegrated conveyed on the currents in infinitely minute particles, and then reintegrated at its

---

1) Zwei oder drei Dutzend junger Leute, die „mit dem Tode einen Bund geschlossen", haben jahrelang die Regierung des grössten Reichs der Welt in Schach gehalten. Die 15 Mitglieder des Lipetzker Congresses waren nicht nur Delegirte der revolutionären Sectionen und Parteiführer, sondern auch die Hauptagenten

destination. In the case of the Broach, the first thing to be done must have been to find it (s. Sinnet) in Simla (3. Oct.). Um materielle Gegenstände in verschlossene Räume zu schaffen oder einen festen Körper ohne Schaden durch einen andern festen Körper zu transportiren, lassen die Spirits ihr Perisprit zwischen die Zellen der Materie einströmen, und die durch solche Spannung entstandenen Lücken gestatten das gegenseitige Durchdringen; ist der Transport glücklich beendet, so wird das Fluidum zurückgezogen und die Zellen lagern wieder innig neben einander (s. W. Schneider). „Will ein Geist den leiblichen Augen seiner irdischen Freunde sichtbar erscheinen, sich materialisiren, so leiht er das erforderliche Fluidum von seinem Medium und der ihn umgebenden Sphäre und sättigt damit sein eigenes Perisprit so lange, bis dasselbe nach entsprechender Condensation leibliche Gestalt empfängt", und ähnlich zur Herstellung des Gewandes (für dessen Ausweitung der Stoff vom Geist Katie über dem Medium Florence gerieben wird).

The Parisian goes to the theatre on Sunday evening, because it is a holy day, and because he is allowed relaxation and amusement after his devotions at High Mass; the old Greek went to the theatre to honour and to serve his god, his praise was offered up not before, but in the performance (s. Mahaffy), und der Tanz überlebselt aus dem Cultus (s. Masken u. d. Maskereien, Zeitschr. f. V. Ps.).

Sanyasis are never created from young boys, as Gosains[1]) for the most part are, and always from elderly men (s. Sherring) und so aus allen Kasten (statt durch Geburt schon berechtigt, bei den Brahmanen). Le Saniassy l'emporte sur le vanaprasta en ce que ce dernier ne renonce pas totalement au monde, auquel il tient encore par les liens de famille

(s. Dubois) aus dem Stand des Grahasta (wohin der Brahmatcharya mit der Mannbarkeit übertritt). To become a religious guide, it is only neccessary to be a Bramhun, and to be acquainted with the incantations (s. Ward), bis dann später bei populärer Reaction (wie im Buddhismus) auch moralische Beglaubigung verlangt wurde (unter kastenloser Sanyassi). Gautama fand kein Heil in den Kasteiungen der Brahmanen, und so findet sich (in der Bibel-Uebersetzung) Christus als „Fresser und Weinsäufer" bezeichnet ($\varphi\acute{\alpha}\gamma o\varsigma$ $\varkappa\alpha\grave{\iota}$ $o\acute{\iota}\nu o\pi\acute{o}\tau\eta\varsigma$) von asketischen Sectirern (der Juden), weil festhaltend an dem Grundsatz „Mens sana in corpore sano" (s. Juvenal), in gesunder Entwicklung (des Denkens auch). Buddha war im Apostel Petrus, und dann im Franciscus Xavier einverleibt, auf Erden wieder erschienen (nach Adelma von Vay). In Gedankensendung auf den fluidalen Strahlen seiner Nerven-Aura communicirt der Spirit mit den andern Weltsphären (s. W. Schneider) und von den Ausströmungen des Perisprit sind die guten Gedanken roth, die bösen blau (nach Friese). Nach Unterscheidung zwischen Transfiguration und Materialisation, „musste man das Verbleiben des producirten Phantoms beim Medium als Regel, die Ablösung desselben vom Medium als Ausnahme anerkennen" (s. E. von Hartmann). Bei den Traumsendungen hat die Erfahrung bewiesen, dass „die Gedankenbilder auch in dem Falle richtig überkommen, wenn man den Aufenthaltsort des Freundes nicht weiss" (s. Wesermann). In den verzückten Schlafzustand (trance) versenkt, wird das Medium „zum willenlosen Werkzeug und unbewussten Sprachrohr des Geistes" (s. F. Schultze).

Der von Kaufleuten den Barbaren-Völkern bekannt gewordene Gott des Planeten Merkur's, als ihres besonderen Schützers, wurde ebenfalls bei den Indern, als Budh oder Gott der Vaisya, von den Kaufleuten verehrt, und so in Peru, als Cattu-illca, in Verbindung mit Abend- und Morgenstern, wie in der Venus oder Hesperus, als $\varkappa\acute{\alpha}\lambda\lambda\iota\sigma\tau o\varsigma$ (bei Homer) leuchtend, und so den Reisenden den Anfang des Tagesverkehrs, sowie das Ende bezeichnend, wobei zugleich die freie Bewegung des Handels die aristocratischen Kastenzäune der Brahmanengötter durchbrach (mit Popularisirung des Buddhismus).

Die zunächst nach Unterschieden in der Erscheinungsweise bezeichneten Sterne wurden dann, für spätere astrologische Ausnützung der Attribute, mit mythologischen Figuren verknüpft (der ϑεοί in wandelnden Planeten, als laufenden), aus ägyptischen Herübernahmen vom Reflex der Seele in der oberen Welt der Gestirne, wie aus dem Auge der Häuptlinge (bei Maori), und bei den Inca leuchteten in den Constellationen die Prototypen irdischer Schöpfungen.

Hipparchus „nunquam satis laudatus" ist „als der eigentliche Gründer der wissenschaftlichen Astronomie anzusehen" (s. Ideler), indem er zuerst ein Verzeichniss der Sterne anfertigte, eine Uebersicht des Vorhandenen (wie solche in der Induction überall vorherzugehen hat, und also auch bei Vorbereitung für eine naturwissenschaftliche Psychologie in der Gedankenstatistik). Tales nach Beschreibung „von denen gemainen nutz und natürlichen dingen ist er worden ein erfinder der natürlichen Astrologey" (s. Burley).

Osiris lag in Busiris (nach Eudoxus) oder in Taphosiris begraben (als Grabmal des Osiris), „doch sagen die Priester, dass die verstorbenen Leiber nicht nur dieser, sondern auch der andern Götter, die einen Anfang und Ende gehabt, bei ihnen begraben lägen und verehrt würden, ihre Seelen dagegen als Sterne am Himmel glänzten, und dass Isis Seele bei den Griechen der Hund, von den Aegyptern Sothis bezeichnet wurde, wie Typhon als Bär und Horus als Orion (s. Plutarch). Dictus Orion ab urina id est ab inundatione aquarum (s. Isidor) und Osiris als Hysiris (bei Hellanikus) oder (Hygreusis) Hysis (vom Regen). Als Sonne erscheint Osiris bei den Griechen im Sirius (s. Plato). Um den Mittelpunkt des Centralfeuers ($Διὸς\ φυλακήν$) bewegten sich die zehn Himmelskörper ($σώματα\ ϑεῖα$). Sebdet (Sothis) oder Canopus galt als Seele der Isis, wie Sach (Orion) als Seele des Osiris. Orion heisst $τρίπατρος$ (bei Lycophr.) oder τριπάτωρ (bei Nonnus), von Befruchtung auf einer Thierhaut durch drei Götter, Jupiter, Neptun und Merkur (oder Apollo). Das Sternbild Orion heisst (im Arabischen) Dschebhar (Gigas fortis) oder El-Dschauza (s. Lach). Die Plejaden verkünden durch ihren Unter- und Aufgang die Saat- und Erntezeit (s. Athenäus). Von Orion verfolgt, wurden die Hyaden und Plejaden (von ὗς und πελείας) als ein Rudel Schweinchen und eine Flucht wilder Tauben angesehen (s. Rivola).

Electra, die aus Trauer zu ihren Schwestern nicht zurückkehrt, (als dieselbe verlassend, um die Zerstörung Troja's mitanzusehen), erscheint seitdem zeitweis (mit aufgelöstem Haar) als Haarstern oder Komet (nach Aratus). Wer den Stern El Suha (der Vergessenen) im Grossen Bär (El-Dub-el-akhber) ansieht, zur Prüfung des Auges, und dabei spricht: „Der Herr des Suha behüte mich vor allen Scorpionen und Schlangen", ist fortan davor gesichert (s. El-Kazwini). Das zu Ehren der Königin Berenice durch Conon an den Himmel versetzte Haupthaar (πλόκαμος) heisst (bei den Arabern) El Helba, das „struppige, borstige Haar der Thiere" (s. Ideler). Der Thierkreisgürtel wurde von Oenopides aus Chios eingeführt (nach Eudemus).

Neben Budh (der Leuchtende oder Erwachende), als god of merchandise (wie Naruda) worshipped by the Byscaste (der Vyasa), wird Mars als Mangala (Glück) bezeichnet, Sukra (glänzend) als Guru der Götter (Bhrigu's Sohn) und Brihaspati (Jupiter) als Guru der Götter, während Sani (Keil) der Sudra-Kaste angehört (im Planeten Saturn). Jupiter oder Mushtari (splendide lucens, coruscans) heisst (bei den Arabern) Soil-el-leil oder der die Nacht vor sich Hertreibende (s. Niebuhr), neben Zuhhel (Saturn), Mirrich (Mars), Zubara (Venus), Otarad (Merkur). Jupiter (bei den Aegyptern) heisst Horap Seto (Horus, der das Geheimniss öffnet), Mars der rothe Horus (Hor-teser), Saturn dagegen Hor-peka (Horus, der Stier), wobei Hor als „Superus" (s. Brugsch) gefasst wird (in oberer Welt). Duat (Morgen) ist der Morgenstern.

In jeder der indischen Nakschatra wohnt eine der Gemahlinnen des Mondes (Soma). Die 28 Suh bilden (bei den Chinesen) die „Nachtquartiere" des Mondes (als Mondhäuser). Unter den 7 Leuchten oder Lichtern: Sonne, Mond und den 5 Planeten ergeben sich Jupiter: muh-sing, Stern des Holzes oder sui-sing, Stern des Jahres, so genannt nach Analogie des Verhältnisses des Mondes zur Sonne, weil 12 Sonnenjahre auf eine Umdrehung des Jupiters kommen. Tai-sui (Grosses Jahr). Mars: heu-sing, Stern des Feuers oder yunghuoh, der flimmernde (sc. Stern); auch c'i sing, der rothe Stern genannt. Saturn: t'u-sing, Stern der Erde oder t'iensing, der langdauernde oder ewige Stern (wegen seiner langsamen Bewegung). Venus: kin-sing, Stern des Metalles oder t'ai-peh, der grosse weisse. Mercur: sui-sing, Stern des Wassers oder sin-sing, Stundenstern. K'ming, Oeffner des Lichtes (Venus als Morgenstern) cang-keng, der Säumende (Abendstern). Das Mondjahr (der Römer) verwandelte sich durch Einschaltung des Monats Mercedonius in ein cyclisches Sonnenjahr (s. Ideler). Der mexicanische Calender wurde (nach Ixtlilxochitl) auf der Versammlung in Huehuetlapallan festgestellt, während bis dahin nur nach dem Jahr Xihuitl (neues Gras) gerechnet war (im Aufwachsen und Verdorren der Vegetation), und so werden die Monate nach ihren Productionen bezeichnet (in Oregon). Die Fixirung der Solstitialpuncte geht auf Parasara zurück (im jyotisham).

Bei Plato (s. Plutarch) kommt nach den Fixsternen zuerst der Planet des Saturn (oder Phänon), dann folgt Phaëthon (Jupiter), als dritter Pyroeis (Mars), als vierter Heosphorus (Venus), als fünfter Stilbon (Mercur). Der Planet Mercur (Stilbon) hiess Apollo (bei Apulej.). Platon gab den Planeten besondere, von ihrer sichtbaren Eigenschaft entlehnte Namen (s. Forbiger), als Heosphoros (Venus), Stilbon

κλέους ἀστήρ) *Πυρόεις* (Stern des Herkules), Merkur (ὁ τοῦ Ἑρμοῦ oder Ἀπόλλωνος ἀστήρ) *Στίλβων* (Stern des Apollo), Venus (ὁ τῆς Ἥρας oder Ἀφροδίτης) *Ἑωσφόρος* oder (bei Plato) *Ἕσπερος* (als Stella Saturni, Jovis, Martis, Veneris, Mercurii). Hesperus, als Abendstern mit dem Morgenstern identificirt (bei Ibycus) oder Lucifer (s. Hygin.), wurde, weil (als Sohn der Aurora und des Cephalus) an Schönheit mit Venus wetteifernd, der Stern der Venus genannt, *κάλλιστος* (bei Homer) und Eos (in der Morgenröthe) *ῥοδοδάκτυλος* (als Mutter des Memnon). Sidus appellatum Veneris (s. Plut.) ante matutinum exoriens Lucifer nomen accipit ab occasu refulgens, nuncupatur Vesper). Phosphoros et Hesperos ne sont que les deux noms divers de la même planète et composent une paire fraternelle, und durch Aphrodite's Entführung (Phaethon's oder Phosphoros) „s'expliquent les rapports de Venus avec la planète, dont elle porte le nom" (s. Decharme).

Von Kephalos und Eos sind Phaethon geboren (bei Hesiod) oder Phosphoros (s. Preller), und Aphrodite setzt ihn, bei der Entführung, als Hüter ihres Heiligthums ein (im Planeten), wie in dem (indischen) Nakschatra die Häuser sich bilden für die Geliebten des Mondes (Soma). Der Planet Venus ragt durch Grösse hervor, claritatis quidem tantae, ut unius huius stellae radiis umbrae reddantur; itaque et in magno nominum ambitu est, alii enim Junonis, alii Isidis, alii Matris deum appellavere (s. Plinius). Vénus désigne le cuivre (in der Astrologie) parce qu'il rougit (1771).

Aus den Beziehungen der Erde zur Sonne erkennt der Mensch die eigenen zu jener, aus dem Licht die Welt, durch sein voranstehendes Sinnesorgan (im Sehen), und die solaren Einflüsse bedingen die terrestrischen Erzeugnisse, in den, für Forschungen des Denkprocesses zugänglichen, Variationen organischer Typen, zunächst nach dem hauptsächlichsten Factor in der Temperatur. Ein irdisches Nachbild der Sonne bietet sich im Feuer, für die Effecte von Wärme und Helle, und so gelangen spätere Meditationen auf ein Ur-

Element (der Wandlungen) im Feuer (bei Heraklit), bis zur (parsischen) Verehrung als Gott, wie sich bei Agni (mit Mitra gesellt, in Vertretung der Sonne) die schöpferische Productionskraft symbolisirt (im Veda), in Pflanzen und Thieren wirkend, als eingeschlossen im Holz und daraus hervorgelockt (wie die Sonnengöttin aus ihrem Versteck in Japan).

Zunächst jedoch in den primitiven Stadien handelt es sich um die praktische Verwerthung des Feuers, im Glimmbrand getragen in Australien, oder bei den Zügen der Damara von der Jungfrau, und auf Hestia's Heerde gepflegt (wie weiter im Tempel der Vesta oder dem Kloster der Sonnenjungfrauen in Cuzco). Dazu treten die Reinigungsvorschriften, wie von Zarathustra (in den geweihten Scheiten) vorgeschrieben, mit Uebergang dann ferner für moralische Bedeutung (zur Klärung vom Sündhaften). Mit Beherrschung des Feuers (von Atharvan gerieben) mag der Mensch es wagen, kosmische Vorgänge nachzuahmen, freilich unter den vom $\varphi\vartheta όνος$ der Götter drohenden Gefahren, wenn einer schwarzen Magie (des Atharvan-Veda) ergeben.

Gleich den fünf Feuern Zarathustra's wohnt Agni in Erde, Pflanzen, Wasser, Steinen, Menschen und Rindern (nach den Vedas). Wie die Fähigkeit zu brennen von der Anwesenheit des Gottes im Holz abgeleitet wird (bei Anaxagoras), wird der Verholzungsprocess „auf Agni's Anwesenheit zurückgeführt" (von dem Veda). „Mit dem Blitz fährt der Gott von den Gewitterwassern umhüllt herab, zur Erde, und wie das Wasser, steigt auch er in den Pflanzen auf" (s. Ludwig). Agni besitzt die Herrlichkeit Mithra's, als Mithramahas, in Saura-agni (der Sonne). Agni ward von Dhyaus und Prithivî geboren (gleich seinem Zwillingsbruder Indra).

Himmel und Erde erzittern bei der Geburt Indra's, der den Donnerkeil ergreift (seine Feinde zu schlagen). Ihrem Sohn Indra die Herrschaft zugestehend, wurden bei seiner Geburt Himmel und Erde (Dhyaus und Prithivî) von Schrecken ergriffen (in den Vedas). Immer weiter Himmel und Erde

— 153 —

auseinander drängend, schleudert Indra den ehernen Keil herab (zum Heil für die Spende an Varuna und Mitra).

Jyam prithivi bhutasya prathama-jâ (im Satap-Br.), wogegen beim Ursprung von Himmel und Erde gesagt wird, wer der Erste, Sages who knows? (s. Muir). Katarā pūrvā katarā aparā ayoh, kathâ, jâte, kavayoh ko viveda. The Earth is the wife, the sky is the husband, they are a pair (im Taittereya Aranyako) und (im Aitareya-Brahmana) vermählt (s. Muir), Kinder zeugend, als Götter (Devaputre). So zeugen Rangi und Papa ihre Kinder, die sie auseinanderdrängen (bei den Maori), αὐτὰρ ἔπειτα Οὐρανῷ εὐνηθεῖσα (ihren erstgeborenen Sohn), gebiert Γαῖα (Γαῖ' εὐρύστερνος) die Zwölfzahl der Kinder (bei Hesiod). Der Ruhm der Eltern geht über auf die Kinder, und der später Kommende verdunkelt durch helleren Glanz den früheren, der in die Schatten der Vorzeit zurücktritt. Vater Manu, dem als Schützer geopfert wird, hat die Hymnen vorbereitet (im Sama-Veda). Der Himmelskünstler Noum (als göttlicher Töpfer) verfertigt ein Mädchen, als Gattin für Batou (s. Maspero). Pandora, als erste Frau, wurde auf Zeus Geheiss durch Hephästos aus Thon modellirt (bei Hesiod). Auf Geheiss der Themis warfen Deucalion und Pyrrha Steine (als Gebeine ihrer Mutter) hinter sich (wie in Guyana). Die Menschen entspringen aus Xolotl's von der Unterwelt geholten Knochen (in Mexico). Auf den Gebeinen der Erde tanzend (nach Pramzima's Rath), zeugt das kinderlose Ehepaar (in Lithauen) neun Zwillingskinder durch neun Sprünge (s. Hanusch). Tritte auf das Grab beunruhigen den Todten (in Böhmen). Die Menschen entstehen ἀπὸ δρυός καὶ ἀπὸ πέτρης (bei Homer). Als Erstgeborene der Erde heissen die Korybanten δενδροφυεῖς (bei Pindar), und aus den Bäumen sind Ask und Embla geboren (wie Meschia und Meschiane).

Die Weltauffassung des Buddhismus wurzelt ihrem Keime nach im Selbstbewusstsein, indem mit dem Durchbruch des Maha-Bodhi die Verklärung des Menschlichen zur Gottheit eintritt, als vervollkommnet im Gang der Evolution zu den Attributen der (in Ausweitung der Erkenntniss erlangten) Allwissenheit und (kraft schöpferischer Thätigkeit des Denkens) der Allmacht gleich.

Als productiv dauernd indess beim Denken (wie in allen übrigen Naturprocessen) wird nur dasjenige sich zu beweisen vermögen, was im naturgesund normalen Verlauf mit den Naturgesetzen (aus inhärirenden Wahlverwandtschaften) harmonisch zusammenklingt, und dies würde sich für menschliche Gesellschaft als das Moralische (im Denken) zu manifestiren haben, wie im Dharma (Phra-Tham) ausgedrückt, für den Zusammenhang des moralischen (sittlichen) und physischen Gesetzes, das auch die Psychologie (unter naturwissenschaftlicher Behandlung) in eine „mécanique analytique" (bei Lagrange) einzuchliessen hätte.

Beim Eintritt in das Nirvana deshalb, d. h. bei harmonisch vollendeter Durchbildung der Denkprocesse (in prädeterminirter Wechselwirkung zwischen Ayatana und Aromana, bis zum Asangkara-Ayatana), verschwindet zwar die irdische Erscheinung des Buddha, aber durch seine moralisch nachwirkende Tugendkraft erhält sich der wohlgestimmte Einklang des Naturganzen, in Blüthe des Culturlebens (bei denjenigen Völkern, welchen die besceligenden Worte des Evangeliums verkündet werden), — bis bei allmälig undeutlicherer Erinnerung des einst Gehörten, und der deshalb zunehmenden Missachtung des gepredigten Gesetzes, seine Erneuerung nothwendig wird, im Umschwung der Kalpen, durch den in neusprossendem Lotus wiederum erschlossenen Thatagata (als jedesmaligem Paraklet, in Maitreya).

Obwohl der Seele also entbehrend (im Schattenspuk persönlicher Theilseele), centrirt trotzdem das buddhistische

Weltsystem im Seelischen seiner Psychologie, und baut sich aus psychischen Constructionen empor, aus unerforschlichem Anfang der Urnächte (polynesischer Po), auf denen mit dunkelndem Schleier Avidya lagert. Dort mit keimendem Beginnen ansetzend, sprosst es aufwärts dann, wenn vom Wirbel des Entstehens und Vergehens erfasst, durch die Pratitya-Samuppada-Chakra, in jenem mit eiserner Nothwendigkeit gegliederten Kreislauf des Karma, der unerbittlich durch Wiedergeburten umherjagt, so lange ein vollständiger Abgleich, in Zahlung der Sündenschuld, noch mangelt, so lange es nämlich einem festen Tugendwillen noch nicht gelungen, die letzten Fesseln zu sprengen, um einzugehen in den Ruhestand erlösender Befreiung. In ihrer (auf dem Viersatz vom Schmerz und seiner Heilung begründeten) Lehre von den letzten Dingen hat die buddhistische Eschatologie, bei dem jenseits des irdischen Horizontes hinüberfallenden Abschluss, in Negationen zu verlaufen, wobei aus Relativitäten festzustellen wäre, nach welcher Seite, zwischen Sein und Nichtsein, das Züngelchen neigt, ἔστιν ἢ οὐκ ἔστιν (bei Parmenides), bei dem „Leben im Sterben und Sterben im Leben" (s. Euripides), auf welche Seite also der positive Werth zu fallen hätte, als das Ding-an-Sich, in dessen Charakter das Nirvana markirt steht, täuschender Maya gegenüber, im flüchtigen Tagesleben des Sansara (nach dem Dogma von der Vergänglichkeit alles Zusammengesetzten).

Auf die Belege für diese Sätze zurückzukommen, haben sich bereits mehrfache Gelegenheiten geboten, unter derjenigen Auffassung, wie sie im persönlichen Verkehr mit den einheimischen Gelehrten Birmas und Siams, während meines dortigen Aufenthaltes sich gebildet und in der damaligen Mittheilung der Reiseergebnisse bereits ihre Andeutungen erhalten hatte. Bei späterer Fortführung der Studien, unter Benutzung der seit den letzten Jahren rasch anwachsenden Literatur über den Buddhismus, ergab sich dann verschiedentlicher Anlass zur Veröffentlichung solcher Folgerungen, wozu, ohne aprioristisch vorgefasste Hypothesen, der objective Gang der Untersuchungen zu führen schien, im vergleichenden Ueberblick ethnischer Thatsachen, um in der Phänomenologie des Menschengeistes den in buddhistischen Religionsanschauungen ausgesprochenen Denkschöpfungen den ihnen zukommenden Platz anzuweisen (für inductive Behandlung nach comparativ-genetischer Methode).

Das bildete den Zweck dieser Publicationen (Buddh. i. s. Psych., Religionsphilosoph. Probleme, u. A.), und wenn einer meiner verehrten Kritiker der Verwunderung Ausdruck giebt, „le general but, que se propose" der Verfasser, darin zu vermissen, so ist solche Frage (aus den Fachkreisen linguistischer Schule) erklärlich, hier jedoch unzutreffend. Ein Zweck war überhaupt nicht aufgestellt, keinerlei Theorie, die etwa pro domo zu verfechten gewesen wäre, sondern nur Thesen, für weitere Erörterung im Pro oder Contra. Ohne durch das Aufstecken selbstgefertigter Zielscheibe die freie Aussicht zu beirren, ohne jede vorgefasste Ansicht und Meinung, hat die Induction ihre Arbeiten mit rein objectiver Umschau zu beginnen, um das zu erjagen und als kostbare Beute heimzutragen, was die Natur ihr schussfertig beut. Wo sich die Annäherungen ergaben, sind sie versuchsweise zusammengebracht, in der Experimentirweise des Chemikers gleichsam, der Vielerlei zusammenmengt, damit die natürlich begründeten Wahlverwandschaften sich nach eigenem Ausspruch manifestiren. Bei den sorgsamen, im langsam bedächtigen Vorgang der den Fortschritt (in bereits fest umschriebenen Studienkreisen) fördernden Detailarbeiten, wird allerdings die Aufgabe darin liegend bleiben, ein bestimmt markirtes Ziel, dessen weitere Aufklärung angestrebt werden soll, im Auge zu behalten, aber bei den ersten Orientirungen auf noch unumbrochenem Terrain, kann zunächst nur nach ungefähren Landmarken ausgeschaut werden, wo sie aufgesteckt sein möchten. Manches erscheint deshalb anfänglich chaotisch verworren, im συμμίγεσθαι καὶ διακρίνεσθαι (bei Anaxagoras), bis im Aufeinandertreffen der chemischen Affinitäten, der durchsichtig angeschossene Kristall hervorspringen mag (für die Resultate ethnischer Psychologie).

Bis dahin handelt es sich deshalb nur um die „quaestio facti" jedesmaliger Einzelfälle, und die Prüfung der Bausteine, ob für künftige Verwendung sich brauchbar erweisend, bliebe dabei dem Urtheil maassgebender Fachmänner, den jedesmaligen Experten des Sonderfalles, unterstellt, sofern ihnen unter den Beschäftigungen mit ihrem speciell gewähltem Lieblingsthema Lust und Musse für Seitenblicke beliebt. Aus solcher Mitarbeit wäre wichtigste Förderung zu erhoffen, wenn mit derjenigen Gründlichkeit gewährt, die ächte Fachgelehrsamkeit stets ehrend zeichnet, wogegen kurz absprechende Verdicte Nichts ändern und Nichts bessern. Auf eine derartige Provocation hin, wurden zur Discussion darüber die Thesen vorgeschlagen (s. Academy, Oct. 1882), welche, da einige bis jetzt ohne Erwiderung geblieben, nochmals wiederholt werden könnten (betreffs der „Chetasika", des „Chuti-Chitr", der „Aromana", Nirvana's).

Die psychischen Vorgänge innerhalb menschlicher Existenz begründen sich (im Abhidharma) auf den Identitätssatz des Denkens und Seins, $\tau\grave{o}$ $\gamma\grave{\alpha}\varrho$ $\alpha\grave{v}\tau\grave{o}$ $\nu o\varepsilon\tilde{\iota}\nu$ $\dot{\varepsilon}\sigma\tau\iota\nu$ $\tau\varepsilon$ $\varkappa\alpha\grave{\iota}$ $\varepsilon\tilde{\iota}\nu\alpha\iota$ (bei Parmenides), in Wechselwirkung des Mikrokosmos und Makrokosmos, bei „l'harmonie préétablie" (für Leibniz) zwischen äusseren und inneren Ayatana, indem die Sinne (auch nach brahmanischem Ausdruck) auf ihrem Rayon zur Weide gehen, um sich im Genuss[1]) des Arom zu erfreuen,

---

1) Das Resultat der Empfindung ist das Object „entgegennehmender Anschauungsvorstellung ($\varkappa\alpha\tau\alpha\lambda\eta\pi\tau\iota\varkappa\grave{\eta}$ $\varphi\alpha\nu\tau\alpha\sigma\acute{\iota}\alpha$) bei den Stoikern (s. Siebeck), in prästabilirter Harmonie (zwischen dem Makrokosmos im Sein und mikrokosmischen Denken). Die durch den Urheber der Natur eingeprägten Vorstellungen heissen wirkliche Dinge, diejenigen aber, welche durch die Einbildungskraft hervorgerufen und weniger regelmässig, lebhaft und beständig sind, werden als Vorstellungen im engeren Sinne, oder als Bilder der Dinge, welche sie nachbilden und darstellen, bezeichnet. (Berkeley.) Mit naturwissenschaftlicher Durchbildung der Psychologie werden die

wenn κατὰ γνώμονος φύσιν die αἴσθησις, als Wahrnehmung, mit dem Wahrnehmbaren zum Abschluss gelangt, im logischen Rechnen (der Pythagoräer). Die in den Uebergangszuständen individueller Einzelexistenzen hervortretende ἀδικία gleicht sich deshalb aus in der unbestimmten allgemeinen Ursprünglichkeit des ἄπειρον (bei Anaximander), wie in Nirwana mit Sühnung auch moralischer Schuld, und so indem Alles, wie κατὰ λόγον und κατὰ φύσιν, auch καθ' εἱμαρμένην geschieht, ergiebt sich die Einheit des physischen und moralischen Gesetzes im Dharma, wenn der Geist zum Wissen emporstrebt, aus Verkettung von Avidya (Unwissenheit) her, oder im Noch-Nicht (μὴ ὄν), als Kore (der Maori), und ἄλογον εἶναι κατὰ φύσιν ἔφησε τὸν ἄνθρωπον (Heraklitos). Während dabei das Verhängniss oder Schicksal für irdische

---

psychischen Phänomene auch auf feste Naturgesetze zurückgeführt sein „und die Philosophen werden zu derselbigen Zeit eine gemeinschaftliche Welt bewohnen" (s. Kant) im wachen Zustand (bei Aristoteles), nicht nur im Geträume (der „Luftbaumeister"), bei thatsächlicher Begründung (contra factum non valet argumentum). Nach Operation von Blindgeborenen ist (wie regelmässig an jedem Kinde) das Sehen nach der dritten Dimension des Raums allmählig erst noch zu erlernen, obwohl bereits im Tastgefühl, nach Fingerweite, (oder etwa der Umfassungsmöglichkeit durch Muskeln in Armweite, sowie mittelst eines Greifschwanzes, gleich dem der Lagothricen), vorbereitet, und auch acustisch, obwohl noch leichter, als in illusorischen Lichtbildern, Täuschungen der Localisirung ausgesetzt (und im Bauchreden dafür benutzbar). Die sinnliche Auffassung, elementar theoretisch genommen, betrifft den Punkt, und in praktischer Realität eine Aneinanderreihung von Punkten, seitwärts (rechtslinks und linksrechts) und (der Stellung der Augenlider nach) von Unten nach Oben, so dass bei Umschreibung des Gesichtskreises mit einer Peripherielinie des Horizonts sich dieser theilt im Kreuz, horizontaler und verticaler Richtung. In peripherischer Construction, beim Umfassen im Tasten, oder bei Combination der das Nebeneinander im Raum ordnenden Bewegung (zeitlicher Folgen) mit dem optischen Eindruck, ergiebt sich die Vertiefung in Perspectiven, die dann, bei der Wirkungsweise der Kräfte zu rein geistigen Gedankenbildern weiterführend, neue Ausblicke eröffnen auf das für Irdisches Jenseitige (in Negation von Raum und Zeit).

Existenz im eisernen geschlossenen Kreislauf eines κύκλος γενέσεως oder κύκλος ἀνάγκης gefangen hält, — wenn (im Rad der Moira) die Parzen und Erinnyen (treuen Gedächtnisses) das Steuer der Nothwendigkeit führen (bei Aeschylus), — ist nun die Lehre Buddha's dahin eben gerichtet, solche Fesseln, wie von Mara oder (gnostischem) Demiurg in der Sinnenwelt geschmiedet, zu durchbrechen, um auf den Dhyana-Terrassen diejenige Freiheit des Denkens zu erlangen, die gleichfalls innerhalb fester Gesetze eines harmonischen Kosmos einbegriffen sein wird, aber in ihrem Abschluss der Beschränktheit planetarischer Gesichtsweite, den βροτῶν δόξαι (bei Parmenides), entschwindend, so dass für diese die Willensfreiheit unbeschränkt bleibt, und somit freilich zugleich für eigene Thaten volle Verantwortlichkeit, weshalb die gepflanzten Früchte (phala) zu essen sein werden, ob gute, ob böse.

Während hier in der Gnosis ein theologisches Endziel speculativ präsumirt ist, eine Setzung göttlichen Anfangs, aus dessen Emanation die seelischen Kräfte in die Materie (indischer Pakriti) herabflossen, aus der sie sich dann (gleich Purusha) wieder zu reineren Höhen hinaufzuarbeiten hätten, bleibt der Abhidharma bei dem irdisch vertrauten Ausgang am unteren Ende stehen, um ohne vorausgefasste Präjudizirung der Räthsellösung dieselbe im objectiven Fortgang der Entwicklung zu erwarten, wenn dieselbe schliesslich, in jene (der Endlichkeit in den Vorstadien unzugängliche) Unendlichkeit, in Asangkhara-Ayatana des Nirvana, ausläuft, mit dem subjectiv gesicherten Anhalt eines harmonischen Weltgesetzes, das auch dort in gleicher Gerechtigkeit fortzuwirken haben wird, τρέφονται γὰρ πάντες οἱ ἀνθρώπινοι νόμοι ὑπὸ ἑνὸς τοῦ θείου (bei Heraklit.), πάντα γὰρ φύσει ἔχει τι θεῖον (bei Aristotl.).

lichkeit kein peripherischer Anfang gesucht werden darf, oben (in luftig verduftender Himmelsbläue) so wenig, wie unten, also auch nicht in einem Emporblühen (Pua) der Schöpfung aus (hawaiischem) Bythos oder Kumulipo („Wurzel des Abgrunds") nach Art der φύσις von bhu oder wachsen [1]) (s. M. Müller), sondern eher für das thatsächlich Gegebene, in der μίξις τε διάλλαξίς τε (bei Empedokles), in noch ungeklärter Mutterlauge, aus der ein auf Naturgesetze gefestigtes Vertrauen die Abzeichnung klarer Kristallgesetze erwartet, für Maass und Zahl auch hier, wenn nicht im Rausch der inspirirten [2]) Korybanten die Offen-

---

[1]) Die Erde „is formed by nature" (nach den Jainas). As the trees in an uninhabited forest spring up without a cultivation, so the universe is selfexistent (produced as the spider produces his web, out of his own bowels). Pua ua mai, bud forth or blossom, as of a tree (s. Gill), für Schöpfung (in Mangaia).

[2]) In die Körperwelt hineinragend, beherrscht der göttliche Geist (als Archaeus) die thierische Seele (bei Helmont). Die Natur des Pneuma (calor) begreift (bei den Stoikern) die Lebenskraft (s. Cicero) mit Umsetzung der Wärme in Bewegung (bei Erhaltung der Kraft), und ausser der Denkseele haben die Seelen (ἄλογος und φυτική) ihr Sein am Leibe (nach Philoponus). Die Regelmässigkeit des Athmens erhöht die normale Beschaffenheit (συμμετρία) der inneren Wärme und ernährt das Pneuma (bei Galen), und durch Regulirung des Athemprocesses steigen die Jogi (der Athos-Klöster auch) in den Dyana aufwärts, auf einer κλῖμαξ (bei Joh. Scholastikus) in 30 Stufen (als Himmelsleiter). Mit auf den Bauch gesenktem Haupt war unter Hemmung des Athems das Herz im Geist zu suchen (nach Presbyter Simeon), wie bei den Quietisten (oder Hesychasten). Ordo hierarchiae est, quosdam quidem purgari, quosdam vero purgare, quosdam quidem illuminari, quosdam vero illuminare et quosdam quidem perfici, quosdam vero perficere unicuique deiforme adunationi qualicunque modo (bei Dionys. Areop.). Beim Gesang des Einsiedlers konnte aus seinem Munde eine Feuerkette bis an den Himmel reichend gesehen werden (von Makarius), als Spruchband (auf Sculpturen von Cotzamalguapan). Bei Wanderung durch die Hölle und den Seelenaufenthalt hörte Drithelm die herrliche Musik (aus dem Paradiese). Für die Fastenzeit wurde das Hallelujah begraben, in einem Sarg, von weinenden Kindern (und so die Klagen

barungen ausgesprochen werden, sondern von der Allmutter selbst, die sich unter dem Bilde der Natur symbolisiren mag, aber erst nachdem in kosmischen Klängen einer Sphären-Harmonie auf ihre Beglaubigungen geprüft. L'âme à l'égard de la variété de ses modifications doit être comparée avec l'univers, qu'elle représente, selon un point de vue, et même en quelque façon avec dieu, dont elle représente finiment l'infini (s. Leibniz), und statt in metaphysischen Deductionen die Unendlichkeit bereits einumschlossen zu setzen, im τὸ ἕν eines Primus motor, wird beim psychologischen Ausgangspunkt die Induction, wo immer sie während Fortgang der Studien ihr Datum in Besonderheit findet, zum Allgemeinen aufzusteigen haben. Une psychologie exacte et complète doit montrer l'homme tel qu'il est, l'homme tout entier (s. Girardin), im Zusammenhang mit dem All (eines harmonischen Kosmos).

Eher, als um das unendlich Grosse, würde es sich also um das unendlich Kleine handeln, — τὸ σμικρὸν ἄπειρον ἦν (bei Anaxagoras) —, zunächst indess um die elementaren Rechnungsoperationen der vier Species bei erster Anfangsbegründung naturwissenschaftlicher Psychologie durch das Material der Völkergedanken jedesmalig geographischer Provinz (innerhalb des ethnologischen Horizontes). Auf der Basis der Elementargrundlagen, wie für leitende Züge im allgemein Gleichartigen nachgewiesen, wird die Forschungsarbeit dann mit den Variationen zu beginnen haben, in Ausrechnung minimalster Differenzen (in Decimalstellen hinein mit logarithmischen Hülfen).

---

um Linos mit zugehörigen Analogien). A l'approche de nuages qui semblent promettre de la pluie, on se garde d'aller aux champs ou l'on s'en retire en toute hâte, afin de se recueillir en présence de la bénédiction désirée et de peur de troubler la nature dans ses opérations (bei den Bassutos). Si l'on s'obstine à travailler, dans un pareil moment, les nuées irritées vont se retirer ou envoyer de la grêle au lieu de la pluie (s. Casalis), wie bei Rongo's Besuch der oceanischen Inseln Stille herrschen muss, ihn nicht zu stören (für das Gedeihen der Pflanzen).

Die Lebensfrage für den Menschen ist der Tod, und da sich an ihr deshalb der Scharfsinn besonders erprobt hat, wird hier auch vor Allem in gleichartiger Gesetzlichkeit die Einheit psychischen Wachsthums hervorzutreten haben. Aus dem bisherigen Gang unserer Culturgeschichte, die von beschränkter Localität zur sog. Weltgeschichte erweitert wurde, fühlte man sich (wie oft bereits ausgeführt) an die Uebertragungstheorien gebunden. Die Thatsache „wahrhaft überraschender" Uebereinstimmung, „in einer Menge detaillirter Züge" bei den verschiedensten Völkern wiederholt (in den Grundelementen der Urgeschichte), „erklärt sich nur unter der Voraussetzung, dass ihnen eine Reihe von Erlebnissen der gemeinsamen Vorfahren zu Grunde liegt, und dass die einzelnen Stämme aus der gemeinsamen Urheimath eine Erinnerung an diese Urgeschichte mitnahmen (s. Ebrard). Solche Hypothesen (in Generalisirungen über eine Ascendenz oder Descendenz), für die jedesmaligen Specialfälle historisch nachweisbarer Beziehungen vorläufig bei Seite lassend, werden wir es bei inductiver Durchbildung, in naturwissenschaftlicher Behandlung (auch der Psychologie), zunächst mit dem objectiven Thatbestand, — wie bei dem jetzt erst ermöglichten Umblick über das Erdenrund, zur Verfügung gestellt, — und zwar mit diesem allein zu thun haben, um für organische Entwickelungsgesetze einen Anhalt zu gewinnen.

So stellt sich als Vorbedingung das Bedürfniss hin, statt „unsicherer, dem eigenen Erfinder nicht recht verständlicher Worte" (s. Lombroso), fasslich zu umgreifen, wie unter gegenwärtiger Weltauffassung das Seelische zu fassen sei. Mit Erschütterung der philosophischen Systeme ist die offizielle Psychologie in bedenkliches Schwanken gerathen, und die Folgen spüren sich bereits in der Verwirrung über die erstnothwendigsten Begriffe geistiger Naturgesundheit, wie z. B. auch in den Controversen zwischen dem Staatsanwalt und medicinischen Sachverständigen zu Tage tretend, und auf dem zweifelhaften Grenzgebiete einer folie raisonnante (zwischen folie und génie), bei dem „influence exercée par les Neuropathies sur le dynamisme intellectuel", in der „Psychologie morbide" (s. Moreau). Les Barolongs rendent une espèce de culte à des personnes aliénées, les croyant sous l'influence directe d'une de leurs divinités tutélaires (s. Casalis). „Nur wir sind Weise", ruft Tiresias, von Bacchus ergriffen, „die Anderen sind Narren" (oder umgekehrt, in der Nüchternheit).

Vor allem wird es eines normalen Durchschnittsmaasses bedürfen, das aus der grossen Masse der mittleren Gesellschaftsschichten zu gewinnen wäre, und zwar bei naturwissenschaftlicher Behandlungsweise der Psychologie, im Anschluss an diejenigen Daten, wie sich aus ethnologischen Thatsachen in einfachen Vorstadien gültig erweisen, aus solchen eben, die, weil in der Cultur bereits assimilirt und veredelt, sich nur durch Analogien scharf controllirter Rückschlüsse feststellen lassen. Die in derartigem Rückgang auf primär durchsichtige Einfachheit eingeschlossen liegende Belehrung begründet auch den bleibenden Werth der „heiligen Schrift" im Namen schon, des für gesicherte Daten ältest erhaltenen Documentes auf der Erde. Diese Ueberlieferungen eines, (aus africanischen Kasten-Reminiscenzen) unter den Wogen asiatischer Geschichtsbewegung in schroffer Abgeschlossenheit isolirten, Volksstammes erhielten grade damals, als Hellas' üppig emportreibende Culturblüthen, wie die archaischen Formen eigener Vergangenheit auch die des römischen Volksgeistes in höhere Stufenbildungen zu metamorphosiren begannen, eine vermittelnde Ueberbrückung in dem „Neuen Testament" einer Neuzeit, worin die primären Unterlagen des alten in directen Nachwirkungen erkenntlich bleiben. Daraus erklärt sich auch die moderne Mythe von den „verlorenen Stämmen", welche von den christlichen Missionären in allen Continenten, (und in jedem unter vielfachen Wiederholungen), wiedergefunden wurden, indem, bei dem damaligen Ausfall ethnischer Vergleichungen, das unter den Wilden als fremdartig Entgegentretende, hie und da dennoch mit orientalisch-semitischen Institutionen einige Verwandtschaft zu besitzen schien, und so, weil diesen näher, als den aus classischen Documenten bekannten, mit ihnen deshalb auch in verwandtschaftliche Beziehung einführbar erschien (für Liebhaber von Hypothesen). Mit der gegenwärtig nun über die Gesammt-Abrundung des Globus erweiterten Anschauung wird sich, was in derartigen Vermuthungen richtig, an richtiger Stelle von selbst einfügen, und ehe historische Uebertragungstheorien gewagt werden, sind vorher stets die gesetzlich nothwendigen Elementargrundlagen organisch gleichartiger Schöpfungen (auch im psychischen Bereich) im Auge zu behalten und vergleichend zu prüfen (für die Forschungsarbeit der Induction).

Durchgehend trifft sich die Vorstellung, bei den Naturstämmen aller Continente, dass der Tod in die Welt eigentlich nicht hineingehöre und nur durch ein Missverständniss hineingekommen sei, wie bei den Abiponern (s. Dobrizhoffer) u. A. m., in Beziehung zu den Todtenculten (bei Aruer, Siberier u. s. w.). s. „Ueber die Bestattungsgebräuche," Der Papua, S. 298. Daraus folgen die Mythen, das Warum zu erklären, im Götterstreite (der Polynesier), oft, wie (am Orinoco) die Schlangenhäutung hineinziehend, an deren Vorzügen die Menschen hätten participiren mögen, oder mit den Phasen des Pflanzenlebens in Yama's verkehrter Botschaft (s. Beitrg. z. vergl. Psychologie S. 53), sowie besonders mit dem Monde [1]) verknüpft, da sich in seinen Wandlungen die Er-

---

[1]) Als Ra Kula streitet der Mond mit der Ratte oder Ra Kalavo (auf Fiji) oder sendet das Chamäleon als trügerischen Boten (bei den Hottentotten). Anfangs war kein Sterben auf Erden, und die mit dem abnehmenden Mond in Schlaf verfallenden Menschen verjüngten sich mit seiner Erneuerung, bis dann der böse Erigirers jenen Tod brachte, von dem kein Auferstehen (in den Carolinen). Der Obagat genannte Kalit (als Schutzgeist des Landes) „wollte die Leute unsterblich machen, und zu diesem Zwecke wollte er in die Brust der Menschen einen Stein hineinsetzen. Sie würden dann fest wie Stein sein, muthig und brauchten nicht zu essen. Der tückische Tariit (Rallus pectoralis) aber wollte das nicht und rieth, in den menschlichen Körper nur den Athem einzuhauchen, wodurch die Leute zwar lebten, aber den Krankheiten und dem Tode anheimfielen" (in Palau).

neuerung bereits symbolisirt hatte (auch für Aufnahme abgeschiedener Pitri), und seine guten Absichten nur durch Ueberlistung vereitelt wurden, seitens des mit solcher Rolle (je nach der geographischen Umgebung) betrauten Thieres, sei es Hase (bei Namaqua), Coyote (in Oregon), oder Reineke, der Fuchs (auch in Japan). As the moon dieth and cometh to life again, so we having to die will again live (in California), und mit gleichem Gebetswunsch (als Karakia der Maori) wurde die Sonne begrüsst (bei den Samojeden).

Wenn auf veredelten Geistesstufen die Denkschöpfung sich inniger mit dem Weltganzen verwebt, und der Mensch sich verantwortlich darin eingeschlossen fühlt, tritt an die Stelle gleichgültig komischer Mährchen, worin sich der Volkswitz versuchte, das moralische Gefühl eines solidarisch eingeschlungenen Antheils eigener Mitschuld an dem geschehenen Unglück, unter Auffassung des Todes als Strafe, für die Sündenschuld [1]), der Tod, "der Sünde Sold" (bei Paulus), und so wäre es (1885) als eine "geschichtliche Thatsache" anzusehen, dass "der Tod nicht von Anfang an in der Welt gewesen, von Gott dem Herrn ursprünglich nicht gewollt, sondern geradezu eine Verkehrung der ursprünglichen Ordnung sei", wie Splittgerber bemerkt (Pfarrer zu Mützenow). Selbst unter den Physiologen trifft sich Neigung, die Ansichten über Entstehen und Vergehen im Kreislauf des Lebens durch

---

Der Tod der liess nie keinen hie (Brand). Unter solchem Ende unsers Lebens ist sonderlich und allein der Todt, zu dem wir alle Stunden und Augenblicke eilen (s. Kegelius). L'homme, après sa mort, existe encore et est capable d'agir sur les vivants (bei den Bassuto), ce résidu (seriti, ombre) est quelque chose semblable à la petite âme nébuleuse, blanchâtre, tremblottante, que Marc Aurèle, sur son lit de mort, voyait déjà s'échapper de son sein (s. Casalis). Die Kafir rufen die Todten (Setoutsela) an (im Rauch erscheinend.)

1) Wenn nicht abzurechnen durch "opera poenalia" in Buchführung über (buddhistischen) Bun und Bab (bis zum Abkauf im Ablass). Clemens VI. stellte die Lehre von den aus dem Schatz der opera supererogationis spendbaren Gnaden als Glaubenssatz fest (1349).

Speculationen über Mauserungsprocesse einigermassen zu modificiren, und mit dem Gesetz von Erhaltung der Kraft fiele die Vernichtung dann aus, (beim Absehen vom Planetar-Nebel), so dass für philosophische Constructionen Raum genug bliebe.

Für die Induction indess handelt es sich, wie gesagt, zunächst um ihre Methoden, comparative und genetische, im Ueberschau der Thatsachen als solcher.

Für ein Uebel wird seine Heilung gesucht, also bei zwingender Anerkennung des Todes (unter Unmöglichkeit seiner Läugnung) ein Gegenmittel, wofür, wenn körperliche Unsterblichkeitstränke (wie bei den Taotse) fehlgeschlagen, das Onus probandi auf die Zauberärzte gewälzt wird, die Seele wenigstens zu retten.

Liegt hier nun die Schuld in sündiger Schuld, einer Befleckung[1]) also, folgt logisch das Streben der Abwaschung, wie beim Körper gewohnt, und so von den Brahmanen, als Phu-loi (in Siam), an der Seele [2]) versucht, wie in den Mysterien beim symbolischen Cult der Ackerbaugötter [3]),

---

1) Lorsqu'un enfant venait de naître, on renouvelait le feu de la maison (bei den Bassutos). Un jeune homme chaste se chargeait de faire jaillir, de deux morceaux de bois frottés rapidement l'un contre l'autre, une flamme pure comme lui. On était persuadé qu'une mort prematurée attendait l'audacieux qui se chargerait de cet office après avoir perdu son innocence. Lors donc qu'une nouvelle naissance était proclamée dans le village, les pères menaient leurs fils subir l'épreuve. Ceux qui se sentaient coupables avouaient leur crime et se laissaient flageller plutôt que de s'exposer aux consequences d'une fatale témérité. On obtenait le même resultat en leur offrant à boire le lait d'une vache à laquelle on avait préablement administrés certains drogues (s. Casalis), wie beim Eiferwasser (der Hebräer).

2) Phram khao thü va tham bab leao loei nam sia dai (s. Vlkr. ds. östl. As., III. S. 412).

3) Der Ackersmann (in der Feldbestellung) „hat eine feine Bibel über den Artikel von der Auferstehung der Todten" (s. Luther), und so die Feste beim Pflanzbeginn und der Ernte (im siamesischen Cyclus) mit königlichen Pflugführungen (bei Joloff und Chinesen) für den Schüler der Natur (s. Tertullian). Vor der Aussaat im Herbst und

vielfach erprobt in ceremoniellen Reinigungen aller Art. „Caste jubet lex adire ad deos, animo videlicet, in quo sunt omnia; nec tollit castimoniam corporis, sed hoc oportet intelligi, quum multum animus corpori praestet observeturque, ut casto corpore adeatur, multo esse in animis id servandum magis (s. Cicero). Wie das Wasser den Schlamm[1]) verursachend, diesen

---

Frühjahr wurde dem Jupiter dapalis ein Mahl (daps) bereitet, (unter Gebet um Regen). Nach der Ernte wurden auch die mithelfenden Götter gereinigt und im Bade gewaschen (wie Hertha). Am Dies lavationis wurde Magna Mater im Almo gebadet (durch die palatinischen Quindecemvirn). Die Pathen müssen vor der Taufe ein reines Hemd anziehen (in Franken), und dürfen auf dem Wege zur Kirche nicht auf den Abtritt gehen (in Schlesien), um nicht dem Kinde zu schaden (durch Unreinlichkeit). Für den Dalai-Lama aber wieder gilt mehr als äusserliche Reinlichkeit die der innerlich entleerten Eingeweide (in der Controverse mit Sankara). Ehe bei der Ernte von dem Getreide gegessen wird, werden die Erstlinge, unter Dank, den Göttern dargebracht (bei den Bassutos), und zuerst isst der Morena (Häuptling), wie beim Inachifeste (in Tonga) und Yamsfeste (bei den Ashantie). L'idée de la souillure s'exprime par trois mots differents: Bochou (noir coeur), Tsila (saleté, impureté), Bokhopo (ce qui n'est pas droit), celle de la purification par les mots: tlatsoa, laver, phekoula, purifier (bei den Bassutos). Il existe cinque modes distincts de purification: par le sacrifice proprement dit, par la corne lustrale, par l'ablution, par l'aspersion et par le feu (s. Casalis), und so classische Reinigungen (bei Varro). Der Priester des Jupiter durfte kein Pferd berühren, wegen der giftigen Galle (nach Plinius), noch was sonst an dunkles Schattenreich erinnerte, um die Reinigkeit zu wahren (im Lichtreich). Tant que les blés sont exposés à la vue, on en écarte avec le plus grand soin les personnes souillées (bei den Bassutos). Die Bekehrten „ne concevaient pas, qu'il n'y eut point de profanation, à s'approcher de la table sacrée lorsqu'ils étaient dans la douleur (s. Casalis). Les mots bonheur et pureté sont synonymes (in der Sprache). Leurs ancêtres les visitaient le plus souvent sous la forme de serpens (bei den Zulus), als Mahlozi (s. Bleek), gleich der Schlange auf Anchises Grab (für Aeneas) oder dem Genius loci (auch in den Quartieren Cairo's), sowie slavischer Hausschlange (der giftigen gegenüber).

1) L'homme surgit autrefois d'un lieu marécageux où croissaient des roseaux (wie bei den Zulus). Les hommes à leur origine étaient

abwäscht, so kann nur der Wille, als Ursache der Sünde, davon reinigen (nach Venianna), doch unterstützt (in rituellen Ceremonien) durch das Trinken des Pantcha-caria (aus den fünf Abscheidungen der Kuh) oder dem geweihten Wasser (heiliger Ströme und periodisch wirksamer Local-Cisternen). Das Badewasser Tanchelin's, der sich mit dem Bilde der Jungfrau Maria verlobt hatte, wurde von seinen Anhängern getrunken (wie das Fusswasser der Brahmanen). Das Wasser, woraus die Welt geschaffen, stellt in der Taufe die ursprüngliche Gottesschöpfung her (nach Schaufler), als $\dot{\alpha}\varrho\chi\dot{\eta}$ $\tau\tilde{\omega}\nu$ $\check{o}\nu\tau\omega\nu$ oder $\tau\grave{o}$ $\pi\varrho\tilde{\omega}\tau o\nu$ $\alpha\check{\iota}\tau\iota o\nu$ (bei Thales), zur Wiedergeburt der (pietistisch) Auserwählten (nach Kastenscheidungen der Dwya), worüber nun die Baptisten in Streit gerathen mit der „lutherischen Dogmatik" (s. Palmer). Gerade das, dass die lutherische Kirche der Taufe[1]) die

---

par suite de leur ignorance, dans une position pire, que celle des bêtes brutes. Ils s'obstinèrent longtemps à rester près du trou, dont ils étaient sortis, et n'ayant aucune idée de l'appui mutuel, que se prêtent les corps solides, ils soutenaient tour à tour, de leurs mains, la voûte de la caverne de peur, qu'elle ne les écrasât. Tous les fruits leur étaient suspects, ils ne pouvaient brouter l'herbe, comme les animaux, il ne leur restait d'autre ressource que les aliments déjà triturés et digérées par ceux-ci, ils se nourissaient de bouse fraiche. La jalousie d'une femme fit découvrir le blé (s. Casalis). Les dehors de modération et de décence constituent aux yeux des naturels ce qu'ils appellent „Botou", le titre, la dignité d'homme, par opposition à „Bopofolo", vie de brute, qualification, qu'ils appliquent à tout acte immoral, excessif et grossièrement scandaleux (die Bassutos).

1) „Wenn die Taufe auch nicht, wie die katholische Kirche fälschlich lehrt, auf rein magische Weise wirkt, sondern zur vollen Ausgestaltung ihres unerschöpflichen Segens das sich unter ihrem Einfluss immer mehr entwickelnde persönliche Geistes- und Glaubensleben des Getauften nothwendig ist, so halten wir doch anderseits mit vollem Ernste daran fest, dass die Taufe kraft ihrer göttlichen Stiftung objectiv wirkt, indem sie schon die unmündigen Kinder in die Bundes- und Gnaden-Gemeinschaft des Heilands aufnimmt und ihnen die Heilsgüter zuertheilt" (s. Splittgerber). Der „stofflich verklärte Auferstehungsleib" ist nichts anderes, „als jene feinen ätherischen Stoffe, die den Lebenskeim des zukünftigen Leibes in dem

volle Bedeutung der Wiedergeburt zuerkennt, dass also mit dem äusseren Akt, auf den beim Kinde ja der Wille des Getauften nicht den mindesten Einfluss hat, doch die sittliche That der inneren Erneuerung identisch sein soll, darin liegt eine Schwierigkeit, welche sich die Propheten gehörig zu Nutze machen" (1877). Durch priesterliche Einsegnung ist das Taufwasser, kraft des heiligen Geistes, fähig, auch die Seele zu reinigen (nach Ratramnus). Den kleinen Kindern giesst Gott den heiligen Geist heimlich ein (bei St. Aug.). Das Fleisch, das die Taufe zur Unverweslichkeit empfängt und mit dem Leib und Blut Christi im Abendmahl[1]) ernährt wird, hat Theil an der Unsterblichkeit (s. Irenäus) im „caro spiritualis", wodurch jeder das Maass seiner Blüthe wieder erhält (bei St. Aug.). Aber zu den Organen, die am jüngsten Tage nicht wiederhergestellt werden, gehört (nach Paulus) der „Bauch" mit seinen zur Ernährung und Fortpflanzung bestimmten Werkzeugen (s. Splittgerber). Sunt absque sexu, intestinis et viis excretoriis

---

jetzigen bilden, und die durch den gläubigen Empfang des Sacraments immer mehr mit Lebenskräften der Auferstehung erfüllt werden" (s. Splittgerber), indem die Vergänglichkeit der Materie durch ihre Verklärung aufgehoben wird (bei Dorner).

1) Berengar hatte bei der Dreieinigkeit den Glauben zu beschwören (1059), dass das wahre Blut und der wahre Leib (im Sacrament) von den Händen des Priesters betastet und von den Zähnen der Gläubigen zermalmt werde (unter Papst Nicolaus II.). Per salutaris eucharistiae infusionem influit Christus in viscera animae sumentis (bei Fulbert). Theodor von Abucara erklärte den Muselmännern die Consecration dahin, dass auf Anrufung des Priesters bei Niederlegung von Brod und Wein auf den heiligen Tisch der heilige Geist auf das Opfer herabkommt und durch das Feuer der Gottheit die Verwandlung von Leib und Blut statthat (s. Fleury), im „schauerlichen Gastmahl" (bei Chrysostomos). In das Bannerfest Huitzilopochtli's fiel die, Teoqualo (Kauen des Gottes) genannte, Ceremonie (mystischen Mahles). Auf des Bischofs Philoxenus' Erörterungen hin, befahl eine kaiserliche Cabinetsordre, im ganzen Römer-Reich zu glauben, dass Christus nie gehungert habe, als wenn er habe hungern wollen (auf Anordnung Justinian's).

(ordines angelorum Phrom), omnes sunt viri (s. Pallegoix), statt Fortbestehen der weiblichen Natur, „auch in ihren Gliedern, nicht zu altem Gebrauch, sondern zu neuer Zierde" (St. Aug.).[1]) Zur dauernden Reinigung des Körpers öffnete ein Engel (in nächtlicher Vision) den Unterleib des Abtes Serenus und riss ein feuriges Stück Fleisch heraus, dann Alles wieder in Ordnung setzend (s. Cassianus), wie den am Grabe schlafenden Propheten die Eingeweide herausgenommen und gereinigt wieder eingelegt werden (in Australien), oder Mahomed's Herz gewaschen ist (mit Wasser aus dem Zemzem-Brunnen). Die Tououpinambaoultes setzten Speisen auf das Grab für den böswillig den Leichen nachstellenden Aygnan (s. Léry), damit er sich mit solchem Frass begnüge, und nicht den Auferstehungsvorgang complicire, wie die wilden Thiere (bei den Kirchenvätern) oder „Krebse und Fische, welche von Leichen Ertrunkener genährt, durch

---

1) Ubi dicitur: non nubent neque nubentur, sexuum diversitas demonstratur (s. Hieronymus). Nur die Mahârâdschakâyika's und die Dreiunddreissig pflegen der Liebe nach Art der Menschenkinder, so jedoch, dass Empfängniss und Geburt in Eins zusammenfallen, die Jama's dagegen pflanzen sich durch reine Umarmung fort, die Tushitas durch Berührung der Hände, die Verwandlungsfähigen durch Anlächeln, die Maras endlich durch Blicke (s. Köppen). Sancti vero patres, sicut credunt, illa corpora futura esse suis organis distincta et composita, ita distinctionem sexuum in iis futuram agnoscunt (s. Suarez). Die heilige Kirche und die Offenbarungsquelle lehren die numerische Identität, wie der auferstehenden Leiber, so auch der Leibesstoffe; sie lehren es mit Klarheit und Bestimmtheit, so zwar, dass wir diese Lehre als eine dogmatische anzusehen zweifellos genöthigt sind (s. Bautz). Reynaud veut que les âmes aient dans l'autre vie des organes analogues à ceux qu'elles ont dans celle-ci (s. Ferraz). Der Geist nimmt aus dem physischen Körper bei seiner Trennung dasjenige Element, dessen er ferner bedarf, den thierischen Magnetismus, heraus und überlässt den Leib dem Verfall (s. Friese)

Menschen mögen gegessen werden, so dass diese Nahrungsstoffe in Folge des Assimilationsprocesses in den Organismus der letzteren übergehen" (s. Rudolfi), weshalb Ichthyophagen für unrein gelten (bei den in heiligen Strömen Bestattenden).

Bei Beschneidung der Bashimane werden unter dem Sohne des Häuptlings von den Gleichaltrigen die Taka (Zweigbanden) gebildet (bei den Bechuanen). Quand le moment en est venu, les jeunes aspirants sont secrètement avertis qu'on va céder à leurs désirs et faire enfin d'eux "des hommes". Ils s'evadent à l'instant de la ville et vont se cacher dans les champs, simulant ainsi une révolte destinée à faire comprendre à la population adulte qu'ils sont las de l'état d'inferiorité, où ils se trouvent. Les guerriers s'arment alors de toutes pièces et vont, commandés par leur chef, ramener cette jeunesse insurgée, des danses bruyantes suivent leur retour et deviennent le signal de la fête. Le lendemain on va construire, dans un lieu retiré, les huttes qui doivent abriter pendant six à huit mois la corporation nouvelle. Ces cabanes portent le nom de Mapato ou "Mystère", wo die Knaben im Gebrauch der Waffen geübt und belehrt werden durch die Mésugé (assouplisseurs). Pour les habituer a supporter courageusement la souffrance et pour chasser les vices de leurs coeurs, on les fustige frequemment et sans piété. Pendant que la gaule sifflante s'applique sur leurs membres nus, on les crie : "Amendez-vous! Soyez hommes! Craignez le vol! Craignez l'adultère! Honorez vos pères et mères! Obéissez à vos chefs!" (s. Casalis), wie bei der zum Memorandum dienenden Ohrfeige*(bei Umführung des Feldbesitzes) oder den Prüfungen der Jugend in Cuzco (und in Sparta). Dass bei den Naturstämmen überall das Leben, wie des Einzelnen, so des Stammes, im Cyclus der Feste, besonders um

Wenn in den „Munera"[1]) die Werkzeuge des täglichen Lebens, ein Ruder, (wie bei Odysseus' Matrosen), für den Mann, eine Spindel für die Frau (in Mikronesien), auf das Grab gelegt werden, soll ihre Seele, die auf den Wellen heiligen Brunnens der Vitier hinabfluthet, im Seelenlande zu gleichen Geschäften[2]) dienen, für diejenigen, welche Veietini folgen

---

unterrichtend) die Mädchen (bei der Pubertät) am Flusse besprengt hatten, „elles les cachent séparement dans les sinuosités de la rivière, et après les avoir engagées à se couvrir la tête, les avertissent qu'elles vont recevoir la visite d'un gros serpent (bei den Bassutos). On leur enduit alors les membres d'argile blanche, on leur met sur la figure un petit masque en natte, emblême de la pudeur qui doit désormais régler leurs actions (s. Casalis), und bei den Aleuten wurden die Menstruirenden mit einem Hut bedeckt (wie auf Neu-Irland). s. Inselgruppen in Oceanien (S. VII).

1) Quand une âme quitte ce monde, elle est escortée de l'âme de ustensiles, qui lui ont appartenu, de l'âme des présents (auf den Marquesas) während der Leichenfeierlichkeiten (s. Radiguet), als Kelah (bei Karen), Allem einwohnend (gleich Vairua plus.).

2) Dass es verschiedene Berufsarten geben werde, geht auch daraus hervor, dass es unter den Seeligen verschiedene Stufen und Stände geben wird (erläutert Pastor Mühe); „Polizei und Militärgewalt scheint nicht mehr nöthig" (1877). In Africa haben die Fetische Polizeidienste zu versehen, wie Heiliggesprochene anderswo, in China besonders die aus dem Beamtenstande, weil durch die Vorschule des Lebens bereits einigermassen eingeübt, wenn der Vortheile entbehrend, welche sich mit dem Unterricht in Spiritistenschulen bieten, wie in der unter Leitung Pauline Seigner's († 1824). Jeder erscheint nach dem Maass seiner Blüthe (s. St. Aug.) in der andern Welt, der brazilische Indianer dagegen mit all' den Wunden und Verstümmelungen, wie im Leben empfangen (bei Maffei). Die Auferstandenen, wenn nicht unversehrt gleich den „sterblichen und verweslichen Leibern der drei Knaben im glühenden Ofen" (Daniels) „werden sich in jenen höheren Regionen aufhalten, wohin die Flammen des Weltbrandes ebenso wenig schlagen, als die Gewässer der Sündfluth dorthin gelangen (bei St. Augustin), wie die in die oberen Terrassen der Rupa-Himmel Zurückgezogenen (wenn nicht in Goldkeimen bewahrt). Die Mexicaner fingen die Seele des Abscheidenden in dem in den Mund gelegten Stein auf (als unzerstörbaren Materials). Just before death took

(in Mangaia), oder dem „Ersten Menschen", der auf dem Todespfade vorangewandert (bei den Indianern). „Als der Erstling steht Christus auf" (s. Bengel), „der Erstling von den Todten, dass er vorgeht und den ganzen Haufen nach sich führt" (bei Luther). Um die Weltzerstörungen im Umschwung der Kalpen zu überdauern, finden sich die Rettungsweisen in feuerfesten Höhlen oder auf Cocox's Archen-Canoe (bei den Azteken) mit anderen Auskunftsmitteln. Der $\vartheta v\varrho a \vartheta \epsilon \nu$ zum Menschen hinzugetretene Nous (bei Aristoteles) bleibt, als fremder Welt des Jenseits angehörig, von irdischer Vergänglichkeit ausgeschlossen, und wenn „der Leib dem gewaltigen Tode zu folgen" hat (bei Pindar), bleibt noch übrig das „Bild in der Seele", $\tau \grave{o} \; \gamma \acute{a} \varrho \; \acute{\epsilon} \sigma \tau \iota \; \mu \acute{o} \nu o \nu \; \acute{\epsilon} \varkappa \; \vartheta \epsilon \tilde{\omega} \nu$ (eleusinischer Gefilde), als „particula aurae divinae" (bei Horaz). Wie bei orientalischer Schöpfung in die Nase eingeblasen, fährt durch diese die Seele (der Batta) auch wieder aus (s. Marsden), schon vielleicht beim Niesen ohne segnenden Glückwunsch (s. M. i. d. Gsch., II, S. 8), und die Eskimo verstopfen dem Sterbenden Nase und Mund mit Hirschhaar, damit der Tod drinnen verbleibe und nicht auch andere noch ergreife. Doch mag er sich dann, dem Todten eingepfropft, mit dessen eigenen Gliedmassen[1]) erst recht die

---

place the nearest relation, or the most intimate friend of the dying man, placed between his lips a valuable stone, which was supposed to receive the soul as soon as it passed from the body; as soon as he was dead, the same person removed the stone and gently rubbed the face of the deceased with it" (bei den Mayas), den Stein als Reliquie bewahrend (s. Bancroft). Als unvernichtbar verbleibt das Knöchelchen Lus (bei den Rabbinern), oder die Reliquien verehrbar (gleich Gautama's Affenzahn). When a person leaves his corpse, like a log or a lump of clay, on the ground, his kindred retire, with averted faces, but his virtue accompanies his soul (bei Manu). Das glückliche oder unglückliche Loos eines Verstorbenen bestimmt nach seiner Angabe allein sein besseres oder böseres Gewissen (s. Ammann).

1) Quelquefois pour arriver à ses fins ou pour obéir à dieu, dont il n'est que le valet, le démon se sert des facultés et des or-

Seele holen, wenn nicht dem Vampyr oder (in Polen) Upior ein Pfahl ins Herz geschlagen (im „hasta transfigere" oder ἐπενεγκεῖν δόρυ), und damit Antar's gewaltige Seele nicht durchbreche, wird ein hoher Steinhaufen auf das Grab gewälzt, während Niangungitok's Landsleute Schweres auf das Grab zu legen vermeiden, um den Todten nicht zu beschweren (sit levis terra). Ihn nicht zu erwecken, gehen die Neger schweigend an den Gräbern der Jaga vorüber, wie die Puelches an denen der Calmelache (s. d'Orbigny), und die Imoshar vermeiden die Namensnennung des Abgeschiedenen, wie von Sibirien bis Australien beobachtet und, in Schlesien, in der Sylvesternacht wenigstens (um ihn nicht zu rufen). Bei vertrauter verbleibendem Verkehr, wie mit dem Oromatua (in den „Charistia" Tahiti's), — oft in nächster Nähe der Todtenseelen, so dass sie beim Thürzuschlagen geklemmt werden mögen (in Westfalen) oder im brennenden Feuer winselnd gehört (in Oesterreich), — konnten dann die δαίμονες ἑστιοῦχοι (bei Charondas) oder Phi Rua (in Siam) für Hülfsleistungen eines Kobold verwerthet werden (s. Btrg. z. vrgl. Pschlg. S. 113), besonders wenn die Seele (der Chamorro) bereits aufgefangen war, in Nebenstellung des Topfes, der dem Todten (bei Papagua) über den Kopf gestülpt wurde (s. Azara), wie ein Kessel bei den Samojeden. Dann mochte auch der Todte forternährt werden, statt der der Leiche selbst eingepressten Speisen (auf den Aru), durch Einstecken eines hohlen Bambus in das Grab auf dem Tengger-Gebirge, sowie am Bonny oder bei den Duphla (s. Vlkst. a. Br., S. 17). Dagegen werden bei Bodo und Dhimal die Todten mit letzter Atzung verabschiedet (s. Hodgson),

---

ganes des possédés (s. Mousseaux). Imaginary beings, whom Sir W. Thompson provisionally calls demons, helfen bei der Wärme (s. Tait). Beim Tischrücken ist Teufelscultus im Spiel (s. W. Menzel). Portentum non fit contra naturam, sed contra quam est nota natura (St. Aug.). Wenn zwei Geister aufeinander rennen, so stossen sie sich nicht, sondern beide geben nach (da der Stoff „elastisch wie Gummi") 1881 (s. Binney).

wie von den Litthauern (bei der Chauturas) oder von den Haselrasterbauern in Tirol (s. Panzer), unter Hinlegen von Handtüchern (bei den Tschuwaschen). Wollen sie sich solchen Abschied nicht gefallen lassen oder mit ihrer Sühne, wie in einem Bhutu-Khana (des Dekkan) angeboten, nicht genügen, dann bleibt für die ruhelosen Seelen Ertrunkener oder (bei den Karen) Jahs, (die der pommersche Wassermann unter Töpfen festhält), oder für sonst gewaltsam dem Leben Entrissene, wenn nicht als Heroen deificirt (s. Vrstllngn. v. d. Sl. S. 39, S. G. W. V. Hft. X) nichts anderes übrig, als die Gewaltmassregel eines Austreibens, am grossen Reinemachertag der Allerseelen (Bddh. i. s. Ps. S. XI; Btrg. z. vrgl. Ps. S. 100—104; Vrstllg. v. d. Sl. S. 36; D. Ftsch. S. 21). Die Luft ist (nach Oetinger) so voll von Geistern, dass des Nachts ein Fenster aufzumachen sein Bedenken hat (s. Fuess), und bei heftigem Zuschlagen der Thür können sie geklemmt werden (in Westphalen). Nach dem Austragen der Leiche wird die Thür des Hauses geschlossen (im Voigtland), und die in der Sterbestube gemachten Salzhäufchen werden ausgekehrt, indem man den Kehricht und den Besen anf den Gottesacker oder das Feld wirft, damit der Todte nicht umkehre (s. Köhler). Die Feralia (im Februarius) dienten zur Reinigung der Lebenden und zur Sühne der Abgeschiedenen von Februum, als gleichbedeutend (in sabinischer Sprache) mit purgamentum (s. Varro), und dann wurde an den Calendis Martiis (im März) das Feuer auf den Altären der Vesta erneuert, ut incipiente anno cura denuo servandi novati ignis inciperet (s. Macrobius), wie bei Erneuerung des Cyclus (in Mexico) oder in Irland (s. Mocutenius) am Boos-ke-tau der Creek (s. C. Jones), bei Buräten u. s. w. (Ggrph. u. Ethnlg. Bldr. S. 400).

Das in den $\varphi\varrho\acute{\varepsilon}\nu\varepsilon\varsigma$ bethätigte (im $\vartheta\nu\mu\acute{o}\varsigma$ gelegentlich aufwallende) Geistige geht mit dem Leben des Körpers gleichfalls zu Ende, aber der Hauch, der im letzten Gestöhn zwischen dem „Gitter der Zähne" (bei Homer) aus dem Munde entfliegt, wandelt sich beim Tode, aus $\psi\nu\chi\acute{\eta}$, in das Eidolon unter den auf den Asphodeloswiesen schwebenden σκιαί. So ebenfalls wandelt sich die Seele, als Kla (der Odschi) in Sisa, in das am Grabe fortspukende Gespenst, das dann, um die Beunruhigung loszuwerden, nach den Todten-Inseln (im Volta) verbannt wird. Hier jedoch wird neben der Seele noch ein Geistiges unterschieden, das in der moralischen Verantwortlichkeit des Gbesi zum Bewusstsein kommt, (in der im buddhistischen Rad der Karma wirkenden Triebkraft), und ausserdem lebt ein Selbst traducianisch fort in seinen Nachkommen durch Bla, bei der Einkörperung der Stammesseele, indem sich der Mensch als σῶμα ἔμψυχον (corpus animatum) bei der Zeugung wiederholt in der Fortpflanzung (einheitlicher Wesenheit). Die Herkunft erklärt sich, wie bei Nodsie als Seelenheimath (der Eweer), aus (platonischer) Präexistenz, indem der von Sasuma in die Individualität der Menschen-Existenz hineingeworfene Schatten sich von dort, als Kla, (in der Seele) reflectirt, während die andere Hälfte auf denjenigen Naturgegenstand fällt, mit welchem fortab das Leben unverbrüchlich im Fetisch verknüpft ist, als mit seinem Schutzgeist oder (bei den Eweern) Edro (Fravashi der Parsi).

In alter Philosophie wurde die Seele einfach (simplex) festgehalten, als verfeinerte (luftige, feuerige, ätherische) Materie, Ueberlebsel also des Fein-Menschen, oder Orang-alus, (bei den Passumah), und als dann aus Cartesius' Geist (der Zirbeldrüse) die Seele als immaterielle entsprungen war, bedurfte es der Theorien des Occasionalismus und Prästabilismus, um die immaterielle Substanz mit dem materialen Leib in erklärbaren Contact zu bringen, wie Krug bemerkt, unter Aufstellung eines Täfelchen für die Seelenkräfte, im Vorstellungs- und Erkenntnissvermögen, (Sinn, Verstand, theoretische Vernunft) und Strebungs- und Handlungsvermögen (Trieb, Willen, praktische Vernunft). L'âme et le corps sont deux choses entièrement distinctes (s. Waddington). Statt Einl'unité de l'univers (s. Dollfuss) im τὸ ἕν (bei Plot.). Etwas ausser sich empfinden ist ein Widerspruch, wir empfinden nur in uns, das, was wir empfinden, ist blos Modification unser selbst, also in uns. Weil diese Veränderungen nicht von uns abhängen, so schieben wir sie anderen Dingen zu, die ausser uns sind, und sagen es sind Dinge ausser uns (s. Lichtenberg). Und in naturwissenschaftlicher Behandlung der Psychologie, auf Grundlage des Völkergedanken, wird bei Heimkehr aus objectiver Forschung das Selbst sich selbst gefunden haben (innerhalb der Denkgesetze).

Mit Fassung der Seele als Spiegelbild, (wie Kla in Sasuma), würde aus vierter Dimension des Raumes die Symmetrie[1]) hineinzureden haben, zur Construction einer nicht mehr, wie bei der Perspective (im Sehenlernen) an körperliches Sinnesorgan angeschlossenen Vorstellung[2]) (wie neurophysiologisch für

---

1) Die beiden unter dem Namen der Sphenoide bekannten Halbflächen eines rhombischen Octaeders verhalten sich wie ein Gegenstand zu seinem Spiegelbilde, oder wie die rechte zur linken Hand. Vom Standpunkt der Projections-Hypothese entspräche diesen beiden verschiedenen Erscheinungsformen ein und dasselbe Object im vierdimensionalen Raum (s. Zöllner).

2) Allabendlich taucht die Sonne ein in eine andere Welt, die sich mythologisch als untere (oder unterirdische) ausmalt, mit verkehrtem Laufe der Jahreszeiten (bis zur Herstellung im Umklappen auf die Marquesas), und schon zur widerspruchslosen Entwerfung der Antipoden hätte ὕψος hinzuzutreten (zu βάθος, πλάτος und μῆκος). „Es muss der Raum, in welchem die uns sichtbare Welt widerspruchsfrei erklärbar sein soll, mindestens vier Dimensionen besitzen, indem ohne diese Eigenschaft die thatsächliche Existenz niemals auf ein Gesetz zurückführbar ist" (s. Zöllner). Beim Aufeinanderlegen von Metallplatten (Kupfer und Zink) mit salzig durchfeuchteten Tuchplatten, schliesst sich aus den Wirkungen auf Raumänderung für Hollunder-Kügelchen (oder auf Aenderung atomistischer Aggregatzustände) in der Electricität (mit Weiterfolgerungen zu dem optisch bereits stipulirten Aether) auf einen jener aus dem Gedankenbilde der Kraft erklärten Vorgänge, wie dann psychisch verknüpfbar mit constanten Ketten einer aus Nervenganglien aufgebauten Säule (aus direct muscularer Thätigkeit bis zum Productionsheerd im Gehirn hinauf).

Doppelung des Körpers in Hälften unter einheitlichem Sehen), herüberschwankend zum weiterführenden Missverstehen psychischer Kräfte, so lange nicht controllirt durch logische Induction und naturwissenschaftliche Psychologie (unter den Aussagen des Völkergedankens).

Auf den Marquesas steht die Welt als verkehrte unterirdisch auf dem Kopf, so dass sie am Tage der letzten Dinge nur unzuschlagen braucht, um sich in „neuem Himmel und neuer Erde" (der Aesir) erneuert zu haben. Und so ist der Tartaros nach Unten gewölbt, wie der Himmel nach Oben, und mit eisernen Thoren, (wie von Chaysi bei den Chamorro bewacht), umschliesst dieser orcus in „viscera terrae" (s. Plinius), die uralt gährenden Kräfte in Japetos, der als Vater des Prometheus an der Spitze der hellenischen Stammestafel steht (s. Heyne), in Kronos, nach Asien weisend und durch des rebellischen Sohnes Vermählung mit irdischen Frauen (bei Zeus' Liebschaften) die Herrschgeschlechter zeugend, zugleich die in indischer Kala (oder Kali) Alles verschlingende Zeit symbolisirend (gleich Ndengei der Vitier). Auf Mangaia quillt nach oben hinauf der Strom menschlichen Lebens aus Te-manava-roa, (der Langlebige) hervor, auf Tetangaengae oder Te-vaerua (Breathing or Life), wie dieser auf Te-aka-ia-Roë (the root of all existence), folgend, und im untersten Grunde sitzt gebückt (gleich Kronos) Vari-ma-te-takere, (the very beginning), an der Wurzel des Seins, aus der die Schöpfung hervorblüht, pua-ua-mai, bud forth or blossom, as of a tree (s. Gill) im organischen Wachsthum (mit jenseitiger Entfaltung).

Hülflos sinken die Todten in den Hades hinab, als $\dot{\alpha}\mu\epsilon\nu\eta\nu\dot{\alpha}$ $\kappa\dot{\alpha}\rho\eta\nu\alpha$, wie die Vairua der Maori von Stockwerk zu Stockwerk schwächer werdend, bis im untersten schliesslich verwesend (in Meto), auf dem Grunde des Schlammpfuhls. Aber wenn dann im Kampfe der Titanen die $\ddot{\epsilon}\nu\epsilon\rho\vartheta\epsilon$ $\vartheta\epsilon o\acute{\iota}$ ($o\acute{\iota}$ $\chi\vartheta\acute{o}\nu\iota o\iota$) besiegt sind, wenn $o\acute{\iota}$ $\ddot{\upsilon}\pi\alpha\tau o\iota$ herrschen, als superi (bei Livius), im sonnigen Lichtreich, dann ersehnt sich bald die Unsterblichkeit der $\dot{\alpha}\vartheta\dot{\alpha}\nu\alpha\tau o\iota$, und wenn ein

Tawhaki im Aufsteigen zur dritten Himmelsterrasse das Lebenswasser (Vai-ora) herabgebracht hat, für die Weihen heiliger Mysterien, erhebt sich der Gedanke zum gestirnten Firmament, und indem in der Seele des Menschen der „Gedanke der Ewigkeit" sich zum ersten Mal erschliesst, ist „auch eine das Leibliche soweit überdauernde Entfaltung nicht nur als möglich, sondern als vollkommen hinreichend begründet zuzugeben" (s. C. G. Carus). Der psychische Wachsthumsprocess verschlingt sich in dem allgemein organischen der Natur. „Die Seele gelangt nur allmählig zur Entwicklung" (s. Hess) und „das ursprüngliche Seelenleben verläuft völlig unbewusst" (s. Glogau), emporstrebend zum Bewusstsein (des psychologischen Subjects), als „Inbegriff der Vorstellungen, die sich gebildet haben" (s. Kaulich), unter dem Verständniss eines logischen Rechnens (bei inductiver Behandlung des Völkergedankens).

Der Mensch im eigenen Selbst dem Maschengewebe der Welt miteinverschlungen, steht der Unmöglichkeit gegenüber, für solche Welt ausserweltliche Ursache oder Zweck, (Anfang und Endziel), zu setzen, im Gefühl der Verzichtleistung auf intuitive Durchschau (oder der Hallucinationen selbsttrügerischer Offenbarungen), nicht jedoch auf den Versuch annähernder Lösung in methodischer Denkarbeit.

Jedenfalls liegt in ihm selbst die Vorstellung von Ursache oder Zweck, angewandt auf das ihm Zubezügliche in der Welt ringsum, und was darin sich einstimmig erweist, als nützlich oder (moralisch) gut (und deshalb richtig), als $\tau\grave{o}$ $\delta\acute{\iota}\varkappa\alpha\iota o\nu$ $\tau\grave{o}$ $\varkappa\alpha\tau\grave{\alpha}$ $\varphi\acute{\nu}\sigma\iota\nu$ (bei Plato), weil gerecht mit eigener Willensrichtung, $\tau\grave{o}$ $\mathit{\grave{o}\varrho\varepsilon\varkappa\tau\iota\varkappa\acute{o}\nu}$ in $\mathit{\ddot{o}\varrho\varepsilon\xi\iota\varsigma}$, erfüllt für ihn seinen Zweck (im Gegensatz zum Schlechten und Bösen), $\mathit{\grave{\varepsilon}\pi\varepsilon\iota\delta\grave{\eta}}$ $\mathit{\lambda\acute{\varepsilon}\gamma o\mu\varepsilon\nu}$ $\mathit{\tau\grave{\eta}\nu}$ $\mathit{\varphi\acute{\nu}\sigma\iota\nu}$ $\mathit{\ddot{\varepsilon}\nu\varepsilon\varkappa\alpha}$ $\mathit{\tau o\tilde{\nu}}$ $\mathit{\pi o\iota\varepsilon\tilde{\iota}\nu}$ $\mathit{\tau o\tilde{\nu}\tau o}$ $\mathit{\delta'\mathring{\alpha}\gamma\alpha\vartheta\acute{o}\nu}$ $\mathit{\tau\iota}$ (Aristl.). The wise man mediates on the acquisition of knowledge, and riches, as if not subject to sickness or death, and cultivates virtue as if death had already seized him by the hair (in dem Hitopadesa). So im Misstrauen eigener Kraft wird auf dem Gnadenwege Erlösung gesucht, Zusicherung für das

Jenseits zu gewinnen, als Jivanmukta (liberated, but still living).

Wenn unter solchen Bestimmungen in objectiver Umschau symbolisirt wird, ergiebt sich, da ὁ θεὸς καὶ ἡ φύσις οὐδὲν μάτην ποιοῦσιν (bei Aristl.), als Zielsstreben (Zweck oder Bestimmung) des Menschen die Ausvollendung dessen, was potentia in ihm eingeschlossen liegt, — οἷον γὰρ ἕκαστόν ἐστι τῆς γενέσεως τελεσθείσης, ταύτην φαμὲν τὴν φύσιν εἶναι ἑκάστου (Aristl.) —, die körperliche Entwicklung zunächst, unbewusst (ohne selbstmöglichen Eingriff) bis zur Akme (im Kreislauf des Entstehens und Vergehens), sowie der psychischen Anlagen weiter, in ewige Unendlichkeit¹) hinausbewegt zur κινήσεως

---

1) L'uomo é spirito libero e ragionevole provedente di organi e il quale opera il fine suo in infinite (s. Mamiani). Der Gedanke an die Unsterblichkeit ist schon der erste Akt der Unsterblichkeit (K. E. v. Baer). Des Lebens Inhalt beruht in dem, was wir geleistet haben während der Lebenszeit (s. Reclam), für praktische Zwecke (im Gesellschaftsbande), und die der theoretischen entgegengesetzte Functionsweise der Vernunft heisst (bei Aristl.) νοῦς πρακτικός (s. Siebeck). Am jüngsten Tage wird die Seele erweckt (bei Cudworth), wenn sie die Zwischenzeit hinüberschläft (im Seelenschlaf) am „Mittelort" (bei Göschel). Aber: dormire est corporum non animarum (s. Tertullian). Omnem post mortem sensum interire (bei den Epikurüern). Bei dem neu mit dem Tode eintretenden Zustand (s. Bonnet) behält der Mensch seine Rückerinnerung und seine Persönlichkeit, weil seine Seele mit einem feinen Organismus verbunden bleibt, in welchem einige Fibern mehr oder minder dauerhafte Bestimmungen festgehalten haben (s. Reinhold). At the moment of death the material elements of the body separate and the vital soul, which has an invisible body (Linga-sharira) resembles the form of the body it had inhabited, and retains the organs of sense and action; on separating from one it joins itself to another (s. Wise). Pour se rendre en enfer, l'âme part dans le Pahaa (pirogue ou cercueil) et met le cap sur le détroit qui sépare l'île de Tahuata de celle de Hiva-Oa. Lorsqu'elle approche d'un certain rocher, voisin de Tahuata, deux dieux ou deux influences contraires s'en disputent la possession et cherchent à la pousser, l'un dans le passage qui est entre Tahuata et le rocher, l'autre dans le grand passage entre ce rocher et la terre de Hiva-Oa. Les âmes entrainés dans le petit passage sont tuées (s. Radiguet) im zweiten Tod (der Vernichtung).

ἀρχή (bei Aristoteles), mit jedesmaliger Denkschöpfung, so dass es also gilt (in Richtung der Nirvikalpaka), geistige Früchte (Phala) anzusetzen und zum Reifen zu bringen, ὁ δὲ λόγος ἡμῖν καὶ ὁ νοῦς τῆς φύσεως τέλος (bei Aristl.), und die ἀρετὴ φυσική vollendet sich durch Angewöhnung (ἔθος), mit dem Guten zur andern Natur geworden (im normal Gesunden einer εὐφυΐα), wie bei psychischer Erziehung in den Vorschriften des Abhidhamma (mit Nothwendigkeit dann zur Vollendung führend, unter Schulung der Willensneigungen).

Die Zeit, die „Seele der Welt" (bei Pythag.), als „selbstbewegte Zahl" (s. Plut.) ist das Leben, das sich selber zählt in den eigenen Augenblicken der Existenz. Hinfluthend in den Strom, wie ihn anzeigt das Verhängniss (ἡ πεπρωμένη) unentrinnbarer Adrasteia, unterbricht sich doch dieselbe periodisch in Knotenpunkten der καιρός (der günstig gebotenen Gelegenheit),[1] deren Wirbel hinabreichen in die verborgenen Tiefen des Ursprungs, und höheren Zusammenhang annehmen lassen, dunkelschimmernd in den Träumen[2] (trügerischer Auslegung), aber, wenn (frei von Duṣvapnya) aus (brahmanischem) Tiefschlaf (auf der dem traumlosen Schlafe fol-

---

Zum Beweise ihrer Abkunft von Maire-Ata passirten seine Söhne unbeschadet die zusammenschlagenden Felsen (Itha Irapi), während der Bastard zerdrückt wurde (s. Thevet). Die Symphlegaden waren durch Bezauberung zu versteinern (bei der Argonautenfahrt).

1) „Le moment favorable" (s. Girard), indem die Gottheit „connaît la suite et la portée des événements" (um in dem das Tagesleben regierenden Zufall das verflechtende Band festzuhalten aus höherem Zusammenhang).

2) Der mächtige Tod reisst aller Menschen Körper fort, aber es bleibt eine lebendige Form des Daseins, die allein von den Göttern kommt, sie schläft, wenn die Glieder lebendig sich bewegen, doch oft, während des Schlafes, enthüllt sie im Traum die künftigen Bestimmungen (bei Pindar), und so (im Tempelschlaf) die Oneiromantik, auch in Australien (s. Oldfield) oder bei Kamschadalen (s. Steller) für Traumbücher seit denen der Oneirocritica (bei Artemidorus) bis auf den Einsiedler Ansgar.

genden Stufe, als „vierter") gewonnen, verwerthbar dann in klarerem Verständniss, um in der Fülle der Reife die Freiheit anzustreben (für den bewussten Geist).

Von der Geburt an ist das Leben des Menschen eingeflochten in verborgenen Geschicken, zurückführend auf den Ursprung, auf Te-akaia-Roe (the root of all existence) in Mangaia (s. Gill), auf jene unterweltlichen Mächte, die das Geheimniss des Lebens hütenden Tiefgründe, wie sie in Reihenfolge der Schöpfungen (bei Hesiod) hervorgähren, ehe periodisch in dem (durch mysteriöse Weihen gefeierten) Vegetationswechsel geregelt, nachdem das unveränderliche Geschick (im Uranos mit niederweltlicher Gäa) in seiner Macht geschwächt durch Kronos ($\chi\varrho\acute{o}\nu o\varsigma$ oder $A\iota\acute{\omega}\nu$), so dass, im zeitlichen Fluthen, die Folgewandlung der Entstehungen vorbricht in Rhea (von $\mathring{\varrho}\acute{\epsilon}\omega$), mit den Göttern himmlisch-ätherischen Waltens, während aus den Wassern (wohin die Geschlechtstheile bei der Entmannung gefallen), Aphrodite sich erhebt, von Liebe und Begierde (s. Hesiod), als ihre Begleiter, umschwebt (im $\varkappa\acute{v}\varkappa\lambda o\varsigma\ \gamma\epsilon\nu\acute{\epsilon}\sigma\epsilon\omega\varsigma$). Erst wenn dann die Unveränderlichkeit der 'Ανάγκη durch täuschende List erschüttert, wenn Zeus, aus dem Verschlingen der Zeit, als (indische) Kala oder Ndengei (der Vitier), im Leben gerettet, erwacht die Kraft der Selbstthat zu eigener Befreiung (beim Betreten der Megga im Abhidharma).

Als Altvater der Tage (bei Euripides) oder Pandamator (Allbezähmer), reisst die Zeit Alles, und Alle, mit sich fort, aus allgemeiner Wurzel des Seienden und Nichtseienden (im Mahabharata). Aus solchem Urgrunde auch wirkt vorsprudelnd das Seelische im Menschen, aber ein Geheimniss sich selbst, weil im Sinnesleben betäubt vom wirren Gedränge der auftreffenden Eindrücke, und so „bethört auf des Lasters breitem Weg" (bei Hesiod). Die Essäer plagten den Leib, als Kerker der Seele (s. Joseph.). Die Seelen waren in die menschlichen Körper verstossen (nach Priscillian) oder von Mawu dorthin herabgesandt (bei den Eweern). Im Leben liegen die Seelen todt, in uns begraben, (im $\sigma\tilde{\omega}\mu\alpha$ als $\sigma\tilde{\eta}\mu\alpha$), beim

Tode kehren sie zu ihrer Existenz zurück, im eigenen Leben (s. Heraklit). Und so mögen sie zeitweis erwachen, wenn im Schlaf die „Brüder des Todes" nahen, die Träume, vom Eingang in das Schattenreich her, „von den Thüren der Sonne" (bei Homer), und so manchmal schon flimmernd, mit ahnungsvollem Aufblinken, in dem Nachgestrahl der Lichtesquelle, wenn auch zunächst freilich nur die schmerzensvolle Qual des Lebens (in Dhukha) um so schärfer noch und schwärzer reflectirend. Während des Schlafes erweckt, fühlt die Seele des Leidens schmerzliche Erinnerungen auf sich niederträufeln, dem aufrührerischen Willen die Weisheit bringend, als erzwungene Wohlthat der Götter (bei Aeschylus). Und dann in Rivalität mit den Göttern, den „Neidern" (seit dem Streit zu Sicyon), im siegreichen Kampfe, werden die „Unsterblichen zu Sterblichen, die Sterblichen zu Unsterblichen", leben die Einen den Tod und sterben die Andern das Leben (bei Hippolyt.), während über Menschen und Götter die (göttliche oder) ursächliche Einheit (bei Plotin) hinausliegt in den Harmonien gesetzlichen Kosmos' (eines Dharma).

In China wird die Harmonie (sansert. Rtam oder rtam - dharman) zwischen Himmel und Erde durch den Staatscult des Kaisers zu erhalten gesucht, in Begründung zugleich auf gesellschaftliche Pflichten, innerhalb der Familie zunächst, wie im Ahnencult ausgedrückt. So sinken die ehelosen Bonzen zu verachteter Klasse hinab (in Korea), während Chrysostomos, von seiner verwittweten Mutter, trotz ihres Flehens, sich lossagend, den Ruhm der Heiligkeit gewinnt (im Mönchsleben). St. Franciscus kündigt seinem Vater, um (in Nachahmung des Meisters) in einem Stall geboren zu sein, auf Befehl himmlischen Botens (zum Anschluss an Wiedergeburt aus den Säugern, als letzter Stufe, und ihrer höchsten Gradation für Buddha im Elephanten). Ambrosius predigt den Jungfrauen vor Allem die Ehrfurcht gegen die Eltern zu überwinden, um in den geistlichen Stand einzutreten (als Himmelsbräute). Um Mutius vergessen zu lassen, dass er Vater sei, befahl ihm der Abt, seinen Sohn in den Fluss zu werfen (in Cassianus' Orden), und statt den Kindern war das Vermögen dem Klerus zu hinterlassen, dem Orden der Geistlichkeit (räth Salvianus). Diese streitbare Rotte führte ihre Hiebe so gut, dass Bischof Flavianus in Folge der Misshandlungen starb auf der σύνοδος ληστρική (449 p. d.), und in der Controverse über eine oder zwei [1]) Naturen (auf der Synode von Chalcedon) wurde bei Bischof Proterius' Tödtung sein Leichnam (materiell fasslicher Natur) mit den Zähnen zerrissen [2]) (in Alexandrien). Für die nicäische Dreieinigkeitslehre hatte Bischof Ambrosius das Zeugniss der bösen Geister gewonnen, die kraft der Reliquien des heiligen Gervasius und Protasius aus den Besessenen hervorschrieen, und, wenn ferner nicht erforderlich, wieder in Fesseln gelegt werden konnten (eines von Chaysi bewachten Eisenkerkers unter Ladronen). Clavem a sacratissimo beati Petri corpore, in qua de catenis

---

1) Θυέστεια δεῖπνα καὶ Οἰδιποδείους μίξεις καὶ ὅσα μήτε λαλεῖν μήτε νοεῖν θέμις ἡμῖν, warf man (in Lyon) den angeklagten Christen vor (s. Euseb.). Christianos esse non licet, unter den Verfolgungen durch Juden und Heiden (bei Just.). Reus evidentoribus argumentis oppressus repeti in quaestionem potest, maxime si in tormenta animum corpusque duraverit (s. Paul.), und so in den Hexenprocessen (zur Probe). Nur um des Saamens der Christen willen ist den Heiden die Zerstörung der Welt hinausgeschoben (nach Justin.).

2) Zwei Naturen ohne Vermischung (ἀσυγχύλως), ohne Verwandlung (ἀτρέπλως), ohne Trennung (ἀδιαιρέτως), und ohne Absonderung (ἀχωρίστως), aber so, dass durch die Vereinigung der Unterschied beider Naturen durchaus nicht aufgehoben, vielmehr das Eigenthümliche einer jeden Natur dergestalt erhalten worden ist, dass sie zu einer Person (πρόσωπον) und einer Substanz (ὑπόστασις) vereinigt worden sind (als Wort Gottes im Symbolum), bekannten sich auf der Synode zu Chalcedon (451 p. d.). Als Person durch Natur ersetzt wurde (von Johannes Askunages), fielen die Tritheiten unter das Anathema der Orthodoxie, und dann wurde auch in die Einigkeit der Monotheleten Zwietracht getragen (durch Sophronius). Die höheren Geister können Alles auf doppelte Weise betrachten, was uns einfach herfällt (nach Fricker).

ejus benedictio continetur, transmisimus, quae collo vestro suspensa contra adversa vos muniat (schreibt Greg. M.), und „les chaînes, qui lièrent Saint-Pierre à Jerusalem et à Rome" finden sich in der nach seinen Ketten genannten Kirche (zu Rom); der heilige Nagel dagegen (qui a été teint du sang) in der Kreuzeskirche (zu Jerusalem).

Die Wunderkraft des Mittelalters „geht über alle Vorstellung" (meint Cramer), und die Mauer, woran der heilige Makarius im Schlafen lehnte, erhielt heilige Kraft, um durch ein in Wasser gelöstes Stückchen Blindheit zu heilen (wie St. Martin's Streu wunderthätig wirkt). „Einsiedler und Mönche können fast nichts vornehmen, es muss ein Wunder dabei sein. Wird es ihnen zu beschwerlich, ihr Wasser aus einem etwas zu entfernten See zu holen, so beten sie — und sie haben eine Quelle. Fällt ein Knabe ins Wasser, so geht ein Mönch auf demselben trocknen Fusses hin, um ihn herauszuziehen. Fehlt es an Brod, so liegen auf einmal einige hundert Scheffel Mehl vor ihren Zellen, und zwar — durch ein Wunder. Fängt es an zu regnen, da die Mönche eben ernten wollen, so beten sie, — und der Regen verschwindet. Sie beten, — und ein Finger, den sich jemand abgehauen hatte, heilt sich augenblicklich wieder an. Ein Rabe nimmt einem seine Handschuhe, aber er muss sie ihm unverzüglich zurückbringen. Columban, ein Heiliger, und noch obendrein ein lateinischer Poet, trifft im Walde einen Bären an, der einen Hirsch frisst, seine Mönche brauchen Leder zu Schuhen; er befiehlt ihm also, die Haut zu schonen, — und der Bär gehorcht, nicht einmal die Raubvögel rühren sie mehr an. Ein Anderer hat nichts, woran er seine Kleider aufhängen kann, — er hängt sie sogleich an einen Sonnenstrahl auf, und sie bleiben hängen. Durch Wunder fangen sie Fische; durch Wunder bekommen sie Ringe wieder, die sie ins Wasser fallen liessen; durch Wunder sterben die Füchse, die ihre Weintrauben verzehren. Brennt's im Kloster, sie machen ein Kreuz über das Feuer und es verlöscht. Fehlt's am Oel, so betet der Abt, oder ein anderer Heiliger, sogleich füllen sich die Gefässe von selbst mit Oel an; und dieser Wundersegen wird auch den halbausgetrunkenen Biertonnen zu Theil. Mühlen gehen von selbst, auch wenn kein Wind wehet, oder kein Wasser da ist; so auch Fuhrwägen rollen von selbst fort, wenn kein Pferd vorgespannt ist; solcher Erzählungen sind alle Wunder- und Heiligenlegenden voll" (s. Duttenhofer).

„Da gab es denn auch bei den unbedeutendsten Gelegenheiten so viele hohe Offenbarungen und Erscheinungen von Gott, von den Engeln oder von anderen Heiligen, und auf der andern Seite so viele Teufelserscheinungen und Teufelsbalgereien, die immer zum Siege des Heiligen ausfielen, dass man" sich in die Atmosphäre des Mahayana versetzt glaubt, und bei sorgfältigerer Auswahl der Missionäre hätte den Brüdern Polo ihr Fiasco am Hofe Kublai-Khan's erspart werden müssen, um den tibetischen Bakschi die Wage zu halten, zumal sich diese bei ihren vagabondirend wandernden Seelen nicht mit. Todtenerweckungen zu befassen vermögen (und also bei dieser Kernprobe stets zu unterliegen hätten).

Nachdem der anfänglich geleugnete oder auf zufälliges Missverständniss geschobene Tod, im Durchschlagen schreckensvoller Realität, seine Anerkennung zweifellos gefordert hatte, waren in dem Bemühen, sein Geheimniss zu ergründen (und eine Rettung daraus zu suchen), für symbolisches Verständniss der Denkthätigkeit zwei Naturanschauungen geboten, einmal die alljährliche Erneuerung der verwelkten Vegetation und dann die monatlichen Verjüngungen des Mondes. Beide finden sich vereinigt, wenn Owe als Mond in schöpferischen Processen auftritt (bei den Vitiern), und der Mond, als (manichäischer) Schöpfeimer der Seelen (oder Aufbewahrungsort der Pitri), diese wieder herabregnet, um neu aus der Erde vorzusprossen (in den Veda). Am nächsten lag im täglichem Leben, die „Bibel des Ackersmann" (bei Luther), in den Mysterien (eleusinischen) Feldbaus, wie bei den Weihe-Ceremonien Daramulan's (in Australien), oder beim Anschluss an die Gebeine der Vorfahren (auf Tanna), wenn noch, wie vor der Versammlung von Huethuetpallan (s. Ixtlilcoxchitl), das Jahr als Xihuitl (oder Gras), nach den Aufwachsens-Perioden der Kräuter, (wie in den Namen der Monate aus ihren vegetabilischen oder animalischen Productionen in Oregon), gerechnet wurde, ehe der Calender sich nach dem Monde richtete, und fernerhin der lunare Cyclus durch den solaren verbessert wurde. Damit trat dann die Sonne (als Hyperion) hervor, als Osiris (bei Plutarch), in die Unterwelt eingehend, nach dunkler Hälfte (des Thmu), und „Dionysos est un Apollon infernal et Apollon un Dionysos solaire" (s. Girard) unter Indentificirungen der Allmutter, Isis und Demeter (mit Cybele und weiteren Analogien). Im Unterschied von den „animales" genannten Göttern, worin menschliche Seelen durch Sacra verwandelt werden (bei Servius), als „Penaten" oder Wegegötter (s. K. O. Müller), zeigt sich bei Ablösung der Deificationen[1]) (in den Apotheosen) neben olympischem Zeus, sodann ein unterirdischer (bei Homer), als Zeus der Todten (s. Aeschyl.) und (bei Lucrez)

Continuo pereunt imbres, ubi eos pater Aether
Conjugis in gremium terrae praecipitavit,

in Weiterbildung der Mythen von Uranos und Gaea oder Dyauspitar und Prithivi, mit Rangi im Thau auf klagende Papa herabweinend, als durch den frevelnden Aufstand ihrer Kinder getrennt (bei den Maori).

An den μιαραὶ ἡμέραι (der Anthesterien) kamen die Geister

---

[1]) Πρῶτος τὸ ἓν εἶναι τὸν θεόν φησι (Xenophanes). Leucippus plenum et inane dixit a quo omnia gignerentur (Cicero) Τὸ ἓν στοιχεῖον καὶ ἀρχήν φασιν εἶναι τῶν ὄντων (die Pythagoriier). Πάντα εἶναι καὶ μὴ εἶναι (Heraklit.). An Stelle der heiligen Thiere in den übrigen Districten, wurde im thebanischen nur Kneph verehrt, „ein Wesen ohne Anfang und Ende" (s. Plut.), im rückläufigen Schlangen-Symbol (der Zeit). Der Mond gilt als Gleichniss des erneuten Fortlebens (bei Hottentotten und bei Eskimo) und die geschwänzten Affen, bei abnehmendem Monde traurig, begrüssten den Neumond mit Jubel (nach Plinius). Bei Mondfinsterniss wird (s. Tulechow) eine Seele in das Naw aufgenommen, als „Wohnung der guten Seelen" (bei den Böhmen) mit Zelena louka (grünen Wiesen).

aus der Unterwelt nach Oben (s. Photius), wie aus dem Mundus (wohin die Erstlinge der Früchte geworfen wurden), und diese Pforte der Unterwelt galt zugleich als Kornbehälter (s. K. O. Müller), wie Pirua der Peruaner (als σιρός). In den kleinen Mysterien (des Hügel Agra), die sich (mit ihrem καθαρμύς oder Reinigung) an die Anthesterien (im Feldbau) anschlossen, wurden bei den grossen Mysterien (in Eleusis) orphische Riten hineingetragen eines Jacchos (oder Bacchus). „Die tiefsinnig ethische Auffassung der Seelen, wie sie besonders die Inder ausbildeten, hat namentlich in den älteren orphischen Weihen und Mysterien eine Wohnstätte und aneignende Einkleidung gefunden" (s. Siebeck). Les emprunts faits aux Mystères par le christianisme primitif viennent témoigner à leur tour de l'autorité dont jouissaient ces cérémonies et de la gravité religieuse quelles conservèrent jusqu'au moment, où, en 381, un édit de Théodore ferma pour toujours le sanctuaire d'Eleusis (s. Decharme). Aus Bhakti (statt Sraddha) im Bhagavad-Gita, schloss Lorinser, „that the Brahmans borrowed Christian ideas from the early Christian communities in India and applied them to Krishna", als seine Ansicht (1869), „vehemently assailed by Mr. Kâshinâth Telang of Bombay" (s. Jacob). Aus Reminiscenzen christlicher Missionen entstanden die Schiffer-Religionen im Lotu Samoa's durch Siovili (Joe-Gimlet), Tangi-po (Nachtschreier) u. A. m., während die Pai-Merire (der Maori) die Offenbarungen des Engel Gabriel's aus dem Todtenkopf des bei Kaitaki-Pah getödteten Officiers entgegennahmen (im Schädelcult). Der Kopf des heiligen Zanobi findet sich in der Domkirche zu Florenz, der Kopf der Samaritanerin in der Kirche St. Paul's (zu Rom), la tête de Sainte-Anne à Chiry (aus Ungarn überbracht) ist authentisch bestätigt (1807). Die Papua verehren die Köpfe der Vorfahren in den Korwar. Les ancêtres (bei den Bassutos) cherchent continuellement à attirer à eux leurs descendants,[1]) toute maladie leur est

---

1) Chaque famille est censée se trouver sous l'influence directe

attribuée. Aussi la medicine est-elle chez ces peuples une affaire presque entierèment religieuse. Il faut dabord au moyen des Litaala (osselets divinatoires) découvrir quel est le Molimo, dont le malade subit l'influence. Est ce un ancêtre du côté du père ou du côté de la mère. Suivant que le sort a parlé, la personne chargée du sacrifice lustral sera l'oncle paternel ou l'oncle maternel, rarement le père ou le frère. Ce sacrifice peut seul donner efficace aux simples que le Nyaka (médicin) prescrit. La victime est désignée par celui-ci (s. Casalis). Zu den Engaka oder Priestern (der Bassutos) gehören die Noge (Wahrsager), die Regenmacher, die Aerzte und die Hexenfinder, (flaireurs, comme on les appelle). Nach den beschmutzenden Erdarbeiten bedurfte es eines Abwaschens[1]) (in Götterbädern), besonders etwa für die mit dem Misten Betrauten, wie Stercutius (als

---

et la sauvegarde de ses aïeux, mais la tribu prise dans son ensemble reconnaît pour ses dieux nationaux les ancêtres du souverain qui la gouverne. Ainsi les Bassoutos adressent leurs prières à Monaheng et à Motloumi dont leurs chefs descendent. Les Baharoutsis et les Barolongs invoquent Tobégé et sa femme Mampa. C'est Mampa qui fait connaître les volontés de son époux, en ayant soin d'annoncer chacune de ses révélations par ces mots: „Oré, Oré. Il a dit, Il a dit." On distingue entre les dieux anciens et les récents. Ces derniers sont considérés comme inférieurs en puissance, mais plus accessibles. De là cette formule souvent usitée: „Dieux nouveaux, priez pour nous les dieux anciens" (s. Casalis). Il est tel sacrifice, telle purification qui appelle la sagesse dans les conseils, qui rend les guerriers invincibles, tel autre qui supprime les révoltes, ramène les coeurs des sujets vers leurs chefs, tel autre, qui stupéfie l'ennemi et l'endort dans une fatale sécurité (bei den Bassutos). Uthlanga is an old man, who made all things (s. Callaway), Udhlamini is the name of the first man (bei den Zulu).

1) Bei der Procession am Isisfest (s. Apulejus) „l'objet principal auprès duquel tout le reste n'est qu'un cortége, c'est cette urne qui

Saturn), denn überall halten die Naturvölker auf Reinigkeit, gleich den Bassutos (s. Casalis), oder den Indianern, bei denen, wie die Missionäre erzählen, ein in die Hütte ausgefahrener Wind den Missethäter austrieb (wogegen, wenn in solchem Falle ein australischer Hund das Uebel angestiftet, ein jovialer Reisender ihn festhalten liess, um auch mitzuschnüffeln, was von ihm verbrochen). Metrokles (Schüler Theophrast's) „n'ayant pu retenir un vent pendant une leçon, en conçut un chagrin extrême et alla s'enfermer chez lui, décidé à se laisser mourir. On avertit Kratès, qui aussitôt va le voir après avoir à dessin mangé des lupins" (s. Bénard). Die georgische Sklavin, die das Herannahen des Morgens aus dem eines natürlichen Bedürfnisses spürte, fiel in Ungnade bei dem Sultan, dem die Antwort der Circassierin gefiel, dass Zephyr schon mit ihren Locken spiele (s. Peyssonnel). Deux hommes cheminent-ils ensemble et l'un deux bronche-t-il inopinément, cet accident trivial est le résultat d'une gageure faite par leur Balimo respectif (s. Casalis). Die Unterirdischen (Krazno lutki) treiben oft (bei Masuren) ihr Wesen im Bauche des Menschen, was sich dem Gefühl durch grössere oder geringere Leibesbeschwerden, dem Gehör aber durch ein froschartiges Quacken und Gurgeln bemerkbar macht (s. Toeppen). Ibrahim Kakak, Stifter der Secte Kakan (in Kachmir), one day heard the voice of a crier from the top of a minaret and said: „This is the voice of God"; at this moment one of his companions broke wind, he subjoined: „This too is God, this too the divine tongue" (im Dabistan). Ut taceam de crepitu ventri inflati quae Pelusiaca religio est (Hieronym.), als „un petit Jupiter tonnant", wie Terrin seinen „dieu Pet" benamst. Aegyptii non Serapidem magis, quam Crepitus per pudenda corporis emissa, extremescunt (s. Min. Fel.). Im Odorat des Posco, Pezuna und Graio unterscheidet sich der Rothe, Weisse und Schwarze (in Peru), und der Hund wittert die Individualität (riechbarer Seele).

Der Orphismus entwickelt sich aus der „croyance vulgaire, qui reconnaissait Dionysos pour le dieu de la vigne et par suite comme le dieu de la vie physique et morale, puisée à la source même, aux racines cachées dans les Enfers" (s. Girard). En se rapprochant de Cérès et de Proserpine, Bacchus introduit dans leur culte un degré de passion plus violent (un rapprochement plus intime entre l'homme et la divinité) in den Extasen der Wongtschä neben Wulomo (in Guinea), oder den Yakko-duro Tänzen (an den Coviles).!

Aus den Geheimnissen der Mysterien, mit Hülfe der dii inferni oder avertentes (bei den Etruskern) wurde dann Schutz gewonnen gegen mancherlei Leiden und Beschwerden des Lebens,[1]) wie zur Heilung von Krankheiten, mit dem Talisman der Seefrau (in Guyana) oder ihren Mysterien,[2]) die im Metai (der

---

1) Die Sacri observandique dies (bei Juvenal) waren die Tage der Geburt des Leidens und der Wiederauferstehung (in den ägyptischen Ceremonien), in Verknüpfung mit den Lebensepochen zugleich (bei den Naturstämmen). A la periode d'allaitement succède l'état d'enfance, état bien distinct de ceux qui lui succéderont; l'être humain n'est encore ni homme ni femme; le moment où le sexe se characterise est une des grandes époques de la vie (s. Quatrefages), und so die Pubertätsfeste überall (wie für Knaben auch für Mädchen).

2) Als Glücklichen preist Pindar denjenigen, welcher vor dem Tode die eleusinischen Mysterien geschaut, aber dann folgt die spöttische Frage (bei Aristophanes) über Tugendhafte und Geweihte. Die Mutter einer Gottgeweihten Jungfrau heisst eine „Schwiegermutter Gottes" (bei Hieronymus) in der „wahren Kirche", denn die Jungfrauen der Ketzer sind eher als Huren zu achten, und Tugenden als glänzende Laster (bei den Heiden). Die heilige Catharina weidete auf den Feldern (wie Nebucadnezar, Gras zu fressen), und die Anhänger Sagarelli's (Dolcino's Vorgänger) führten Schwestern mit sich. Zu den Beguinen (Beter), als Papalarei oder Papalardi (Plapperer) traten (männlicher Seits) boni Valeti (tisserans) oder Lollarden (Picarden), als Bougnes (bons hommes). Boni viri nullam oportet esse causam praeter veritatem (s. Haller). Für die Ansicht, dass die sinnlich wahrnehmbare Welt nur ein Projectionsphänomen einer andern Welt von Objecten in einen Raum von vier Dimensionen sei, ist es bemerkenswerth, dass die letzten begrifflichen Elemente, in welche die physikalische Forschung die materiellen Erscheinungen aufzulösen vermag, nur Verhältnisse des Raums und der Zeit ent-

Leni-Lenape) von Nanaboshu eingerichtet wurden (nach dem Tode seines Bruders) und für das Lebenswasser (Vai-Oro) steigt Tawhaki zum Himmel (bei den Maori). Hlg. Sg. d. Pl. (S. 51).

In den samothracischen Mysterien wurden die Kabiren als Söhne des Hephästos (und unterirdische Schmiede auf Lemnos, wie sie die Argonauten mit Wein versahen) ithyphallisch dargestellt und (auf den ägäischen Inseln) mit den Dioskuren (des Elmsfeuers) zusammengebracht, in den Beziehungen zur Schifffahrt, als die Freuden des Hafenlebens (in Liebe und Wein) gewährend, sowie zugleich in ihrem Charakter als Metallarbeit kundige Handwerker, zum Schiffszimmern (gleich Tangaroa's Priester auf Tonga).

Zwischen dem aristokratischen Priester legitimen Rituals, der sich in den „feriae statae" irokesischer Honundeonth mehr weniger direct an den Staatscult anschliesst, und dem zu verdächtiger Nähe nach dem schwarzen Reich des Bösen, auf zweifelhaftem Grenzgebiet, überneigenden Tänzer der Covales oder (in Guinea) Okomfo (kom, tanzen) steht, als mittlere Klasse, die der, im Ganga den Endoxe (Loango's) bekämpfenden, Glaubensstreiter, die den (schädlichen) Zauber bemeisternden Zauber-Meister, als „Hexenbanner", gleich den Wickeweibern (in Ostfriesland), den „klugen Leuten", die „etwas können" (s. Wuttke), als die „weisen Männer und Frauen" (seit den Zeiten der „sieben Weisen"). Sie sind auch des Besprechens kundig, (was die Thiere gleichfalls verstehen), mit einem Birkenstrauch, der am Pfingsten als Maien gedient hat, gegen Raupen (in der Mark) oder (für

---

halten (s. Zöllner), eine Stellung neuer Probleme und die Gründe, welche zu neuer Erklärungsweise treiben, lassen sich stets auf Widersprüche oder Unwahrscheinlichkeiten, die sich in der älteren Erklärungsweise herausstellten, zurückführen (s. Riemann). Giyan (das immaterielle Princip der Dinge) bezeichnet Vernunftmässigkeit und Ordnung (bei den Mandschuren). Taaroa, le grand ordonnateur est la cause de la terre, Taaroa est Toïvi, il n'a point de père, point de postérité (s. Gaussin) im heiligen Sang (Tahiti's).

Ungeziefer im Allgemeinen) nach der Formel des Zauberzettels aus Würtemberg (s. Wuttke), oder sonst mag ein officieller Bann, gleich dem des Bischofs von Lausanne (XV. Jahrh.) nachhelfen. Die Fliege gilt für das dümmste Thier (bemerkt Plinius), aber dennoch, wenn bei den heiligen Spielen in Olympia dem Fliegengott Myiodes ein Stier geopfert wird, verlassen die Fliegen in ganzen Schwärmen das Land (wie Beelzebub die Mücken verscheucht). Den Zorn der Götter (zu denen die Aegypter um Hülfe beten) fürchtend, ziehen sich die (das Getreide verwüstenden) Mäuse in viereckiger Schlachtordnung auf einen Berg zurück (s. Aelian). Lärmend umherlaufend, vertreiben die Kassuben die Geister (s. Bernhardi). Die Weibchen aus der ersten Hecke (der Hündinnen) können Faunen sehen (s. Plinius). In Begleitung von Anubis mit Kopf des Schakal (als Nachtthier) helfen die Hunde Isis (von Anubis begleitet) im Suchen nach Osiris (s. Diod. Sic.). Der Göttin Genita Mana wurde ein Hund geopfert (s. Plinius). Wenn ein Hund stark heult, so stirbt Jemand dort, wohin seine Schnauze gerichtet ist (in Landskron). Wenn ein Baum plötzlich dürr wird, stirbt Jemand in der Familie (im Voigtland). Beim Austragen der Leiche aus der Stube (in Brandenburg) wird die Bank umgestülpt (s. Kuhn), und der Eweer kehrt stets seinen Sessel um, beim Aufstehen (damit nicht ein Dämon dort sich niederlasse). Everrae sunt purgatio quaedam domus, ex qua mortuus ad sepulturam ferendus est, quae fit per everriatorem certo genere scoparum adhibito, ab extra verrendo dictarum (s. Festus), und so durch „Auskehren der Stube hinter dem Sarge her" (s. Wuttke), während dann wieder der Besen umgekehrt auf die Thürschwelle gestellt, den Eintritt der „Hexen und bösen Geister" verhindert (als Drohmittel). „In der glockenstillen Zeit weilten die Geister in den Häusern, das Glockengeläut verscheuchte sie, damit sich aber nicht einer als Spukgeist im Hause versteckt halte, ist es nöthig, sofort nachzufegen" (s. Lippert) in Japan (und beim Beginn des Glockengeläutes nach der Charwoche). In Thüringen werden die Töpfe im Hause umgestülpt, damit die Seele des Sterbenden nicht darin einfahre (um dort zu bleiben), während die Chamorro neben das Kopfende des Sterbebettes einen Topf hinstellten, damit die Seele sich darin niederlasse (im Hause weilend). Für das Kleiden der die „Poppe oder die Puppe" (das Bornkindel) genannte Marienbild (Maria Popula an Stelle von Holla Popula) musste (bei Gera) der „Puppenzins" (in die „Jungfernbüchse") entrichtet werden, indem das Bild, wenn es nicht alljährlich neu gekleidet werde, weinend in die Stadt gelaufen komme und ein Unglück anrichte (s. Köhler). Die ἱερόστολοι (der ägyptischen Tempel) „sont chargés d'habiller les statues des dieux et de conserver leurs vêtements" (s. Lafaye). „A Délos, à Athènes on date les inscriptions non seulement par les noms du prêtre et du zacore, mais aussi par celui du Clidouque", als Schlüsselträger (in ägyptischen Tempeln) den Zugang zur Gottheit bewahrend, und zu den Schätzen (eines thesaurus meritorum superabundantium oder supererogationis perfectorum).

In ihrer frühesten Form erscheinen die Priester als „Festordner" (bei den Indianern), in der (zu chaldäischer Kalenderberechnung führenden) Beobachtung siderischer und meteorologischer Processe (im „servare de coelo"), um in Regulirung des Cult, beim Cyclus der (in Siam mit Phitti kruth eröffneten) Jahresfeste (als „feriae statae"), die menschliche Existenz (aus den dafür erforderlichen Erzeugnissen) zu sichern. Hier im hellen Tageslicht praktischer Thätigkeit, hält sich der Flamen dialis, „universi mundi sacerdos" (bei Festus), rein und fern von jeder Befleckung mit dunkler Hälfte der Natur, im Schattenreich des Todes, und hallen die Päane zum Lobpreis Apollo's, des lichten und hehren Sonnengottes.

Wenn jedoch tiefere Sehnungen des Meuscheninnern in Sentimentalität der Gefühlssphäre zur Empfindung gelangen, dann wird es überall neben dem Wulomo eines

Kapurale eines Yakkaduro oder eines Mantis neben dem Hiereus, dessen Zukunftsforschungen (eines ἱεροσκόπος oder Haruspex) sich legitim begränzt (gleich der des erblichen Osofo).

dem die Theurgie mit Goetie vergeblich gekämpft, im Schachspiel (der Magia nigra und magia alba) schwarzer und weisser Magie (zwischen schwarzen und weissen Schamanen bei den Buräten), wenn die καθαροί oder (im Ausschluss der Abtrünnigen) Reinen (als Novatianisten) in Ketzer verkehrt sind (in den Augen der Orthodoxie), riskirt sich der halsbrecherische Pakt des Höllenzwangs, dreifacher (1501) oder vierfacher (Romae 1680). Nach der von Petrus hinterlassenen Erbschaft war jeder Bischof von Rom durch seine Stelle bereits heilig und schuldlos (nach Ennodius), und Papst Gelasius erklärte dem Kaiser Anastasius, dass die Bischöfe höhern Ranges seien, als die Könige. Wie die Seele den Körper, regiert die geistliche die weltliche Macht (nach Gregor VII.). Est Hierarchia (bei Dionys. Ar.) ordo divinus (s. Hugo à St. V.). Ambrosius bezeichnet den Priesterstand als „ordinem deificum", und seine Fesseln reichen bis an den Himmel (nach Chrysostomus). Plotin trieb die zauberischen Beschwörungen von Ammonius' Schüler auf diesen zu eigener Schädigung zurück (s. Porph.), und die Messalianer (Eucheten oder Enthusiasten) oder (Pneumatiker) Choreuten (vom Geistertanz) zielten in der Stellung eines Bogenschützen auf die bösen Geister (s. Theodoret.). Der böhmische Magier Ziton verschlang den Wagen mit bayrischen Zauberern (bei Wenzeslaus' Hochzeit), und der Zauberer des Königs Iximche wurde auf dem Pallastdache des Königs von Gumarcaah von dessen Magier erjagt. Die Ekthesis (Kaiser's Heraklius) zurückweisend, schrieb Bischof Theodor (in Rom) seinen Bannfluch gegen Bischof Pyrrhus (in Constantinopel) durch eine mit Abendmahlswein gemischte Tinte, und Bischof Martin verflucht auch den Typus (Kaisers Constanz). Das Testament, als „Handschrift Gottes" oder „Griffel des heiligen Geistes" (bei August.) war durch Einblasung niedergeschrieben, wie die Flöte gespielt wird (nach Athenagoras) in göttlicher Stimme, durch Werkzeuge Gottes (bei Theophilus) aus Gottesmund (s. Chrysostomos). Cyprian gab seine bischöflichen Entscheidungen (in Carthago) nach Visionen (sancto Spiritu suggerente). In der italischen Prophetin Wilhelmine war der heilige Geist vermenschlicht (1281 p. d.). Exaudit, quos non audit, et ipse Deus (Antoninus von Padua), und sichtbar fährt die heilige Flamme herab zur Anzündung des von Papst Gregor geweihten Oels in der Abtei Nonantola (s. Mazzarelli). Nach dem

— 196 —

Um den hier gestellten Anfragen befriedigender, als aus äusserem Rituell der Divinationen zu genügen, hatte auch der am Firmament strahlende Gott sich durch den „Omphalos" oder (delphischen) Nabel der Erde, mit den Tiefen ihrer Abgründe in Rapport zu setzen, denn „c'était au plus profond des entrailles de la terre, aux racines du monde, que résidaient les lois immuables qui en régissaient le développement, c'était donc de là que sortait la science de l'avenir" (s. Girard). Wohl mochte, um dem Bythos oder (hawaiischen) Kumulipo sein Geheimniss abzuringen, Python im Ruhm der Lieder dem sieg-

---

Siege der Iconoduli (Iconolatrae) über die Iconomachi oder Iconoclastae (842 p. d.) wurde das Einschmelzen der Bilder, durch Erklärung für Kirchenraub, der Kriegskasse des Kaisers Alexius Comnenus entzogen (da schon dem zur Herstellung dienenden Material eine der Verehrung würdige Heiligkeit anklebe). Rudi palo et informi ligno wurde Pallas in Attica und Çerres Pharia verehrt (s. Tertullian). Die Casa Santa wurde durch Engel von Nazareth nach Tersato (1291) und dann nach Ankona (1294) getragen, zum Walde der frommen Lorrette, wo die Bäume sich verneigten, bis zu definitiver Localisation (1295). Das heilige Bild von Edessa war, ἀχειροποίητος, durch göttliche Wunder vervielfacht (s. Gretser). Ἀχρόνως πρὸ χρόνων αἰωνίων zeugte Gott den Sohn (nach Arius). Ohne Logos (als Sohn) wäre Gott ἄλογος gewesen (nach Alexander). Die Exukontianer oder Anomäer (Aetianer) setzten den Sohn dem Vater unähnlich, die Homoiusianer seine Aehnlichkeit (vermöge der Gnade). Nach Photinus war Jesus Christus von Gott an Sohnesstatt adoptirt (s. Mosheim). Die heilige Paula, als „Socrus Dei", war (nach Rieger) in Tabea oder Beata Sturmin wiedererschienen († 1730 p. d.). Dionysius Areop. bezeichnet die Trinität als übergöttlich (superdeam). Nach Apollinaris vertrat der Logos in Christo den νοῦν oder ψυχὴν λογικήν (unter Annahme nur der ψυχή). Um Diebe fest zu machen, lässt sie die Mutter Gottes durch Petrus binden (in Hohenleuben), wie es die Vestalinnen vermochten (im Festbeten). Für den Cultus läge im Anschluss an die älteste und, als katholische, allumfassende Form eine Empfehlung (nach dem Abstossen des exotischen Auswuchses im Ultramontanismus), aber indem mit der Reformation erst „das religiöse Prinzip zunächst in der germanischen Bildungsform hervorgetreten" (s. Happel), hat sich hier auch die Fortentwicklung anzuschliessen (für das nationale Leben).

reichen Phoebus erlegen sein, (wie von Phrygiern in Olympus nach lydischer Weise beklagt), aber wenn auch tödlich getroffen, krümmte noch weiter die Drachenschlange sich, in den Zuckungen des „Wurms, der nicht stirbt" im Menschengemüth. Dann begannen für Jacchos die wilden Klänge des Dithyrambus zu erschallen, im rasenden Toben der Bacchantinnen, von denen Orpheus zerrissen wird, Apollo's Sohn als sein Priester, bis sich dann in den Geheimnissen der Allmutter Demeter ein Compromiss herstellt (für gegenseitigen Abgleich).

Für die agricolen Ceremonien, bei angstvoll umfangender Furcht (in Vancouver) wegen der täglich abnehmenden Tagesgestirne, fiel die Zeit der Aufregung in den Wintersanfang, wenn bei den nächtlichen Bacchanalen der Dithyrambus sich erneut (in Delphi), der Päan (für drei Monate) schwieg, während dieser bei den Opfern ertönte für die übrige Zeit des Jahres (s. Plut.), und so mag „Dionysos als unterweltlicher Apollo oder Apollo als solarer Dionysos" erscheinen (s. Gerhard).[1]

Immer leuchtet in ihm ein Vorbild, hinaufzuführen zu lichteren Höhen (mit Hoffnungsblicken auf Errettung). Leicht ist des Lasters Weg (bei Hesiod), hart und lang der der Tugend, denn vor solchen Preis setzten den Schweiss die Götter, aber leicht wird Alles (nach des Dichters Wort), wenn es gelungen, den Gipfel zu ersteigen (in Um- und Durchschau der Bodhi).

Um die in bang-beängstigenden Zweifeln über die Räthselwunder des Daseins quälenden Fragen zu beschwich-

---

[1] „Tempelgebräuche, wie sie im ausgebildeten Griechenland bestanden, geben uns in Apollo einen Lichtgott der obern, in Dionysos einen Erdgott der untern Hemisphäre zu erkennen (s. Gerhard), bei dem Befruchten des Erdreichs (erst nach vollendeter Entwick-

tigen, hat man im Rausche der Begeisterung die Antwort gesucht, aus der Mystik dunkelen Tiefen heraufbeschworen oder in der Blendung intuitiven Schauens verblendend. Unsere Zeit, nach deutlicher Anschauung strebend, (innerhalb des Gesichtskreises, so eng oder so weit er sei), sieht Eine Richtungslinie[1]) nur vor sich, ihre Aufgabe zu erfüllen: auf dem dornigen Pfade langsam beschwerlicher Arbeit, wie von der Induction verlangt, um ihre Methoden zur Verwendung zu bringen. Immer unabsehbar weiter weiten sich die aus-

---

1) „Que fait le mathématicien? Il cherche dans les données du problème un certain nombre de quantités connues équivalentes à la quantité inconnue, et c'est à l'aide de ces quantités qu'il détermine la valeur de x. L'anthropologiste doit agir comme lui" (s. Quatrefages), und so die Psychologie im Verfolg naturwissenschaftlichen Weges der Induction (unter Benutzung des von der Ethnologie beschafften Materials). Gegenüber dem „demonstrativen oder speculativ aprioristischen Wissen" (im Rationalismus), im Unterschied zu einer (Aristotelischen) „Scholastik, die in ihren blossen Begriffen und Syllogismen das wahre Wesen der Dinge erkannt zu haben" meint, wurde (bei der Reform der Naturwissenschaften) die Induction zur Geltung gebracht (durch Baco von Verulam), und die Induction des ersten Grades (inductio primaria sive individualis) hat in sicher constatirten Thatsachen einen festen Stützpunkt zu gewinnen. „Ohne das stürzt der ganze Bau, sei er auch noch so künstlich, unrettbar zusammen" (s. Scheidler), und so bedarf es zunächst der Materialansammlung auf ethno-psychischem Gebiete, für naturwissenschaftliche Behandlung (in Berechnung kleinster Differenzen). „A particulari non valet consequentia ad generale", bis bei statistischer Vollständigkeit das Besondere sich zum Umgreifen des Ganzen erweitert hat (in der Induction), um die „philosophische (oder dynamische) Wahrscheinlichkeit" (unvollständiger Analogie) in die mathematische überzuführen (als reale). „Demonstratio ist die Herleitung der Giltigkeit eines Satzes aus einem oder mehreren schon als wahr bekannten Sätzen" (s. Köppen) in Philosophie (particular „ad hominem") und in der Mathematik (aus Axiomen). Mit den (in stets wiederholter Gleichförmigkeit) zu Gesetzen (der Natur) führenden Beweisstücken leitet sich eine „inductio completa" ein, für den psychischen Wachsthumsprocess gleichfalls (beim Menschen als Gesellschaftswesen, in einer Statistik der Völkergedanken).

geöffneten Perspectiven bei naturwissenschaftlicher Behandlungsweise der Psychologie, aber ermuthigend schon beginnt es zu klingen aus den Gesetzlichkeiten eines harmonischen Kosmos, dessen Tempel zu krönen der Zukunft einstens mag vorbehalten sein, wenn zu richtiger Zeit noch den hier unerlässlichen Vorbedingungen Rechnung getragen werden sollte, in Beschaffung des ethnischen Materials (wie der Gegenwart als ihre Pflicht auferlegt).

Anhang.

Spiritisten und Theosophen.

Dass wir in einer Welt der Wunder leben, bedarf keiner langen Beweisführung für den, der etwa auf ein halbes Jahrhundert nur in seiner Lebenszeit zurückzublicken vermag, auf die praktisch fühlbaren Ueberraschungen, die im Tagesleben einander folgten, von der Postkutsche zu den Eisenbahnen, von den Oellaternen zu der Gas- und elektrischen Beleuchtung der Strassen, von den Zeichentelegraphen zu den elektrischen bis weiter zu den Telephonen und der Aussicht auf das, was die Phonographen bringen mögen, — kurzum, der Wunder genug, und willkommene zugleich, mit denen uns die Naturwissenschaften beschenken.

Früher waren die Ansprüche bescheidener, und auch in Betreff der Wunder zeigte man sich für die minimalsten Dosen empfänglich und dankbar. Von ägyptischen Wundern und Plagen nicht zu reden, scheint ein erstes Debut für Prophetenbeglaubigung in einem Stalle — einem königlich geadelten Marstall indess — abgelegt zu sein, damals nämlich, als Zarathustra, der Fürst oder Prinz aller Magier, (im eigentlichen Sinn der Archi-Magus), das kranke Pferd seines Königs in integrum restituirte und den angenehm überraschten Herrscher bekehrte, mit seinem ganzen Reich und allen Seelen darin.

Das war also ein Wunder der Wunder, einträglich gut bezahlt, zum Verwundern fast. Seitdem nun wundert es fort, gar wunderlich oft, in Indiens Mythologien, in Arabien, in Syrien, in Griechenland auch, an den Kurorten des Aesculapius oder (im Dabistan) Apu (Ἤπιος bei Lycophron), und sonst geheiligten Stätten, im Dianentempel zu Ephesus (noch zu Apollonius von Thyanas Zeit), oder in Alexandrien besonders, wenn Vespasian mit geweihtem Ring den Dämon des Besessenen aus dessen Nase zieht, wie Josephus bezeugt.

Was an Wundern dann verbrochen war in des Mittelalters dunkler Nacht, mag unter ihrem Schleier verborgen bleiben, den das in der Aufklärungsperiode aufgesteckte Lichtlein (als die Inquisitionen der Hexenprocesse ad acta gelegt waren), nur soweit zerriss, um seit Kolmer's (oder Altota's) Rückkehr aus Aegypten (1771) einen Balsamo-Cagliostro zu bescheinen, im Costüm des Grosskophta, oder Mesmer's magnetisches Baquet. Bald war mit Puysegur's Somnambulismus (1807) der animalische Magnetismus in voller Kraft erstarkt, mit all' den tellurischen Kräften des Erdgeistes, wie von Kieser beschworen, zumal als in der Seherin von Prevorst sich der Medicin Rückblicke eröffneten auf ihr altes Streitgebiet mit den Priesterärzten, im Charakter der Medicinmänner (und deren Collegen unter den Naturstämmen).

Daneben begann es unheimlich zu leuchten auf den Kirchhöfen bald, bald an den Fingerspitzen der Sensitiven, von denen das Od ausströmte, wie in Poggendorf's Annalen in legitimer Kunstsprache beschrieben, und von Maho auch dem englischen Publicum mundgerecht gemacht. Indess das Od auch erlosch, kurzlebig wie seine Vorgänger, und so hatten wir in Europa ein Weilchen Ruhe, bis uns plötzlich von unsern Vettern an der andern Seite des Atlantic her jene kunterbunte Welt importirt wurde, die mit dem Tanzen unter Führung von Home, Slade und andern Koryphäen in einem solchen wilden Heere der Spirits umherraste, dass wohlbestallte Universitätsprofessoren selbst, in Halle und Leipzig, mitfortgerissen wurden.

Man weiss, wie es jetzt steht, mit der wachsenden Zahl spiritistischer Gesellschaften überall, sowie den spiritistischen Zeitschriften, deren geschäftlicher Erfolg den besten Maassstab abgeben würde.

Dass wir dieses Geschenk, womit die Amerikaner ihre europäische Urheimath beglückt haben, unseren entfernteren Menschenvettern, den rothhäutigen auf dem westlichen Continente, verdanken, liegt für jeden, der sich mit den von der Ethnologie während der letzten Jahre angesammelten Beweisstücken einigermassen zu beschäftigen der Mühe werth gehalten, klar genug auf der Hand, — einfach und durchsichtig, wie alle Verhältnisse bei diesen armen Naturstämmen. Hier konnte man deshalb auch gleichgiltig zusehen, bis die Powwow oder Metu (indianischer Färbung) und ihre weissen Mundorgane sich ausgetobt haben würden und, Europas übertünchter Höflichkeit müde, sich wieder in die Büsche oder ihre Prärien zu schlagen vorziehen möchten, um das altersmüde Europa mit solchen Thorheiten der Kinderjugend künftig zu verschonen und in Frieden zu lassen.

Seit Kurzem beginnt aber etwas Neues zu brauen, was jetzt bereits gar verwunderlich herausschaut, so dass sich noch nicht genau sagen lässt, was daraus werden will oder soll. Mit ganzer Jugendkraft der neuen Welt hat diese die Keime ihrer spiritistisch-modernen Mystification auf den ältesten Culturboden der Mystik verpflanzt, dorthin, wo seit grauer Vorzeit die Schätze brahmanischer Urweisheit aufgestapelt liegen, und mit kühnem Griff hinein wird nun das hier und da auf's Geradewohl Erhaschte mit den spiritistischen Offenbarungen der Theezirkel zusammengebündelt und der Welt präsentirt, als Religion der Zukunft, durch die theosophische Gesellschaft („the theosophical Society"), die von ihrem Centralsitz in Madras eine Reihe von Filialen in Indien leitet und andere in Newyork, Philadelphia, London, Paris, Elberfeld etc. Ebenso wenig fehlt die Zeitschrift „The Theosophist", bereits im VI. Jahrgange, gegenwärtig mit einem Supplement: „The Journal of the theosophical Society", und daran schliesst sich eine lange Reihe von Publicationen, wie in derselben aufgeführt, unter den Ueberschriften: „Theosophie", „Mesmerismus", „Spiritismus", „Phrenologie", mit Uebergang aus solch' zweifelhafter Gesellschaft zu altehrwürdigem „Sanskrit" und „Vernacular" („Hindi", „Bengali", „Tamul", „Telugu").

Die Aneinanderreihung lässt bereits auf den Rattenkönig schliessen, der sich hier ineinander verfilzt hat, und der jüngsten seiner Publicationen, welche innerhalb weniger Jahre in fünffacher Auflage von dem Lesepublicum verschlungen ist und auch deutschen Gelehrten imponirt zu haben scheint (nach dem Tone der Besprechungen zu schliessen), ist ausserdem die Ehre zu Theil geworden, in die Sprache des Philosophenlandes übersetzt zu sein, betitelt: „Die Esoterische Lehre oder Geheim-Buddhismus" (Leipzig 1884).

Ein Vorläufer war von demselben Verfasser bereits in die Welt gesandt, und zwar eine „Dunkelwelt" („Occult World", third edition, London 1883), um aus ihrem Dunkel Licht zu bringen, wo die Wissenschaft im Stich lässt, denn, wie Paracelsus es schon weiss: „Die Magica ist eine grosse verborgene Wissenschaft, so die Vernunft eine öffentliche Thorheit ist."

So gälte es nochmals wieder, sich hineinzuwagen in die Schauer geheimnissvoller Mysterien, worüber der Neophyte, wenn in zitternder Aufregung der Schwelle nahend, in fromme Verzückung zu gerathen pflegt, wie von Apulejus beschrieben, oder bei den Geheim-Weihen Daramulan's auch heutzutage noch alljährlich zu sehen bei den Australiern (oder anderen Wilden der anderen Continente). In reiferen Jahren der Geschichtsentwicklung glaubte man dagegen sich mancherlei Freiheiten nehmen zu dürfen, in Begegnung mit den Rosenkreuzern oder anderen Rosenbüschlern (eines Gul shen-raz), mit den „Princes of Rose-Croix de Heroden" (Sovereign-Princes of Rose-Croix), „considered the Nec-plus-ultra of Masonry" (s. Heckethorn), und oft mochte selbst das Lachen näher liegen über denjenigen, der, dem Plebs der Profanen gegenüber, sich als „Odd-fellow" zu fühlen hätte, oft „odd" genug in der That, wenn nach dem Emporsteigen (oder Emporkaufen) durch alle Stufengrade aufgemauerter Logen dem Suchenden schliesslich Nichts zu finden übrig blieb, nicht einmal etwas Verdächtiges (wie Lessing die dahingestellte Frage bereitwillig beantwortete).

In unserer demokratisch oder demagogisch angehauchten Zeit verbleichen die gesättigten Farben poetischer Mythen und verflacht sich alles zu einem einförmig gleichmässigen Niveau. Jeder kann heutzutage für 10 Rupien die Mitgliedschaft der „Fraternitas theosophica" erwerben oder für 4 Annas monatlich (pränumerando zu zahlen) einer der Zweiggesellschaften (den Filialen in Hoshangabad, in Cocanabad u. a. a. O.) beitreten und so das Recht erwerben, zu unterschreiben „A Theosophist", mit dem Titel eines „Théosophe, c'est-à-dire plus que philosophe et plus que théologien, c'est-à-dire encore savant de la science de dieu même (1759 p. d.)."

Das war die schöne gute Zeit, als „les Philalèthes travaillaient beaucoup les sciences occultes" (s. Couteulx), als Weishaupt's Illuminati weisheitlich leuchteten, und die Rosen (des Gulabad) an den Dervischmützen der Kadirih blühten, während in salomonischen Tempeln der Tempelherren koptische und gnostische Geheimlehren in den Schatzkammern geborgen lagen.

Der Zeitgeschmack der Gegenwart dagegen wendet sich materielleren Ernährungsweisen zu, etwa „to the subterranean passages" (full of treasure), welche, wie in neuester Nummer des Theosophist (Juli 1885) ein Correspondent aus Caracas schreibt, von Peru aus dort (in Venezuela) wieder zu Tage kämen, und der Schlüssel zu ihren geheimen Eingangsthüren (zu all den Schätzen der Inca in Silber und Gold), läge in der Kenntniss der theosophischen Ordensbrüder in Indien, dort „Mahatmas" genannt (S. 257).

So wird man vielleicht bald zur Begründung einer Actiengesellschaft gratuliren dürfen, um einer altersgrauen Fraternität wieder auf die Beine zu helfen, die sich zu Diderot's Zeit so sehr bereits auf dem Aussterbe-Etat fand, dass in der Encyklopädie nur ganz beiläufig kurz erwähnt steht: „Il y a encore quelques théosophes parmi nous", — letzte Reste einer Dunkelsecte, der es bei dem damaligen Geflacker und Gefackel der Aufklärungsperiode etwas unheimlich zu Muthe werden musste.

Heutzutage indessen beginnt es frisch und üppig zu treiben, den gigantischen Dimensionen unserer internationalen Beziehungen entsprechend, während die mittelalterlichen Orden höchstens aus den Vorräthen chaldäischer oder ägyptischer Tempelgilden zehren konnten, auf engem Grenzgebiet der Berührungspunkte zwischen Europa, Asien und Africa.

Jetzt nimmt es einen weiteren Schwung, vom jüngsten Continent Americas bis zu ältester Vorzeit in Indien, und Europa, in die Mitte genommen, wird dann ohne viel Federlesens mit eingesteckt werden.

Auch munkelt es bereits in all' jenen tiefsinnigen Sprachverdrehungen der Mystik, wie sie seit Hugo und Richard von St. Victor's Zeit bis auf Böhme und den „Magus des Nordens" den Leser zu verblüffen drohen, bald jedoch im gleichförmig monotonen Geleier ermüden, wenn auf den gesunden Menschenverstand verständlicher Ausdrücke reducirt (im „common sense") mittelst psychologischer Analyse, die mit Hilfe der aus den übrigen Kreisen ethnischer Entwicklung hinzutretenden Parallelen leicht genug gemacht ist. Zuletzt, auf dem Bodensatz des Grundes, zeigt sich alles so verzweifelt einfach und flach, dass es langweilig zu werden beginnt, wenn nicht widerwärtig in den Kauf.

Indess die neue Hexenküche hat in ihrem Siedkessel das Ragout bereits fertig gestellt, und so wird es auf seine

Ingredienzien zu kosten sein, das Gericht zum Gericht, nach den Gerüchten des Gerüchtes wenigstens, da klare Daten noch fehlen. Soweit es sich indess beurtheilen lässt, sind die Anfänge schon verzwickt genug.

Ein americanischer Oberst (colonel), — diesmal ein veritabler, wie es scheint, da der Titel im Secessionskriege gewonnen sein soll, — kam bei der unthätigen Musse seiner Pensionsverzehrung in das Getriebe spiritualister Zirkel hinein, und durch die Offenbarungen derselben, wie dem Schäfer-Propheten aus „Tiefen des Geistes" strömend (seit 1844), nicht befriedigt, schloss er sich zu activer Beschäftigung dem Schwarm der Globe-trotter an und fühlte sich gleich manchen derselben von dem lieblichen Inselkleinod angezogen, von Ceylon oder Langka-Dwipa, Indiens heiligem Eiland. Dort hat sich (unter englischer Besitznahme) zwischen den fremden Einwanderern und den Eingeborenen ein besonders reger Gedankenverkehr hergestellt, und die christlichen Missionäre, die eine neue Religion dort zu verkünden beabsichtigten, haben mit den Talapoinen der Alten manch harten Strauss auszufechten gehabt, so z. B. bei der Disputation in Pantura, wie aus dem darüber veröffentlichten Pamphlet zu ersehen („Full Account of the Buddhist Controversy", Colombo 1873).

Ausserdem bieten sich seit Basirung des europäischen Palistudiums auf vorwiegend ceylonische Texte gerade auf dieser Insel für den Fremden vielfache Erleichterungen zum Einblick in die buddhistische Religionsphilosophie, und diese nun hatte ihren magischen Reiz, von dem sich auch die Philosophen aus Schopenhauer's Schule getroffen gefühlt, gar bald auf unseren Herrn Oberst geworfen, und da er im übrigen als ein ganz ehrlicher Kerl geschildert wird, nahm er sich vor, die ihm entgegentretenden Probleme mit Ernst und Gewissenhaftigkeit zu studiren, so weit ihm seine Mittel dies erlauben sollten, aus dem Gefühlsfache wenigstens. Mit den wissenschaftlichen Vorkenntnissen sah es zwar ärmlich aus, und die philologische Schulung ging ihm gänzlich ab, er hatte aber das Glück, oder den Verstand, an die beste Autorität (die höchste jedenfalls im mehrfachen Sinne) sich wenden zu können, den hohen Oberpriester des auf den Höhen des Adam-Piks schwebenden Heiligthums, H. Sumangala, High Priest of the Sripada and Principal of the Widyodaya Parivena (Buddhist College) at Colombo.

Als Frucht seiner Studien erschien: „Col. Olcott, Buddhist Catechism" (Trübner u. Co.), wovon gegenwärtig „the fifteenth thousand" im Abzug begriffen ist und eine französische Uebersetzung sich schon seit längerer Zeit im Buchhandel befindet.

Soweit ganz gut, und eine in katechetischer Form geschlagene Eselsbrücke für weitere Kenntnissnahme von diesem uralten (und aus verschiedenen Ursachen beachtenswerthen) Religionssystem würde ganz zeitgemäss erscheinen, weil in europäisch-populärer Literatur die buddhistische Weltauffassung sich mehrentheils durch eine westlicher Anschauungsweise bequemere Brille entstellt und deshalb in schiefen Verzerrungen hingestellt findet. Dies anzudeuten, haben sich früher bereits Gelegenheiten geboten und mag bei der jetzigen darauf verwiesen werden, cf. „Religionsphilosophische Probleme auf dem Forschungsfelde buddhistischer Psychologie", Berlin 1884 (S. 2 u. a. a. O.), „Der Buddhismus in seiner Psychologie", Berlin 1882 (S. 3 u. a. a. O.).

Doch das nebenbei, — revenons à nos moutons, à „Colonel Olcott", einen im Feldzugsleben ergrauten Soldaten, und den buddhistischen Mönch in stiller Klause, den Herrn Abt Sumangala, im friedlich und treuherzig geschlossenen Verein. Nun aber wirft sich der Apfel der Zwietracht dazwischen, mit dem Zutritt des Weiblichen, (wofür die verehrlichen Kirchenväter bereits anzügliche Bemerkungen hatten, die in ihren Folianten begraben bleiben mögen).

Mme. la Comtesse de Blavatzky erscheint auf der Bühne.

Ein Gezischel ringsum, wer sie sei, und ein sehr lautes, leicht erklärlich, in den hochtonigen Kreisen des englischen „High-life" in Indien, — so laut und bedrohlich, dass es einer officiellen Ehrenrettung bedurfte, die vom Herrn H. O. Hume (Sec. to the Govt. of India) in die Hand genommen wurde.

Nach Correspondenzen mit General **Fadeeff** (Joint Secretary of State in the Home Department at St. Petersburg), mit Major General Rostislaw Fadeeff (of H. J. Majesty's Staff), mit Prinz Dondoukoff in Korsakoff (Governor General of Odessa), ergab sich, dass: „Son Excellence P. Blavatzky, Wittwe des General N. V. Blavatzky (s. Z. Gouverneur zu Erivan), die älteste Tochter sei des verstorbenen Oberst Hahn und Enkelin der Prinzessin Dolgorouki. „The countess Ida von Hahn-Hahn, was Madame Blawatzkys father's first cousin" und so also in seelischer Verwandtschaft bereits zu unserer touristischen Romanschriftstellerin, die (nach der Bekehrung zum Katholizismus) ihr leichtes Leben durch Busse und Kasteinngen im Kloster sühnen zu müssen meinte, — in seelischer Wahlverwandtschaft ausserdem vielleicht (aus national doppelter Verwandtschaft), mit Madame Juliane von Krüdener, in welcher die Keime neuer Religionsoffenbarungen (der Momiers) schlummerten, seit ihr von der Seherin Maria Kummerin der evangelische Gruss gebracht war (zu St. Marie aux Mines). Neben russischem Nihilismus gährt es überall mit Sectengeist, und wenn derselbe auch nicht immer im Fanatizismus der „Gottesmenschen" bis zur Selbstverstümmlung der Skopzen fortschreitet, pflegt vielfach doch die weibliche Seite auch hier zu überwiegen, weshalb in der als „Schiff" bezeichneten Religionsgemeinde die Führerschaft des sogenannten „Steuermannes" häufig, statt von einem Propheten, von einer Prophetin als „Wallfahrerin" versehen wird (s. Pfizmayer).

Damit leiert sich nun wieder dieselbe eintönige Geschichte ab, wie seit dem Singsang von Sibyllen und Velleden zum Ueberdruss bekannt, bis auf die „nova prophetia" der Prophetinnen im Montanismus, der schwedischen und anderen Heiliginnen im Mittelalter, Nicole Obry (am Hofe Karl's IX.), Antoinette Bourignon, Mad. Guyon u. s. w., um nicht von der „Prinzessin von Santa-Croce" (Seraphine Felichiani) zu reden, in Graf Cagliostro's Begleitung (wie in der Simon Magus' die schöne Helena), oder von „Fräulein Rosamunde Juliane von Asseburg", für welche (in pietistischer Bewegung) nicht nur der Superintendent (Pfarrer, professor poeseos etc.) Petersen eintrat (1691), sondern auch der Hofprediger Spener (mit dem durch die Kurfürstin von Brandenburg eingeforderten Gutachten), — auch ferner etwa noch Adelma von Vay, die (ein weiblicher Pythagoras) auf ihre Vor-Existenzen zurückblickt, bis ins XIV. Jahrhundert (als sie wegen Anschuldigung von Hexereien gefoltert sei), oder Baronesse Julie de Güldenstubbe, unter der speciellen Fürsorge eines Geistes, der sich des Namens „Muff" erfreut (in Paris), — und dergleichen Geistergeschichten mehr.

Wir befinden uns also mit Mad. de Blavatzky in bester Gesellschaft. Jedenfalls hat sie verstanden, solch' gute Gesellschaft auszubeuten, unter dem gastlichen Dache der Anglo-Indier, die gerne fremdländische Gäste behausen, um in Indiens beschauliches Leben einige Abwechselung zu bringen. An Scandal hat es dabei freilich nicht gefehlt (besonders in Simla, wo sich die Crême der englischen Gesellschaft zusammenfindet), „and it is needless to say, that many of the newspapers made great capital out of the whole situation, ridiculing Madame Blavatzky's dupes", aber, wie ihr devoter Anhänger (A. P. Sinnet) zufügt: „No history of Columbus in chains for discovering a new world, or Galileo in prison for announcing the true principles of astronomy is more remarcable", als das Bild dieser gottbegeisterten Dulderin (Blavatzky genannt), und dem trotz aller Widersacher erlangten Triumphzug der „Theosophical Society", deren englische Filiale (London Lodge Theosophical Society) at Queen Anne's Mansions, St. James Park, tagt (oder nächtet) mit der Mutterstätte nach Adyar (bei Madras) verlegt. „M. Olcott est aujourd'hui le Président de la société et Madame Blavatzky (Mme. la comtesse Blavatzky) la secrétaire" (s. Baissac).

So sonderbar alles dies dem europäischen Leser vorkommen mag, so wenig wird man doch, bei näherem Zusehen, viel gerade Staunenswerthes darin finden; Indien ist mit Religionen vollgespickt, wollte man sie den Secten nach herzählen, so wären sie überhaupt nicht zu zählen, und auf ein paar mehr oder weniger kommt es nicht an. Jeder erste und beste mag sein Religiönchen dort gründen (ausserhalb der heiligen Umzäunung brahmanischer Kaste), in Verehrung Ganapati's (in Muraba Gosain eingefahren), Vittoba's oder anderer Incarnationen eines höchsten Zebaoth, gleich dem in feurigem Wagen auf den Berg Gorodin (in Wladimir) herabgefahrenen, um sich „den sehr reinen Leib des Menschen Daniel Filipyc" anzueignen.

Jede erste und beste, wie gesagt, bleibt bei den bescheidenen Ansprüchen des indischen Ryot für ihn acceptirbar, und um wieviel mehr wird er sich also zu der Religionsstiftung¹) eines „Sahib" drängen, wenn dieser zu ihm niedersteigt, um sie ihm (ohne die von Missionären gestellten Vorbedingungen einer Um- oder Bekehrung) in einheimisch vertrauter Form entgegenzutragen.

Als die Jesuiten diesen Gedanken fassten, ging das Bekehrungsgeschäft flott von der Hand, und noch besser als ihre Convertiten zu Christen, würden die Verfasser des Ezour-Vedam ihrerseits in Kurzem die besten Brahmanen geworden sein, wenn ihnen nicht von Rom aus das Handwerk gelegt worden wäre (wie ähnlich ungefähr gleichzeitig den Jesuiten am kaiserlichen Hofe China's).

Noch weit leichter als damals (im XVII. Jahrhundert) erweist sich eine Amalgamation²) gegenseitiger Compromisse

---

1) Der Spiritismus erhebt den Anspruch, eine neue Religion zu sein, und thut sich auf als eine neue Kirche zum Zweck der religiösen Welterneuerung (s. W. Schneider), also um so mehr, seit theosophisch angehaucht (mit Prophetenthum, männlich wie weiblich).

2) Seine Macht, auch die Seelen der Franguy zu beherrschen, erklärte der Fakir Covındasamiz aus dem Wegfall der Kasten im

beutzutage, wo der Acker bereits vorbereitet ist durch das Brahma Samaj, „the latest evolution of Christianity uniting with the spiritual teaching of ancient Hinduism and other Oriental systems", (s. Slater), und „Young India" sich zu fernerer Fühlung nicht nur ganz geneigt, sondern auch sehr geschmeichelt fühlt, ob der Lobsprüche, mit denen die Vollweisheit seiner Vorfahren überschüttet wird (durch die rothhaarigen Barbaren des Westens, wie der kürzer angebundene Nachbar an der Ostgrenze hinzugesetzt haben würde).

Ob die von Madame Blavatzky zubereitete Geistesspeise der grossen Masse gerade schmackhaft sein wird, bleibt vorläufig dahingestellt, da sich die theosophische Gesellschaft zunächst aus den besser gestellten Sphären indischer Gesellschaft recrutirt hat, weshalb in den Erzählungen auch das „dinner" und das „dressing for dinner" eine hervorragende Rolle zu spielen pflegt, ganz im Einklang mit den Bräuchen anglo-indischer Gesellschaft, und in keiner Weise nachtheilig für die Rentabilität der Gesellschaft und ihrer Publicationen.

An der Spitze derselben steht „Isis Unveiled", a Masterkey to the Mysteries of ancient Science and Theology, das Textbuch der Theosophie, von Frau Gräfin in eigener Person abgefasst, unter Cooperation tibetischer Mahatmas — „elle écrivait comme hypnotisée à distance, sous leur dictée" (s. Baissac).

Also ganz correct und hübsch, wie es aus altabgedroschener Erfahrung bei Religionsgründungen herzugehen hat, und auch Allan Kerdac's „livre des Esprits", war von der Somnambule Celina Japhet dictirt, (wenn seinem spiritistischen Collegen, dem Herrn Baron Guldenstubbe, darin zu trauen ist).

Um im Uebrigen den Zusammenhang richtig zu verstehen, muss man wissen, dass unsere Wittib „sieben Jahre lang" in den Bergthälern des Himalaya verweilt hat, jenem imposantesten der Hochgebirge, nach dem sich seit frühester

---

Himmel (s. Jacolliot), wogegen die Anhänger des Sheik Raffais zur Bekehrung Wunder wirkten (1838).

Vorzeit bereits aus Indiens Tiefländern die Blicke der Hoffnungsseeligen richten, um dort den Götterberg Kailasa zu erklimmen, und noch jetzt strahlt als heiligstes der Heiligthümer das Kedarnaths (s. Atkinson). Dort ist die kühne Russin umhergestreift, dort ist sie auf jene Gestalten gestossen, wie sie als Ueberbleibsel der Rishi oder Rüsi in den indischen Sagen einherschreiten, nicht nur langbärtig mit verworrenem Haupthaar, abgehärmt in Kasteiungen, sondern auch als fromme Klausner in Höhlen und Klüften hausend, fromm und weise, manchmal nackt dabei, gleich Digambara, oder doch dürftiglich nur bekleidet, aber stets, wie ihre einsiedlerischen Collegen in thebanischer Wüste, stets kampfbereit zum Streit mit Verführungen in männlicher oder weiblicher Form, gegen die Fallen und Schlingen dämonischer Nachstellungen, die ihren Tugendverdiensten gestellt sind.

Allzuweit über den zu Indien gehörigen Rayon hinaus scheint die Touristin bei ihren „Mahatmas" nicht gekommen zu sein, da weiter nach der tibetischen Grenze zu, die Bezeichnungen Galpo (b Dag ssrung) oder Ri Khrod pa (mit zugehörigen Aequivalenten) an die Stelle getreten sein würden. Doch steckt hier möglicherweise eine Verwandtschaft dahinter mit den „Kouthoumpa" (bei Mohini), oder im besonderen mit Koot Hoomi Lai Singh, dem gefälligsten dieser Sophoi oder Philosophoi, auch in heiligen Gaukeleien geübt, gleich Azer Kaiwan's Schüler, (aus Mohsan Fani's Bekanntschaft), und gnädigst bereit zu freigebigen Spenden aus den Tiefen seines Weisheitsschatzes.

Dieser bleibt trotzdem ein unerschöpflicher, und in ihm rinnt eine ewig uralte Quelle des Geheimnisses, wie von Madame Blavatzky jetzt entdeckt ist, während die Profanen bis dahin mit diesen Bergwesen ganz unceremoniös umgesprungen sind, ihre Aussprüche bald auf das Mahayana (von Lhassa) her zurückführend, bald auf vedantische Versionen aus Sankaras legendenhafter Thätigkeit in Kedarnath, auf Pasupati vielleicht, wie von Avalokiteswara verkündet, seit

Matsyendra-Nath das Rendezvous Siva's mit Parvati belauschte, unter modernen Reminiscenzen der Sipasier und Yazdanier aus dem Prophetenthum der Mahabadier (oder Mahabodhi), wie im XVII. Jahrhundert unter den sufischen Erinnerungen (im Dabistan) mit dem Conglomerat der Ilahi (am kaiserlichen Hofe) zusammenlaufend.

Das wird jetzt alles in nochmals sorgsame Erwägung zu ziehen sein, denn mit den Geschöpfen da droben scheint nicht zu spassen.

Sie sind nämlich gleich den durch den Schwung der Jogi zu Dhyanen-Himmeln aufgestiegenen Maha-Shiddhas mit übernatürlichen Kräften bis zum Bersten geschwängert, so dass sie auf weite Distanzen hin zu treffen vermögen, nicht nur vom Himalaya bis an die fernsten Enden Indiens, sondern sogar bis über das grosse Wasser hinaus, in der Richtung von Amerika wenigstens.

Dafür liegt bereits ein durch den Präsidenten der theosophischen Gesellschaft, also massgebendste Autorität, persönlich constatirtes Beispiel vor, und zwar ein schlagendes.

Als die Frau Secretairin von ihrer Rundreise im Himalaya nach New-York zurückgekehrt war, kam sie in einen kleinen Hader mit dem Herrn Präsidenten, der damals noch die spiritistischen Sitzungen eifrig besuchte. Das gefiel der Hausfreundin nicht, indem sie die Medien, weibliche wie männliche, für Humbug erklärte. An den Manifestationen, die ein unwissendes Publicum ihnen zuschriebe, hätten sie gar kein Verdienst, da alle diese Zwischenfälle aus unsichtbarer Welt von den Mahatmas, den Grossgeistern Tibets, herrührten, und zur Communication mit ihnen, mit den „Brüdern" („the Brothers"), würde fortan einzig und allein sie selbst als das approbirte Medium zu betrachten sein. Die Erklärung benöthigte eine fernere von dem Astralleib,

klopfen und läuten und geigen wie ein spiritistisches Medium und sogar viel besser noch, wusste die weitgereiste Gräfin aus ihren Erfahrungen zu bestätigen.

Der Herr Oberst hing seinen Gedanken darüber nach, er überlegte hin und her, er schwankte noch. So musste hier energisch durchgegriffen werden.

Eines Tages, als er allein in seinem Arbeitszimmer dämmerte, stand plötzlich ein Mahatma vor ihm, ein Mahatma, wie er leibt und lebt, „une personnalité en chair et en os, vêtue à l'indienne, avec superbe turban de cachemire." Da der auf gewissenhafte Berichte an seine Gesellschaft vorbedachte Präsident fürchtete, dass er vielleicht das Opfer einer Hallucination sein möge, drückte er dem Mahatma den Wunsch aus, dass er ihm ein Pfand zurücklassen möchte vor dem Verschwinden. Und so geschah es in Erhörung seiner Bitte, als künftiges Wahrzeichen wurde gleich der ganze Turban dort gelassen. „Ce turban, Mr. Olcot nous l'a montré, c'est une pièce de cachemire du Thibet, qui déroulée mesure environ deux mètres (s. Baissac). Der Turban deutet indess eher auf die südlichen Grenzgebiete als auf Tibet, wenn in dieser Geisterfrage eine Rectification gewagt werden darf. Doch schliesslich bleibt das ziemlich eins, bei „actio in distans" und all' den Zauberkräften des Geheimnisses.

Darüber hat bereits Cornelius Hermann Agrippa ab Nettesheim gehandelt in seinen „de philosophia occulta libri tres", und „Arcana coelestia" schwellen bei Swedenborg „acht Quartbände voll Unsinn" (s. Kant), seit der Herr in Person die Seele „aufgethan" (1743).

Ganz anders freilich, weil über dem Gesammtapparat heutiger Wissenschaft (unter souveräner Verachtung derselben) disponirend, hat Herr Sinnet dieses Thema angepackt in „The occult world" (London, Trübner & Co., 3 edit, 1883).

Als dieser unerschrockene Vorkämpfer für Theosophie zuerst die Bekanntschaft der Madame Blavatzki machte, unterhält sie ihn und seine Familie mit ganz gemeingewöhnlichem

Klopfen. Weiter kam nichts. Indess Bescheidenheit ziert Jeden, und „faute de mieux we paid great attention to raps." Einmal ausserdem, während des „Diner", fielen ein paar Blumen von der Decke, die ein Astralleib herabgeworfen hatte, eine etwas ärmliche Darstellung im Vergleich zu dem Blumenregen,[1]) womit in indischen Heiligenlegenden die Devas zu überschütten pflegen (gleich Jina kraft der Atisayas).

Im übrigen war das so ziemlich alles beim ersten Besuche der mit theosophischer Religion Geschwängerten (in Allahabad).

Ganz anders, als dieser Besuch im September 1880 in Simla wiederholt wurde, in Simla, wo man das grossartige Schauspiel der Bergthäler vor sich hat, wo man sie aufsteigen sieht zu des Himalaya schneeigen Gipfeln, gesegnet durch die Gegenwart der Mahatmas.

Hier wurde nun allerdings auch losgelegt, — ein Wunder folgte auf das andere und eins wunderbarer noch als das andere, aber alle gleich läppisch und dumm, so dass, wie bei den spiritistischen, beständig die Frage auf den Lippen liegt: Cui bono? Ein paar Mal allerdings handelte es sich um eine Briefbeförderung durch die Gedankenpost, die insofern sich bequem erwies, als der Brief nur in Frau Blavatzky's Hände niedergelegt zu werden brauchte, um nach einiger Zeit die Antwort zu erhalten. Je nach Laune kam dieselbe sehr rasch, und wenn sie auch durch die Telegraphendrähte überholt gewesen wäre, wurde doch das Porto[2]) ge-

---

1) Mrs. Nickols (Mrs. Guppy) liess auf unbedecktem Tisch eine Menge Blumen erscheinen (s. Wallace) und „five exceedingly beautiful fresh flowers" (the handiwork of God) wurden von Friederike Ehrenberg (3. Nov. 1881) übergeben (nach Helleberg). Dass die Enden der Stengel bei Guldenstubbes Blumenregen (in London) geschwärzt waren, erklärten die Spirits aus der Electricität (die zum Abschneiden gedient).

2) Flint in New-York liess sich für Beförderung solcher Geisterbriefe 2 Dollars zahlen, und der Postmeister in Boston chargirte die

spart, also ein praktischer Nutzen erzielt. Die Mehrzahl der Wunderschöpfungen ist indess kaum der Rede werth, und noch viel weniger der Umstände, die es bedurfte, sie zu produciren oder in Herrn Sinnets gelehrtem Opus zu beschreiben (mitunter gar zu erklären).

Man höre z. B. das folgende:

In geistiger Communication mit einem ihrer „Brüder" aus des Himalayas Bergwildniss erfährt Madame Blavatzky von ihm, dass er am nächsten Tage auf der Durchreise durch Simla einige Stunden dort verweilen würde, an einem näher beschriebenen Punkte ausserhalb des Fleckens. Frau Blavatzky macht kein Hehl aus dieser Nachricht, die grosse Freude und Aufregung hervorrufen musste, und die ganze Familie zieht aus, mit Kind und Kegel, um einem leibhaftigen Mahatma die Hände zu schütteln, kehrt indess unverrichteter Sache wieder heim, nachdem man den Tag über in dem holperigen Terrain, (wodurch sich die Umgegend Simlas auszeichnet), nutzlos umhergestolpert ist. Die magnetisch-elektrischen Strömungen, welche hätten leiten sollen, schienen in Unordnung gekommen zu sein: „We launched ourselves down a hill-side, where Madame declared she once more felt the missing current, but occult currents may flow, where travellers cannot pass and when we attempted this descent, I knew the case was desperate. After a while the expedition had to be abandoned and we went home much disappointed."

Die Armen, wie sie müde und ermattet heimkehren, sie wussten damals nicht, welche herrliche Ueberraschung ihnen vorbehalten blieb (zur Belohnung für standhafte Ausdauer).

Schon am nächsten Morgen ziehen sie wieder aus, aber versehen diesmal mit Vorkehrungen für leibliche Nahrung, und so mit dem in Indien gewöhnlichen Train der Dienerschaft, mit Körben, Kisten und Kasten für ein Piknik.

Das Ganze verlief vortrefflich. Der Mahatma war zwar auch diesmal nicht da, hatte indess die Geneigtheit eine Theetasse zu materialisiren (nach spiritistischer Terminologie), als man ihn durch Madame Blavatzki's Gedankenpost davon benachrichtigte, dass wegen der zufällig vermehrten Personenzahl beim Frühstück eine Tasse zu wenig sein würde. Der Mahatma legte das fehlende Exemplar zwischen die Wurzeln eines Baumes, und als Frau Blavatzki durch Gedankenlesen den Ort erkannt hatte, machte sich einer der Herrn von der Partie an die Ausgrabung. „The cup and saucer both corresponded exactly, as regards their plattern, with those that had been brought in the picnic, and constituted a seventh cup and saucer," sodass nach zweitägigen Anstrengungen eine Tasse und eine Untertasse als Trophäe nach Haus getragen werden konnte.

Mit derartigem Zeug, ebenso wunderlicher und verwunderlicher Wunder, sind in dem Anno domini 1883 in „dritter Auflage" erschienenen Buche Seite auf Seite gefüllt, ein ganzes Capitel zunächst (von S. 30—105), und über eins dieser Wunder, wo der Mahatma statt einer Theetasse (wie oben) eine Brosche herbeischafft, ist ein schriftliches Document ausgefertigt mit 9 Unterschriften aus den Theilnehmern am „Diner" (darunter höhere Regierungsbeamten), und bei dem in den Tageblättern Simlas darüber geführten Streit betheiligten sich dann andere mehr aus jener Aristokratie, der allein ihre Mittel erlauben, die Sommerfrische Simlas zu geniessen.

Im letzten Capitel befindet sich noch eine Episode über die Rivalitäts-Ansprüche mit dem Spiritismus, zu dessen Besten Herr Eglinton in Kalkutta Vorstellungen gegeben

Zerknirschung (in einem an Madame Gordon gerichteten Briefe) revocirt der Spiritist seinen „stubborn scepticism as to the wonderful powers possessed by the Brothers" (März 24. 1882).

Der Physiker will die „Todtenseelen der Spiritisten in psychische Kraft auflösen" (s. Crookes), aber kürzer urtheilt der Rechtgläubige (1882): „Die Urheber des Spiritismus sind Geister und zwar böse Geister" (s. Schneid), und die Astral- nebst Feuergeister stehen (bei Psellus) an der Spitze der bösen Geister (in der ersten der fünf Gattungen derselben). Die Entscheidung über diese kitzelige Controverse wird den Sachverständigen zu überlassen sein und ihren engeren Beziehungen zu der Dunkelwelt des Jenseits, sowie den für deren Erleuchtung aus indischer Urweisheit hervorsprudelnden Quellen. An berufenen Fachmännern kann es um so weniger fehlen, da sich aus der Universität von Madras, die zur Beglückung der Eingeborenen mit europäischer Civilisation gestiftet ist, bereits mehrere Hundert jugendlicher Streiter unter das Banner der Theosophie haben einschreiben lassen und also durch die tamulische Mystik des Siva-Gnana-Patam (s. Hoisington) die kabbalistische Olla podrida sich noch verschönen könnte.

Wie unter der Mongolen-Herrschaft (zur Zeit Maffio Polo's), die „schlauen indischen Priester den rohen Bod gegenüber von ihren Gaukelkünsten den ungenirtesten Gebrauch machten" (s. Köppen), so erfrecht sich jetzt ein vagabondirendes Priestergesindel oder etwa selbst das schwarzbraune Küchenpersonal des Hauses, die steifen Herren aus „Old-England" ebenso sehr wie den „sharp Yankee" in tölpisch närrischer Weise an der Nase herumzuziehen, sodass gar ergötzlich anzusehen ist, wie den anglo-amerikanischen Spiritisten vergolten wird, was sie an deutschen Professoren verbrochen haben.

Mit einem aus dem Sternenlauf geborenem Astralleib (bei Cornelius Agrippa) oder $\sigma\tilde{\omega}\mu\alpha$ $\dot{\alpha}\sigma\tau\varepsilon\varrho o\varepsilon\iota\delta\acute{\varepsilon}\varsigma$ (s. Hierokles) schwebt das theosophische Wissen indess in höheren Welten der Sternen-Sphären, durchtränkt im „fatum mathematicum" (des heiligen Augustin) mit ganzer Kraft der durch indische Jyotisha noch verstärkten Astrologie, und von Alchymie noch ausserdem, — nicht nur auf Goldwandlungen bedacht, sondern auf organische Evolution nicht minder, so dass die Wiederheimkehr zu Hanuman und anderen Affengöttern nicht lange mehr auszustehen braucht.

Aber „the Darwinian theory" bildet nur einen kleinen Theil („unhappily but a small portion") der unermesslichen Aufgaben, die sich dem Auge der Occultisten und Theosophisten enthüllt haben (cf. Esoteric Buddhism, S. 37) und dem „symple conceit of Western speculation" (S. 39) verborgen geblieben sind.

So straft sich auch hier die Apostasie der Heisssporne unter den Naturforschern, als sie von dem aus der „Genesis of Species" hervorströmenden Entdeckungslicht überwältigt und berauscht, ihren bedächtigen Altmeister selbst, in seinen späteren Publicationen, auf wilder Jagd mit fortrissen, unter Niederwerfen aller Vernunftschranken der Induction. Nur in dem Festhalten dieser ruht das Heil für die Zukunft, im Festhalten an streng naturwissenschaftlicher Forschung, um auch für die Psychologie eine festgesicherte Unterlage zu erlangen und die comparativ-genetische Methode zur Anwendung bringen zu können. Mit wissenschaftlicher Durchbildung der Ethnologie wird all dieser Wirrwarr spiritistischer Phänomene oder theosophischer Phantome in den zugehörigen Fächern einrangirt stehen, theils unter den Naturstämmen niedrig tiefster Stufe, theils auf den Durchgangsstadien von Uncultur zur Halbcultur. Dem Studium bewahrt sich ein gleiches Interesse für die psychiatrischen Erscheinungen, auch wenn sie sich dem Seelischen im thierischen Instincte näher verwandt zeigen als denjenigen Theil einer pantheistisch gefassten Weltseele, den die Mahatmas im Paramatma dem Göttlichen zuzuweisen hätten (neben Jivatma im menschlichen Mikrokosmos).

Unter all' diesem läppischen Geplapper theosophischer

Hochstapelei bleibt ein Zug indess, der einigermaassen Befriedigung gewähren könnte, indem nämlich das Onus probandi der Manifestationen auf die Astralleiber gewälzt wird, weit weg, ins ferne Tibet hinaus.

So liesse sich auf einige Ruhe hoffen vor den „Sprits", die durch ihre beengende Nähe oft lästig werden können.

Eine im Jahre 1868 niedergeschriebene Bemerkung, dass europäische Gelehrte sich ohne ihr Wissen und Wollen zu Geistervorstellungen citirt finden möchten, scheint bei den Veranstaltern derselben Beifall gefunden zu haben und seitdem figuriren dort aus Liebe oder aus Hass gepackte Namen als Repräsentanten der Medien, oft mit so wenig Geschick und savoir faire, um sich entlarven zu lassen, was doppelt niederschlagend wirkt. Insofern sind wir den Theosophen Dank schuldig für das am 22. März 1882 an Bord der Vega ausgestellte Certificat, obwohl von nicht ganz reinen Händen, — geschwärzten vielmehr, seit Anschwärzung der Harmonika in München (1880).

Ende vorigen Jahres kam die Nachricht, dass die Eingeweihten geplaudert hätten, besonders der Mechaniker Coulomb, der die Geheimfallen und Fallthüren für die Phantasmagorien in den Sitzungen hergestellt habe oder vielmehr dessen weibliche Hälfte, Madame Coulomb, vom Teufel der Eifersucht geplagt und so im Geschlechtsneid geifernd gegen ihre Geschlechtsgenossin Madame de Blavatzki, die Hehre und Heilige. Darüber ging nun ein grosser Spektakel[1]) los in den indischen Zeitungsblättern, da die Monotonie des dortigen Gesellschaftslebens dieses für die Würze einigen Scandals ohnedem empfänglich macht. Dagegen berathen und rüsten die Theosophen Entrüstungsadressen, der Präsi-

---

1) „Aller Welt sei kund gegeben, dass die Erscheinungen, mit denen die Theosophie sich verkettet hat, gemeine Taschenspielerkünste sind, dass diese Taschenspielerei angeklagt steht vor dem Gericht der öffentlichen Meinung, um in Untersuchung gezogen zu werden", schreibt als Stimmvertreter der Missionsgesellschaften der Missionär Sharrock (Januar 1885).

dent (Oberst Olcott) hält eine triumphirende Rundreise ab, auf der (wie bei der Rede in Trichinopoly) „the enthusiasm of the audience broke forth in round after round of applause" (24. März 1855), und wie die Verbreitung der Religionen durch ihre Märtyrer gefördert ist, so die des Spiritismus durch die den Entlarvungen zum Opfer Gefallenen; weshalb es auch mit den Theosophen noch desto lustiger vor sich gehen mag, wenn in ihrem Stifter einen Märtyrer (oder Märtyrerin) feiern zu können sie sich in den Stand gesetzt finden sollten.

So mögen auch hier die Zionswächter ihres Amtes warten, und sofern die psychische Epidemie weiter um sich greift, würden sich diesmal aus den Schulen unserer Sanskritisten und Pali-Gelehrten Freiwillige für Krankheitsdienste zu melden haben, um wenigstens solch' unzurechnungsfähige Ergüsse, wie sie in einigen der kritischen Journale (cf. z. B. Allg. Oestr. Literaturztg. Heft I), bereits erschienen sind, für künftighin unmöglich machen.

In Deutschland[1]) scheint sich die Bewegung mit einer anderen verknüpft zu haben, die vor einigen Jahren gleichfalls in wilde Phantastereien zu verlaufen drohte, ehe sie durch staatsmännisch gebietendes Wort wieder ins Gleis gesetzt war und jetzt (nach Herstellung der Ordnung) zu günstiger Förderung des nationalen Lebens gewendet werden mag, wenn fernerhin richtig geleitet. Wie überall, kommt es, als erste Vorbedingung, auf Sachverständniss an, und mehr noch als Unwissenheit bedroht mit Gefahren das Halbwissen (aus eigener Bethörung).

---

1) The Germania T. S., one of the latest founded European branches, represented by Mr. Rudolph Gebhard, is a nucleus of great promise, and it is fortunate in having so able a President as Dr. Hübbe-Schleiden, who is well-known, as an economist; many other

Register.

Ahnen 89. 90. 95. 102. 120. 124. 125. 137. 153.
Anfang 23. 40.
Anorganisches 7. 33. 44. 60. 139.
Apotropaioi 28. 92. 96. 175. 191.
Azar Kaivan 62. 68. 81.

Beseelung 18. 33. 139. 172.
Blumenregen 66.
Büssungen 39. 107. 147.

Doppelgänger 52. 73. 111.

Eingeweide 126. 170.
Einheit 49. 51. 103. 183.
Entelechie 52 u. flg. 60. 86.
Entstehung 47.
Esoterismus 127 u. flg. 130.
Extase 195.

Festredner 95.
Feuer 16. 151.
Fleischauferstehung 16. 126. 137. 170.

Geschlechtstrennung 31. 54. 84. 118. 143.
Gnosis 27. 35. 45. 158.
Gestirne 139. 143. 147.
Genius 9. 12. 91. 124. 138.

Hainheiligthum 13. 90. 93.
Hausgeister 174.
Hypokeimenon 58. 60.

Karma 26. 45. 84. 86. 105. 121. 123. 154.

Mahatmas 64. 69.
Megga 27. 127.
Mondverjüngung 88. 102. 103.
Mysterien 94. 96. 179. 182. 186. 188. 191.
Mystik 23. 24. 36. 46. 73. 79. 103. 107. 108. 115. 129.

Nama-Rupu 58. 60.
Nihilismus 97. 145.
Nirvana 8. 36. 45. 48. 49. 157.
Nous 11. 15. 32. 45. 54. 56.

Reliquien 90. 92. 96. 134. 184. 188.

Schöpfung 88. 89.
Selbst 23. 26. 28. 177.
Selbstmord 125. 127.
Seelenauffassung 31. 134. 154. 162. 175. 176. XIII. XIV. XVII. XVIII. XIX. XX. XXI flgd. XXXIV. XXXV. XXXVI.
Seelenführer 12. 173.
Seelengespenst 11. 16.
Seelenscheide 85.
Seelenspuk 35. 92. 136.
Seelenvielheit 2. 11. 124. 135.
Seelenweg 15. XXXV.
Seelenzug 15.
Sinne 48. 56. 58. 84. 147.
Sphota 41. 101.
Spiritismus 66. 74. 75. 144. 146.
Sprachband 12.
Stammesseele 11. 124. 176.
Sternnamen 148 u. flg.

Steganographie 82.
Sünde 165.

Theosophie 20. 62.
Thierschutz 14. 104. 133.
Tischklopfen 145.
Tod 55. 87. 105. 160. 164. 186.
Traum 17. 37. 58. 85. 95. 112. 147. 181. 183.
Tugendkraft 100.

Ungeziefer 93. 193.

Verschleierung 9. 39. 128.

Wakan 10. 36.
Welterneuerung 28. 57. 118. 178.
Wunderzauber 28. 68. 80. 111. 145. 185.

Yama 35.
Yoga 66.